"十二五"职业教育国家规划教材
经全国职业教育教材审定委员会审定

微课版

电子商务概论
（第七版）

新世纪高职高专教材编审委员会 组编
主　编　韩全辉　崔　红　刘喜敏
副主编　马　俊　张芬芬

大连理工大学出版社

图书在版编目(CIP)数据

电子商务概论 / 韩全辉，崔红，刘喜敏主编. -- 7版. -- 大连：大连理工大学出版社，2021.8(2025.8重印)
新世纪高职高专电子商务类课程规划教材
ISBN 978-7-5685-3116-0

Ⅰ．①电… Ⅱ．①韩… ②崔… ③刘… Ⅲ．①电子商务－高等职业教育－教材 Ⅳ．①F713.36

中国版本图书馆 CIP 数据核字(2021)第 141925 号

大连理工大学出版社出版

地址：大连市软件园路80号　邮政编码：116023
营销中心：0411-84707410　84708842　邮购及零售：0411-84706041
E-mail：dutp@dutp.cn　URL：https://www.dutp.cn
辽宁星海彩色印刷有限公司印刷　　大连理工大学出版社发行

幅面尺寸：185mm×260mm	印张：17	字数：414 千字
2003 年 9 月第 1 版		2021 年 8 月第 7 版
2025 年 8 月第 5 次印刷		

责任编辑：刘丹丹　　　　　　　　　　　　　　责任校对：夏圆圆
　　　　　　　　封面设计：对岸书影

ISBN 978-7-5685-3116-0　　　　　　　　定　价：52.80 元

本书如有印装质量问题，请与我社营销中心联系更换。

前言 Preface

《电子商务概论》(第七版)是"十二五"职业教育国家规划教材,也是新世纪高职高专教材编审委员会组编的电子商务类课程规划教材之一。

本教材自出版以来,得到了广大师生和社会的一致认可,这对于编者来说既是激励,又是鞭策,我们一如既往地希望把教材做得更好。2021年4月,习近平对职业教育工作做出重要指示,强调在全面建设社会主义现代化国家新征程中,职业教育前途广阔、大有可为。这为职业教育的发展绘制了蓝图,指明了方向,要加快构建现代职业教育体系,培养更多高素质技术技能人才、能工巧匠、大国工匠。教材是体现教学内容和教学方法的知识载体,是进行教学的基本工具,它对提高教学质量,实现人才培养目标起着重要的作用。

21世纪以来,伴随着计算机网络及通信技术的发展,尤其是互联网的普及与广泛应用,电子商务已被人们普遍接受和熟悉。随着大数据、云计算和区块链等信息技术在电子商务中的深入应用,电子商务正焕发出新一轮蓬勃的生机。李克强在《2015年政府工作报告》中提出,要制订"互联网+"行动计划,正式建议把"互联网+"纳入国家发展战略。互联网与传统行业深度融合,创造了新的发展生态。可以说"互联网+"是电子商务发展的必然结果,是电子商务发展的高级形态,从而显示出电子商务强大的生命力。

电子商务是一个颇具创新的领域,新知识、新应用和新业态不断涌现,教材须与时俱进、勇于创新,适应新时期高职院校培养人才的需要。按照教育部"提高教学质量,推进工学结合,以就业为导向"的要求,根据高职学生学习的特点以及电子商务发展和人才培养的需要,本教材在第六版基础上进行了修订,删除了过时的内容,更新了数据和案例,补充了很多新知识。本版教材在编写过程中,遵循以学生为主体和项目引领、任务驱动的宗旨,在保证理论知识体系完整的前提下,重点突出实际操作与技能的提升。本教材的创新之处在于:

1.项目引领,任务驱动。本教材在编写过程中打破了传统章节式教材的编写模式,在理论够用的基础上,通过项目引领、任务驱动让学生参与到教学过程中,提高学生学习的积极性和主动性。按企业电子商务的实际工作过程将教材内容分为九个项目,每个

项目又根据需要分为若干个任务,把理论知识的学习贯彻到具体项目的实施和任务的完成过程中来。

2. 与时俱进,内容新颖。电子商务本身在实践中就是动态发展的,本教材力求把电子商务领域中前沿的知识和应用反映出来。例如,结合电子商务的动态发展,用新数据、新案例对目前云计算、大数据和区块链在电子商务中的应用,互联网金融以及移动电子商务的热点应用做了较为详细的介绍,力图使教材内容具有一定的前瞻性。

3. 体例新颖,理念创新。本教材按照"项目引领、任务驱动"的体例进行编写,并有所突破,每个项目包含"项目描述""项目目标""项目综述""项目知识训练""项目拓展训练"等模块,项目下设的每个任务包括"学习目标""情景导入""知识平台""实践任务""素质拓展"等模块,方便教师对教学任务的安排和学生对新知识的探索。

4. 资源丰富,方便教学。为了更好地支持教学,本教材配有立体化教学资源,包括课件、答案、案例库、题库以及各项目中重要知识点的微课,方便教师教学和提高教学效果。

本教材由多位工作在高职院校教学一线的骨干教师与电子商务企业人员共同完成,编写队伍结构合理、实力雄厚,具有较丰富的教学经验和企业工作经验。其中,芜湖职业技术学院韩全辉、哈尔滨职业技术学院崔红、吉林交通职业技术学院刘喜敏任主编,安徽水利水电职业技术学院马俊、济源职业技术学院张芬芬任副主编,三只松鼠股份有限公司张兴龙、南京奥派信息产业股份公司徐林海、芜湖东昊网络科技有限公司强海波任参编。具体编写分工如下:韩全辉编写认识电子商务、项目五和项目六;崔红编写项目四的任务一和任务二;刘喜敏编写项目一、项目七和项目八;马俊编写项目二和项目三;张芬芬编写项目四的任务三、任务四和项目九;张兴龙、徐林海参与了教材编写大纲的拟定和框架设计工作;强海波提供了真实工作情景及编写建议。

本教材具有良好的通用性和适应性,可作为高职院校和应用型本科院校电子商务、工商管理、国际经济与贸易、市场营销、现代物流管理等专业电子商务课程的教学用书,也可作为企业人员的电子商务培训教材。

在编写本教材的过程中,我们参考、引用和改编了国内外出版物中的相关资料以及网络资源,在此对相关资料的作者表示深深的谢意。请相关著作权人看到本教材后与出版社联系,出版社将按照相关法律的规定支付稿酬。

尽管我们一直致力于探索高职院校工学结合的人才培养模式并以此来设计教材内容,但限于编者的水平和能力,加上编写时间仓促,教材中仍可能有不足之处,敬请读者批评指正,以便我们进一步修订完善。

编　者

2021 年 8 月

所有意见和建议请发往:dutpgz@163.com
欢迎访问职教数字化服务平台:https://www.dutp.cn/sve/
联系电话:0411-84706104　84707492

目录 Contents

认识电子商务 ………………………………………………………………… 1
  一、电子商务的产生与发展 ……………………………………………… 1
  二、电子商务的定义与特点 ……………………………………………… 3
  三、电子商务的功能与系统框架 ………………………………………… 4
  四、电子商务市场发展状况 ……………………………………………… 7
  五、电子商务环境下的互联网思维 …………………………………… 10
  六、电子商务未来趋势 ………………………………………………… 13

项目一 理解电子商务模式 ………………………………………………… 16
  任务一　认知电子商务模式 …………………………………………… 17
  任务二　掌握 B2C 电子商务模式 ……………………………………… 21
  任务三　掌握 B2B 电子商务模式 ……………………………………… 25
  任务四　掌握 C2C 电子商务模式 ……………………………………… 29
  任务五　认知电子政务 ………………………………………………… 32
  任务六　了解新型电子商务模式 ……………………………………… 37

项目二 了解电子商务技术支撑 …………………………………………… 43
  任务一　认识计算机网络技术 ………………………………………… 44
  任务二　认识数据库技术与智能决策技术 …………………………… 52
  任务三　认识网络信息资源管理技术 ………………………………… 57
  任务四　认识电子商务网站建设技术 ………………………………… 60
  任务五　理解大数据与云计算技术 …………………………………… 65

项目三 体会电子商务营销服务 …………………………………………… 73
  任务一　了解网络营销的基本理论 …………………………………… 74
  任务二　理解网络营销策略 …………………………………………… 79
  任务三　学会网络调研及其方法 ……………………………………… 85
  任务四　掌握网络营销的工具与方法 ………………………………… 90

项目四 掌握电子商务物流服务 ………………………………………… 101
  任务一　理解电子商务物流的内涵 ………………………………… 102
  任务二　感受电子商务物流的理念与模式 ………………………… 108
  任务三　掌握电子商务环境下的供应链管理 ……………………… 114
  任务四　熟悉电子商务物流技术及其应用 ………………………… 119

项目五　熟悉电子商务金融服务 129
任务一　熟悉网上银行的业务与应用 130
任务二　电子支付工具的使用 138
任务三　体验移动支付 144
任务四　体验网上证券交易 150
任务五　熟悉网上保险业务 156
任务六　了解互联网金融创新业务 159

项目六　走近移动电子商务 165
任务一　认识移动电子商务 166
任务二　了解移动电子商务的相关技术 174
任务三　理解移动电子商务的运营模式 178
任务四　体验移动电子商务的应用服务 181

项目七　把握电子商务安全技术 189
任务一　初探电子商务安全需求 190
任务二　掌握电子商务安全的相关技术 195
任务三　电子商务安全管理 202

项目八　熟悉电子商务法律法规 209
任务一　初识电子商务法律 210
任务二　了解电子商务领域涉及的法律问题 218
任务三　感受电子商务信用体系建设 229

项目九　关注电子商务的热点应用 235
任务一　旅游业电子商务的应用 236
任务二　理解新零售与电子商务 240
任务三　熟悉跨境电子商务及其运作 245
任务四　理解服务业电子商务 251
任务五　理解社区型电子商务 255
任务六　了解物联网与未来商务 258

参考文献 266

认识电子商务

一、电子商务的产生与发展

电子商务是伴随着 Internet 的广泛应用而产生与发展起来的。虽然以前基于传真、电话、EDI(Electronic Data Interchange,电子数据交换)所开展的电子贸易可以被看作电子商务发展的雏形,但是真正意义上的电子商务是在 Internet 基础上开展的商务活动。这里的电子不再是传统意义上的电子技术(如电话、传真、电报、电子数据交换),而更多的是指现代信息技术,包括通信技术、网络技术、数据库、云计算、大数据、商业智能和信息安全等。电子商务不是电子与商务的简单相加,而是商务活动与信息技术的有效融合。

电子商务产生的条件包括:

1. 计算机的广泛应用

计算机的产生是 20 世纪最重要的技术革命之一,为人类进入信息时代奠定了坚实的基础。计算机最早的应用是在科研领域,直到 20 世纪 80 年代中后期才开始进入商业领域。计算机在商业领域的深入和广泛应用,促进了计算机性能的快速提升。随着芯片制造技术的提高,计算机越来越轻量化和微型化,价格也越来越便宜。2000 年以后计算机开始走入百姓家庭。目前计算机和智能手机已经成为家庭的必需品,智能手机除了基本的通信功能外,更是一个随身携带的"数字助理",成为我们日常学习和工作的一部分。可以说,计算机的普及和广泛应用是电子商务产生的技术因素。

2. 网络的普及和成熟

真正意义上的电子商务活动的开展离不开 Internet。Internet 是在 1969 年美国国防部建立的用于国防的研究项目 ARPANET 的基础上逐渐发展起来的。1992 年美国政府提出了"信息高速公路"发展计划,Internet 真正开始在商业领域应用。1995 年 Internet 的主干网络实现了商业化运营,与此同时电子商务开始萌芽。同年,亚马逊公司(Amazon,简称亚马逊)成立,一开始只经营网络的书籍销售业务。2000 年前后,Internet 得到了快速发展,电子商务也进入快速成长期,在这一时期,目前全球较大的电子商务公司——阿里巴巴被创办。

随着 Internet 基础设施的完善,网络速度也越来越快,资费越来越低,网络成为企业进行商务活动的纽带,个人和家庭的生活也离不开网络,人们可以从网络上获取大量的信息资源和丰富的应用。尤其是随着移动通信技术的发展,移动互联网让随时随地的商务活动变成现实。可以说,Internet 的普及和成熟为电子商务的发展铺平了道路。中国互联网络信息中心(CNNIC)发布的第 47 次《中国互联网络发展状况统计报告》显示,截至 2020 年 12 月,我国网民规模达 9.89 亿人,较 2020 年 3 月增长 8 540 万人,互联网普及率达 70.4%,较 2020 年 3 月提升 5.9 个百分点。我国手机网民规模达 9.86 亿人,网民中使用手机上网的比例达 99.7%,较 2020 年 3 月提升 0.4 个百分点。我国网络购物用户规模达 7.82 亿人。2021 年 1 月 18 日,国家统计局发布 2020 年中国经济年报,报告显示,2020 年全年全国网上零售额为 117 601 亿元,比 2019 年增长 10.9%。其中,实物商品网上零售额为 97 590 亿元,增长 14.8%,占社会消费品零售总额的比重为 24.9%,比 2019 年提高 4.2 个百分点。网络消费作为数字经济的重要组成部分,在促进消费市场蓬勃发展方面正在发挥着日趋重要的作用。

3. 电子商务安全交易协议的制定

电子商务具有全球化的特征,商务活动能正常进行首先要解决国际支付与结算问题,需要制定相应的电子商务安全标准,只有在安全的环境下电子商务才能顺利开展。在网上开放的交易环境中,持卡人希望在交易中保密自己的账户信息,使之不被他人盗用;商家则希望客户的订单不可抵赖;并且,在交易过程中,交易各方都希望验明他方的身份,以防止被欺骗。

1997年5月,VISA和MasterCard两大信用卡公司联合推出了基于信用卡在线支付的电子商务安全交易协议(Secure Electronic Transaction,简称SET协议)。SET协议通过制定标准和采用各种密码技术手段,解决了当时困扰电子商务发展的安全标准问题,并且它已经获得国际互联网标准化组织IETF(国际互联网工程任务组)的认可,成为事实上的工业标准。随着电子商务安全交易协议的推出,信用卡(银行卡)开始在世界各国迅速得到应用,"一卡在手,走遍全球"已经成为现实,网络支付也得以迅速发展起来,电子商务活动有了一个安全的、可靠的交易环境。

4. 世界贸易一体化的要求

伴随着经济全球化的发展需要,世界贸易组织(World Trade Organization,简称WTO)于1995年正式成立。其基本原则是通过实施市场开放、非歧视和公平贸易等原则,来实现世界贸易自由化的目标。进入20世纪以来,世界贸易格局发生了重要的变化,资源配置的全球化使各个国家的贸易联系更为紧密,人们迫切需要更为便捷高效的交易手段。而Internet拉近了人们之间的距离,使信息交流更为便捷通畅、交易成本更低。一方面,世界贸易一体化推动了电子商务在全球的应用和发展;另一方面,电子商务也加速了贸易全球化的进程。

5. 政府的支持和推动

电子商务作为一种新的商业模式,不仅改变了企业的生产、经营管理方式,也对政府的管理理念提出了挑战。在电子商务发展初期,政府只有顺应电子商务发展的规律,制定相应的支持和扶持政策,建立有利于电子商务发展的政策环境,电子商务才能健康有序发展并壮大起来。例如,1992年美国政府提出"信息高速公路"发展计划以后,推出了一系列旨在推动和鼓励Internet发展与应用的政策;新加坡对电子商务的支持和免税策略等。我国政府高度重视电子商务行业的发展,出台了多项政策性文件,为我国电子商务发展提供了指导性政策支持。例如,商务部于2007年颁布了《电子商务发展"十一五"规划》,此后电子商务成为国家五年规划的内容之一;为规范行业健康发展,又颁布一系列关于促进电子商务规范发展的相关政策与法规。2018年8月31日,第十三届全国人民代表大会常务委员会第五次会议表决通过了《中华人民共和国电子商务法》(以下简称《电子商务法》),自2019年1月1日起施行。《电子商务法》的颁布和实施是我国电子商务发展史上的一个里程碑。深入了解《电子商务法》带来的形势变化,分析《电子商务法》对政府监管、企业发展带来的影响,对加快推动企业做好相关合规工作、提高政府和企业对该法律的贯彻和落实都具有重要意义。《电子商务法》的实施会极大地推动电子商务健康有序发展。

6. 人们消费观念的转变

随着经济的发展及消费环境的变化,人们多样化、个性化、绿色化、生态化的消费观念已经形成。互联网消除了"数字鸿沟",拉近了生产商与消费者之间的距离。通过互联网,生产商更易于把握快速变化的消费市场,提供消费者满意的产品和服务。人们足不出户,就可货比三家,甚至可以定制自己所需的产品和服务,互联网让人们享受快捷健康的消费与服务体验的同时,降低了消费者的交易成本。正是人们消费观念及对电子商务认识的转变,电子商务的发展才有了群众基础。

二、电子商务的定义与特点

(一)电子商务的定义

对电子商务的理解,仁者见仁,智者见智,虽没有统一的说法,但是综合各种说法来看有基本一致的理解,即主要是通过电子方式开展各种商务活动。分歧主要在对电子商务中的电子和商务活动理解的差异。广义的电子方式包括电话、传真、电报、E-mail、网络等所有的电子手段;狭义的电子方式仅指通信网络及现代信息技术。就目前电子商务发展的现状及未来趋势来看,对电子商务应该持狭义的理解。商务活动一般是指企业为实现生产经营目的而从事的各类有关资源、知识、信息交易等活动的总称。

本书认为电子商务是从事商务活动的主体利用 Internet 等现代信息技术进行的商务活动,是信息技术和商务活动的有效融合。

这个定义有以下几种含义:一是采用网络,尤其是通过 Internet;二是实现商品交易、服务交易(其中含人力资源、资金、信息服务等);三是包含企业间的商务活动,也包含企业内部的商务活动(如生产、经营、管理、财务等);四是涵盖交易的各个环节,包括售前、售中和售后,如发布供求信息、询价、报价、订货、支付、配送与售后服务等;五是信息技术和商务活动的有效融合,而不是简单的叠加。

(二)电子商务的特点

电子商务与传统商务相比有显著的特点,见表 0-1。

表 0-1　　　　　　　　　　电子商务的特点

序号	基本特点	综合特点
1	信息传递数据化	数字化
2	无实体店面成本	高效性
3	库存压力小	低成本
4	无时间限制(7×24 小时)	便利性
5	无地域限制(无边界)	跨时空
6	支付手段电子化	整体性
7	较低的行销成本	协调性
8	客户管理效率高	安全性
9	去中介化(中间商少)	

1. 数字化

电子商务是基于互联网和计算机的商务,全过程是数字化、无纸化的,这是其区别于传统电子商务最为显著和根本的特点。信息加密、认证技术、电子印章等技术的发展和应用以及电子商务法律的出台,给电子商务全流程的数字化提供了有力的技术和法律上的保障。

2. 高效性

电子商务借助信息网络和电子化工具,信息传递速度快。通过现代信息管理技术处理大量的商务信息,能及时准确地为管理者提供决策信息,提高了决策的正确性。

3. 低成本

对于企业来说,更低的广告成本、库存成本、交易成本和客户维系成本,可以提升企业的利润和让利给消费者,企业有资金去开发更优质的产品,更好地服务于消费者。对于消费者来说,电子商务可以降低交易成本(降低商品和服务的价格,缩短购物的时间,降低交通费用和耗费的精力)。

4. 便利性

电子商务不仅给企业员工和管理者带来了工作上的便利(例如,员工之间的沟通、团队协作、决策执行、客户的管理都极为便利),而且方便了消费者(消费者足不出户便可"货比多家",利用电脑和手机通过购物搜索引擎很快地找到自己想要的产品,进一步通过比价、客户评价、产品描述来做出购买决定,支付便捷安全,坐等送货上门)。整个购物过程流畅快捷,便利性不言而喻。

5. 跨时空

Internet本身具有跨时空的特点,通过Internet将全世界互联成一个地球村,距离已经不是问题,只要通过网络,人们便可以购买到全球的商品和服务。网络也不受时间的限制,人们任何时间都可以和全球的贸易伙伴通过网络开展各种商务活动。网上商店从不打烊,消费者购物也变得格外自由,不再受时间和空间的约束。

6. 整体性

电子商务能够规范事务处理的流程,将企业的各种商务流程有效地整合在一起,提高企业系统的整体效率。

7. 协调性

商务活动本身就需要沟通和协调,公司内部各部门、员工之间,企业外部与供应商、批发商、零售商都需要协调,保持一致,最终服务好企业客户。电子商务把商务活动的参与主体有效地连接起来,通力合作,协调一致共同服务好客户。

8. 安全性

电子商务是在一个开放的网络环境中进行的,资金的安全、隐私的保护、信息安全都显得格外重要。电子商务利用各种安全技术手段和安全策略,如加密技术、认证技术、签名机制、防火墙、防病毒软件等,保障电子商务在一个安全可靠的环境中进行。

三、电子商务的功能与系统框架

(一)电子商务的功能

电子商务可提供网上交易和管理等全过程的服务。电子商务作为一种系统,对外表现出来的功能有:

1. 信息发布的功能

企业首先是把自己的供求信息发布到互联网上,让人们能够了解该公司产品和服务的相关信息,使人们能够通过各种检索工具快速获取商家提供的商品和服务信息。企业还可以利用各种商务平台做广告宣传,广告费用低廉,针对性强,效果易于统计。

2. 在线洽谈的功能

电子商务可借助即时沟通工具(如微信、QQ、阿里旺旺等)来了解市场和商品信息,和合作伙伴洽谈交易事务,如有进一步的需求,还可通过视频会议来交流即时的视频和图片等产品(服务)信息。网上的咨询和洽谈借助多种网上交流沟通工具,能够超越时空,大大提高了商务沟通的效率,加快了商务进程。例如,2020年初爆发肆虐全球的新冠肺炎疫情,期间为了减少人员流动和聚集,很多线下的展销会、博览会寻求线上举行,取得了很好的效果。

3. 在线订购的功能

网上购物平台需要有为客户提供商品搜索、加入购物车、优惠券领取等人性化的实用功能，使得在线购物快捷方便，从而激发消费者进一步购物的欲望。

4. 在线支付的功能

网上商城（店铺）应为消费者提供安全的支付环境，保护消费者资金和隐私的安全；同时为消费者提供多重的支付手段，如第三方支付、银联支付、信用支付、快捷支付甚至货到付款等，使得网上支付既安全又便捷。

5. 订单处理的功能

电子商务的后台系统需要具备完善的订单处理功能。订单处理是企业的一个核心业务流程，包括订单准备、订单传递、订单登录、按订单供货、订单处理状态跟踪等活动。订单处理是实现企业顾客服务目标最重要的影响因素之一。改善订单处理过程可以缩短订单处理周期，提高订单满足率和供货的准确率；提供订单处理全程跟踪信息，可以大大提高顾客服务水平与顾客满意度，同时也能够降低库存水平，在提高顾客服务水平的同时降低物流总成本。

6. 售后处理与服务的功能

在电子商务的整个流程中，在客户收到货物后，还要为客户提供在线售后服务功能。如解答客户的疑问、使用及安装指导、退货等，都需要售后服务能及时跟进。对于服务和信息类产品，售后处理完全可以通过 Internet 在线完成，如在线培训、信息咨询、在线游戏和娱乐等。售后的及时处理能够提高客户的满意度，从而留住客户。

7. 在线调查与反馈的功能

电子商务能十分方便地采用网页上的"选择""填空"等表单方式来收集用户对销售服务的反馈意见，通过大数据可以方便高效地对这些售后的评价和反馈意见进行处理和分析，从而使企业的市场运营形成一个封闭的回路。客户的评价及反馈意见不仅能提高售后服务的水平，而且可以使企业获得改进产品、发现市场的商业机会。

（二）电子商务系统框架

电子商务是信息技术和商务活动的有效融合，是一种创新的商务模式。电子商务系统是保证以电子商务为基础的网上交易实现的体系。

1. 电子商务的基本组成要素

电子商务的基本组成要素如图 0-1 所示。

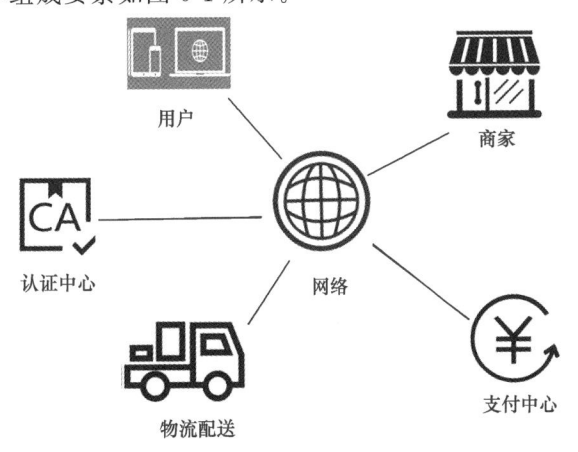

图 0-1 电子商务的基本组成要素

（1）网络：包括 Internet、Intranet、Extranet。其中，Internet 是电子商务的基础，是商务、业务信息传送的载体，它为电子商务的开展提供了一个自由开放的信息网络；Intranet 是企业内部商务活动的网络；Extranet 是企业间以及企业与合作伙伴为实现共同目标进行商务活动的纽带。

（2）用户：包括个人用户和企业用户，是电子商务的需求方。

（3）商家：为电子商务需求方提供商品和服务的个人或企业。

（4）认证中心：受法律承认的权威机构，负责发放和管理数字证书，进行多方身份的认证。

（5）物流配送：完成商品和服务的传递。

（6）支付中心：提供 24 小时实时网上资金的转账、付款等支付业务，如第三方支付系统（支付宝、微信支付等），各种信用卡支付和储蓄卡的网上支付系统。

2. 电子商务系统中的"四流"及系统框架

电子商务系统中的四流是指信息流、资金流、物流、商流。电子商务活动离不开"四流"的有效流转，电子商务中的对策和措施都是旨在提高"四流"的流转效率而设计和实施的。只有"四流"相互配合，电子商务系统才能高效运转。从"四流"的角度来看，电子商务系统框架如图 0-2 所示。

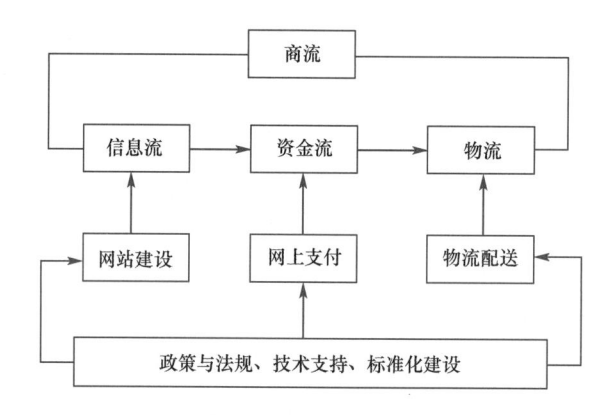

图 0-2 电子商务系统框架

（1）信息流。信息流是电子商务交易各主体之间的信息传递与交流的过程，包括商品信息、技术支持信息、企业资质信息等的传递过程，也包括询价单、报价单、付款通知单等商业贸易单证信息的传递过程。

（2）资金流。资金流是指资金转移过程，包括支付、转账等。目前，在商务交易中通常综合利用电子支付结算方式和传统支付结算方式实现资金的转移。电子商务中常用的网上支付方式有银行卡网上支付、电子现金支付、电子支票支付、第三方支付、信用支付等。这些支付方式主要通过网上银行支付平台及第三方支付平台实现支付、转账操作。资金流在网上是由已加密的序列数来实现流转的，实质上是信息流的一种。资金流的网上流转加快了资金的周转速度，提高了资金的利用率。

（3）物流。物流指商品或服务的流动过程，具体指运输、储存、配送、装卸、保管等各种活动。电子商务中主要依靠第三方物流。所谓第三方物流，是指在商品的流通过程中，由商品交易的供方和需方之外的第三方以合同形式对企业提供一定期限内物流服务的一种物流运作方式。

（4）商流。商流是指商品在交易过程中发生的有关商品所有权的转移活动，即商品交易的一系列活动，包括交易前的宣传、贸易双方选择及谈判磋商、合同签订、发货、售后服务等，通常涉及商检、税务、海关、运输等各行业。信息流、资金流、物流的最终目的都是成功实现商品所有权的转移，即实现商流。

电子商务系统中，商务活动是以信息流开始，以物流完成而结束。其中，信息流起着重要的先导作用，决定着资金流和物流的流向；商流是信息流、资金流和物流"三流"相继完成的一种自然结果。

3. 政策与法规、技术支持和标准化建设

（1）政策与法规。电子商务是社会经济活动的重要组成部分，也是现代经济发展中较具活力的因素之一。其发展过程中，离不开国家相关政策的支持和鼓励。在我国，电子商务的发展已经被纳入国家发展五年规划中并被单独立项，这为电子商务的发展打开了有利政策空间。电子商务的相关法律法规也陆续出台，保证了电子商务发展有一个健康的法制环境。

（2）技术支持。电子商务的发展是由信息技术推动的。信息技术的发展推动着电子商务应用不断创新，从网络技术、通信技术、计算机技术到现今的云计算、大数据及人工智能，每一次技术上的突破都带来新的应用和商业模式的重构。

（3）标准化建设。标准化建设是电子商务发展过程中重要的一环，电子商务的全球性、设备无关性、信息传递的有效性都离不开标准化的建设。在网络环境下，基于不同交易平台的贸易各方欲完成交易过程，就必须对数据交换和交易流程进行规范，实现系统交互及贸易平台的互通互联，这种现实需求使电子商务标准应运而生。国外大型的标准化组织及相关贸易组织（如国际标准化组织、美国精英大学联盟、国际电信联盟、国际信息化标准促进组织、欧洲联盟）等都在积极地制定和推广应用电子商务标准，如 SET、ebXML 等；正是有了各种标准才能保证电子商务中信息流、资金流、物流和商流的有效流转，提高电子商务系统的效率和效益。

电子商务的全球性属性，迫切需要建立一个电子商务的国际标准化组织。令人欣喜的是，2019 年 6 月国际标准化组织电子商务交易保障技术委员会(ISO/TC321)秘书处落户"中国电子商务之都"——杭州。ISO/TC321 秘书处是浙江省承建的首个国际标准化技术委员会秘书处，意味着杭州乃至全国电子商务产业将迎来国际标准引领发展的新局面。

四、电子商务市场发展状况

现今电子商务已经融入我们的生活和工作，从传统的商业零售到家政服务业、房产、教育培训、医疗、影视娱乐、旅游、票务、金融服务等，电子商务已经不再有线上和线下的区分。无论是传统行业还是新兴行业，都需要有电子商务的"思维"和电子商务的"基因"。

中国电子商务的体量和规模处在世界领先位置，阿里巴巴是全球较大的电子商务网站。在全球互联网经济中，中国电子商务的优势也极为明显。

2020 年，商务部电子商务和信息化司发布了《中国电子商务报告 2019》，对 2019 年中国电子商务发展情况、发展特点以及未来发展趋势进行了总结。

（一）电子商务交易增长趋缓

报告显示，2019 年，中国网民规模已超过 9 亿人，互联网普及率达 64.5%；全国电子商务交易额达 34.81 万亿元,同比增长 6.7%。2011—2019 年中国电子商务交易额及增长率如图 0-3 所示。其中网上零售额为 10.63 万亿元,同比增长 16.5%,实物商品网上零售额为 8.52 万亿元,占社会消费品零售总额的比重上升到 20.7%;电子商务从业人员达 5 125.65 万人。虽然近几年随着电子商务发展日益成熟,同比增长趋势放缓,但是中国电子商务交易额总量还在继续增长,并在国民经济中占比也越来越重。

图 0-3 2011—2019 年中国电子商务交易额及增长率

数据来源:国家统计局

(二)电子商务服务业呈多元化、体系日益完善

为适应电子商务发展的内在要求,支撑电子商务发展的配套服务企业也快速发展,截至 2019 年底,中国有 8.5 万家电子商务服务企业,可以为各类电子商务企业提供交易、支付、物流、信息技术、认证、代运营、营销、咨询、培训等多方面电子商务服务。报告显示,2019 年,中国电子商务服务业继续保持快速增长态势,市场规模进一步扩大,全年电子商务服务业营收额达到 44 741 亿元,同比增长 27.2%,高于国家统计局 2019 年规模以上服务业 17.8% 的增速。2011—2019 年中国电子商务服务业营收额及增长率如图 0-4 所示。

图 0-4 2011—2019 年中国电子商务服务业营收额及增长率

数据来源:商务大数据

(三)农村电子商务蓬勃发展,电商模式不断创新

为了满足国家脱贫攻坚的需要,电商扶贫的政策红利进一步释放,农村电子商务发展环境日趋向好,农村电子商务近几年蓬勃发展。农村电商模式不断创新,2019 年,社交、直播、内容电商借助社交平台和内容平台,通过分享、内容制作、分销等方式,实现对传统电商模式的迭代,已成为农村电商市场重要新业态并保持高速增长。

截至 2019 年,电子商务进农村综合示范对全国 832 个国家级贫困县实现全覆盖,电商扶贫对接"三品一标"认证深入实施,工业品下行、农产品上行的双向渠道进一步畅通,"下沉市场"的消费潜力得到释放。2019 年,农村电商进入规模化、专业化发展阶段,全国农村网络零售额达 1.7 万亿元,占全国网络零售总额的 16.1%,同比增长 19.1%。其中,农村实物商品网络零售额为 13 320.9 亿元,占全国农村网络零售额的 78%,同比增长 21.2%。2014—2019 年农村网络零售额及增长率如图 0-5 所示。

图 0-5　2014—2019 年农村网络零售额及增长率

数据来源:商务大数据

(四)跨境电子商务呈现新局面

随着我国对外贸易政策的进一步开放,以及"一带一路"的顺利推进,"丝路电商"成为贸易合作的新渠道。截至 2019 年底,中国已与 22 个国家建立了双边电子商务合作机制,遍布五大洲。2019 年,通过海关跨境电子商务管理平台的进出口总额达 1 862.1 亿元,同比增长 38.3%。其中,出口总额为 944 亿元,年均增速为 60.5%;进口总额为 918.1 亿元,年均增速为 27.4%。2015—2019 年中国跨境电子商务进出口总额及增长率如图 0-6 所示。

图 0-6　2015—2019 年中国跨境电子商务进出口总额及增长率

数据来源:海关总署

2019 年新增 24 个跨境电商综合试验区,截至 2019 年底,试验区总数达到 59 个,成熟的经验做法加快向全国复制推广,跨境电商政策体系不断完善,跨境电子商务呈现新局面。

(五)在线教育市场一片蓝海

在线教育是电子商务在教育领域的一种新模式,在线教育本身是一种教育服务和知识产品的传递的互动过程,它的一大优势是不需要实体物流就能完成。2020 年初受新冠肺炎疫情影响,包括传统院校均尝试使用线上课程来保证教育计划的推进,在线教育需求进一步被激发。在后疫情时代,中国在线教育的市场规模受疫情正面刺激不断扩大。iMedia Research(艾媒咨询)发布的 2016—2020 年中国在线教育用户规模如图 0-7 所示。

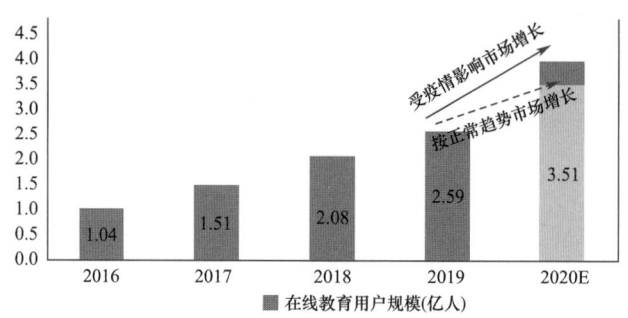

图 0-7　2016—2020 年中国在线教育用户规模

数据来源：艾媒数据中心

(六) 电子商务信用体系、法律法规不断完善

1. 信用体系不断完善、网购环境趋好

电子商务中交易的网络化、数字化和跨时空的特点，要求电子商务有一个良好的信用体系才能更好地促进电子商务运营和发展。电子商务经营者加强内部诚信自律，绝大多数经营者以诚信和质量作为立命之本，制定了诚信管理制度，在品控、商品供应链、物流仓储等方面层层把关，严格审查，为消费者提供放心商品。

2019 年，商品好评率高、网购投诉率下降。据中国消费者协会发布的数据，在 2019 年接到的各类服务投诉中，投诉量居前五的分别为经营性互联网服务、网络接入服务、远程购物、培训服务和餐饮服务。与 2018 年相比，2019 年远程购物投诉在全部投诉中占比下降了 37.3%。而存在的主要挑战包括：新型网络营销方式带来信用治理难题、刷单炒信和价格欺诈等问题依然存在、售后服务补偿难、消费者个人信息存在泄露风险等。

2. 电子商务法律出台，电子商务有法可依

《中华人民共和国电子商务法》(以下简称《电子商务法》)自 2019 年 1 月 1 日起实施，本法的出台对于消费者、电商平台及经营者来说都是强有力的法律支柱，更能有效规范当前行业弊端与整治市场乱象。在推进《电子商务法》实施的过程中，国务院各部门不断完善部门规章以及相关政策，大力促进电子商务高质量发展。例如，2019 年 5 月 7 日，财政部等发布《关于开展 2019 年电子商务进农村综合示范工作的通知》，对于提升公共服务水平，促进产销对接、探索数据驱动等起到了重要作用。

五、电子商务环境下的互联网思维

现在互联网无处不在，深刻地影响着人们的工作和生活方式。无论是传统行业还是新兴行业，要想借助电子商务取得成功，首要条件是要具有互联网思维，只有这样，企业的战略和执行力才可能契合当前的市场运作法则，才有可能获得成功。互联网思维是电子商务的内在要求，电子商务是互联网思维的必然结果。

互联网思维就是在(移动)互联网＋、大数据、云计算等科技不断发展的背景下，对市场、用户、产品、企业价值链乃至整个商业生态进行重新审视的思考方式。

互联网时代的思考方式，不局限在互联网产品、互联网企业。这里的互联网，不单指桌面互联网或者移动互联网，而是泛互联网，因为未来的网络形态一定是跨越各种终端设备的，如台式机、笔记本、平板、手机、手表、眼镜等。互联网思维是降低维度，即让互联网产业

主动去融合实体产业。互联网思维概括起来包括十大思维方式:

(一)用户思维

互联网思维的核心是用户思维,其他互联网思维都是在用户思维基础上进行的延伸和拓展。所谓用户思维,就是在价值链的各个环节都要以用户为中心考虑问题,尊重消费者、顺应消费者。

用户思维体系涵盖了经典的品牌营销的"Who—What—How"模型:Who(目标消费者)——草根;What(消费者需求)——用户全程参与;How(怎么实现)——全程用户体验至上。

(二)简约思维

互联网时代,信息爆炸,用户的耐心愈来愈不足,所以,必须在短时间内抓住用户。

简约思维主要体现在两个方面:

一是专注,少即是多。越简单的东西越容易传播,也越难做。特别在创业时代,做不到专注,就很难生存下去。美国的苹果公司就是典型的例子,1997年苹果公司接近破产,乔布斯回归,砍掉了70%的产品线,重点开发4款产品,使苹果公司扭亏为盈。

二是简约即是美。简约意味着人性化,在产品设计方面,要做减法。例如,微信的"摇一摇"功能界面足够简单,没有任何按钮和菜单。

(三)极致思维

极致思维,就是把产品、服务以及用户体验做到极致,超出用户预期。极致思维体现的是匠人精神,强调对产品的专注和极致追求。对产品精雕细琢,追求完美,方能提供超越顾客想象,让顾客惊喜的好产品。随着消费升级,人们不再限于对产品功能需求的满足,而是追求产品的心理需求的满足,强调产品品质、服务、个性化及体验。

(四)迭代思维

"敏捷开发"是互联网产品开发的典型方法论,是一种以人为核心、迭代、循序渐进的开发方法,允许有所瑕疵,不断试错,在持续迭代中快速完善产品。许多APP的开发就是遵循迭代的思维,先上线一个原型APP,然后快速完善、持续改进。

这里的迭代思维,对传统企业而言,更侧重迭代的意识,意味着我们必须要及时乃至实时关注消费者需求,把握消费者需求的变化。

(五)流量思维

流量意味着体量,体量意味着分量。流量即入口,流量的价值不必多言。

互联网产品大多用免费策略极力争取用户、锁定用户。当年的360安全卫士,用免费杀毒进入杀毒市场,抢占了其他杀毒软件的市场份额。现在360逐渐开发了一系列互联网安全产品,广告收入是其主要收入之一,可以说免费是为了更好地收费。"免费是最昂贵的",不是所有的企业都能选择免费策略,因产品、资源、能力和时机而定。

任何一个互联网产品,只要用户活跃数量达到一定程度,就会开始产生质变,从而带来商机或价值。QQ若没有当年的坚持,也不可能有今天的规模。注意力经济时代,先把流量做上去,才有机会思考后面的问题,否则连生存的机会都没有。

(六)社会化思维

"六度分隔"理论指出:你和任何一个陌生人之间所间隔的人不会超过六个,也就是说,最多通过六个中间人你就能够认识任何一个陌生人。社会网络其实并不高深,它的理论基础正是"六度分隔"。很多网络软件也开始支持人们建立更加互信和紧密的社会关联,这些软件被统称为社会性软件(Social Software)。例如,微信就是一种社会性软件,有着共同兴趣爱好的人组成一个"朋友圈",这种"朋友圈"越来越像真实生活中的人际圈。"朋友圈"的相互信任关系影响着他人的行为和理念。

社会化商业的核心是网,公司面对的客户以人际网的形式存在,这将改变企业生产、销售、营销等整个生态。

例如,有一个做智能手表的品牌,通过10条微信、近100个微信群讨论,3 000多人转发,11小时预订售出18 698只智能手表,订单金额达900多万元。这就是微信朋友圈社会化营销的魅力。但是要注意,口碑营销不是自说自话,一定是站在用户的角度、以用户的方式和用户沟通。

(七)大数据思维

大数据思维是指对大数据的理解和认识,对企业数据资产、关键竞争要素的把握。

1. 小企业也要有大数据

用户在网络上一般会产生信息、行为、关系三个层面的数据,这些数据的沉淀,有助于企业进行预测和决策。一切皆可被数据化,企业必须构建自己的大数据平台。

2. 你的用户是每个人

在互联网和大数据时代,企业的营销策略应该针对个性化用户做精准营销。

银泰网上线后,打通了线下实体店和线上的会员账号,在百货和购物中心铺设免费WiFi。当一位已注册账号的客人进入实体店,他的手机连接上WiFi,他与银泰的所有互动记录会一一在后台呈现,银泰就能据此判别消费者的购物喜好。这样做的最终目的是实现商品和库存的可视化,并达到与用户之间的沟通。

(八)平台思维

互联网的平台思维就是开放、共享、共赢的思维。平台模式最有可能成就产业巨头。全球最大的100家企业里,有多家企业的主要收入来自平台商业模式,包括阿里巴巴、腾讯、苹果和谷歌等。

(1)打造多方共赢的生态圈。平台模式的精髓在于打造一个多主体共赢互利的生态圈。将来的平台之争,一定是生态圈之间的竞争。例如,百度、阿里巴巴、腾讯等互联网巨头围绕搜索、电商、社交各自构筑了强大的产业生态。

(2)善用现有平台。当你不具备构建生态型平台实力的时候,那就要思考怎样利用现有的平台。

(3)让企业成为员工的平台。互联网巨头的组织变革,都是围绕着如何打造内部"平台型组织"。阿里巴巴25个事业部的分拆、腾讯6大事业群的调整,都旨在发挥内部组织的平台化作用。海尔将8万多人分为2 000个自主经营体,让员工成为真正的"创业者",让每个人成为自己的CEO(首席执行官)。内部平台化就是要变成自组织而不是他组织。他组织永远听命于别人,自组织是自己来创新。

(九)跨界思维

随着互联网和新科技的发展,很多产业的边界变得模糊,互联网企业的触角已无孔不入,如零售、图书、金融、电信、娱乐、交通、媒体等。

互联网企业为什么能够参与乃至赢得跨界竞争?答案就是用户!它们一方面掌握用户数据,另一方面又具备用户思维,自然能够利用用户创新需求。

一个真正厉害的企业,一定是手握用户和数据资源,敢于跨界创新的组织。百度 CEO 指出:"互联网产业最大的机会在于发挥自身的网络优势、技术优势、管理优势等,去提升、改造线下的传统产业,改变原有的产业发展节奏,建立起新的游戏规则。"

(十)移动思维

随着移动互联网的兴起,移动智能终端已非常普及,移动思维这个词也越来越多地被提起。人们用手机购物、手机支付、手机定位与导航、手机娱乐等,智能手机不仅仅是沟通的工具,而且俨然成为我们生活中、工作中的好帮手。

现在的互联网企业只有具备移动互联网思维,开发的产品适应智能手机的移动性、与动态位置有关的特点才能被用户所认可。传统企业开展电子商务同样需要具备移动思维,了解移动用户的消费特点,掌握移动设备和工具的营销手段才能在竞争中胜出。

六、电子商务未来趋势

(一)移动化趋势愈发显著

随着移动互联网的发展和智能终端(智能手机、平板电脑)的普及,现在人们更多地利用手机购物、支付、查阅新闻、娱乐等。电子商务的移动化趋势在消费端愈发明显,基于 PC(个人计算机)的商务活动主要集中在企业端。电子商务企业需要及时调整战略,把握这种移动化消费趋势特征(如身份的确定性、消费的随机性、碎片化以及与位置有关的特征),给消费者提供满意的商品和服务。

(二)线下即线上

电子商务发展过程中的初始阶段,曾经经历过线上和线下的划分。线上的大部分商务活动依赖于互联网;线下的大部分活动是通过传统的手段来完成的。但是今天我们看到,线下的商务活动必然需要具备线上的"基因",也就是线下即线上。无论你生产什么,属于哪个行业,你都需要具备互联网思维。对传统经济而言,互联网不仅仅是工具,更是一种新的商业生态。"互联网+"正是在这个背景下提出的,"互联网+"不是简单的叠加,而是融合升级,实现的是 1+1>2 的整合效应,不断提高效率和效益的一个动态过程,是一种新的商业模式。

(三)以用户为中心理念的强化

传统经济以批量化、规模化为典型的运作模式,更多地从产品的角度思考问题。互联网将人和人连接起来,人们之间沟通的效率提高,每个人都可以发表自己的意见并被迅速传播。互联网时代,用户真正拥有了产品(服务)的话语权。他们的个性化、多样化和动态化需求表现得更为突出,借助互联网他们可以实时表达这种需求。企业只有尊重用户,了解用户的真实需求,不断地自我革新,才能在互联网时代的竞争中胜出。用户可以成就一个企业,但是忽视用户也可能让企业毁于一旦。以用户为中心的理念就是一切从用户出发、为用户着想甚至为用户带来极致的体验,超越用户的预期。

(四)平台化成为主流应用

互联网应用平台是将互联网新一代的信息技术与企业间的交易进行信息化整合,为企业提供快速灵活的信息分享与集成、沟通协作、交互式交易及互联网化资源共享的信息化平台。

近几年来,平台型企业发展很快,从门户网站、网络游戏、各种电子商务网站到社交网络、第三方支付、网络视频、互联网金融,再到孵化企业、各种交易市场、自贸区等,涌现出阿里巴巴、腾讯、百度等众多成功的平台型企业。互联网思维较大的特征是必须运用平台的思想,通过平台规则、平台运营机制的创新,聚合双边或多边市场规模,打造有关利益方共赢的商业生态圈,实现平台模式的变革。企业可以打造自己的平台,或是加入大平台成为商业生态的一部分。

(五)社交化电商的兴起

随着QQ、微博、微信等社交工具的普及应用,以关注、分享、讨论、交流及沟通为主要活动的社交化电子商务被推上风口浪尖。所谓社交化电子商务,是指将关注、分享、沟通、讨论、互动等社交化的元素应用于电子商务交易过程的现象。具体而言,从消费者的角度来看,社交化电子商务既体现在消费者购买前的店铺选择、商品比较等,又体现在购物过程中通过IM(即时通信)、论坛等与电子商务企业的交流与互动,也体现在购买商品后的消费评价及购物分享等。从电子商务企业的角度来看,通过社交化工具的应用及与社交化媒体、网络的合作,可以完成企业营销、推广和商品的最终销售。

(六)大数据潜力无限

大数据是指以多元形式存在于互联网络中的庞大数据组,往往具有实时性。这些数据可能得自社交网络、电子商务网站、顾客来访记录等。通过大数据技术对这些大数据进行挖掘、归纳和聚类分析,可以了解互联网上用户的活动规律、兴趣和偏好,以更准确地预测未来并为企业决策服务。

随着云时代的来临,大数据也吸引了越来越多人的关注。从技术上看,大数据与云计算的关系就像一枚硬币的正、反面一样密不可分。大数据必然无法用单台的计算机进行处理,必须依托云计算的分布式处理。它的特色在于对海量数据的挖掘,让数据产生价值。未来大数据将会爆发出更多的商业应用,如金融业、智能投顾、商业智能、智能决策等各个领域都会让大数据的价值大放异彩。

(七)新零售从梦想照进现实

2016年的云栖大会上提出了五新——新零售、新制造、新金融、新技术、新能源。新零售并非一句口号。要弄清楚新零售究竟是什么,我们就要先看看"旧"的零售是什么。市场有什么货就卖什么货,哪家哪个货卖得好就跟风卖,这些都是典型的旧零售的商业逻辑。

而新零售是基于大数据、用户、多平台合作,利用各种网络渠道把消费者、商家和零售场所连接起来,线上线下融合,即线上线下的企业通过大数据的分析挖掘了解到客户的真实喜好,然后通过电商平台、O2O、实体店等各个渠道展现,再通过图文、视频、电影、电视、VR(虚拟现实)等各种互联网方式连接客户,满足客户对于商品或服务的真实需求。新零售是要先懂得客户、给客户极致的体验,商品和服务的提供是一种自然的结果。

（八）网络视频（含短视频）如火如荼

目前，网络视频节目内容品质迅速提升，各平台商业模式逐渐成熟，长、短视频平台业务呈融合发展趋势。CNNIC发布的报告显示，截至2020年12月，我国网络视频（含短视频）用户规模达9.27亿人，较2020年3月增长7 633万人，占网民整体的93.7%。其中短视频用户规模为8.73亿人，较2020年3月增长1.00亿人，占网民整体的88.3%。直播电商也趁势迅速崛起，如抖音、快手迅速切入，传统电商纷纷开始上线直播电商业务。

（九）农村电商快速崛起

农村电商一般分为下行和上行两部分。随着农村互联网、物流基础设施的完善及智能手机的普及，一方面，新型农民开始主动接触互联网，从网上购买生活（生产）资料，农民网购的比例逐年增长；另一方面，农产品借助各大平台，从原产地到消费者的路径变短得更为直接。随着农业、农村现代化的推进，国家政策对"三农"的支持以及新型职业农民成为主角，农村电商迎来了前所未有的机遇。很多互联网企业开始跨界做农业，关注农产品的安全。未来会有更多的企业通过互联网信息技术助力三农发展。农村电商前景广阔。

思政园地

电商助力传统品牌，"新国潮"来袭

"双11还应该买点啥？"如今从日用快消品到手机、家电再到热捧的国货国潮，消费者"双11"的消费已经从满足基本生活需求的"买便宜"向着追求更高生活品质的买"国潮"转变，而对这个"风向"起到较大助推作用的，无疑就是各大电商平台。

项目一

理解电子商务模式

项目描述

网络环境下企业的生产经营模式与传统环境下的市场运作模式有很大不同。在网络经济时代，企业究竟应该采用何种模式进行电子商务运营，是需要仔细研究和认真思考的。因为电子商务模式选择正确与否会直接影响企业电子商务运营的方向和效果，所以，认识和了解电子商务模式很关键。

项目目标

通过本项目的学习，学生能够清晰地了解和掌握电子商务模式的概念和分类，理解每种电子商务模式的特征，能够针对特定企业，分析和选择不同的电子商务模式，理解主要电子商务模式的运营流程。

通过本项目的学习，学生能够清晰地感受我国电子商务发展的规模和速度，尤其是电子商务发展的类型多样化。通过学习电子商务模式，培养学生的爱国情怀。

项目一　理解电子商务模式

任务一　认知电子商务模式

学习目标

【知识目标】掌握电子商务模式的概念、特点,熟悉电子商务模式的分类。
【技能目标】能分析每种电子商务模式的适用环境。
【思政目标】通过认知电子商务模式,培养学生的爱国情怀。

情景导入

小明想请同学小红去看电影,于是打电话给小红。
小明:"小红,今晚我请你看电影,一会儿我去影城买票,买完票后,告诉你。"
小红:"看个电影还用到影城去买票?"
小明:"啊?"
小红:"到网上直接买票啊!不仅可以在网上直接买票,还可以选座呢!这也是一种电子商务模式!"
小明:"在网上买票,之后到电影院去看电影,这是什么模式的电子商务呢?"
小红:"你自己想啊!"

知识平台

一、电子商务模式的内涵

商务模式是能使企业业务运行的运作方式、经营方式和营利模式的统称。电子商务模式是传统商务模式的网络化、电子化、虚拟化,是网络时代一种新型商务模式。

电子商务模式是指电子商务的商业模式,是企业运用信息技术特别是网络技术从事生产经营和服务活动、创造利润以维持自身生存和发展所采用的经营方法和经营策略的组合。通俗地讲,也就是电子商务活动中的各个参与主体,按照一定交互关系和交互内容所形成的相对固定的商务活动样式。

1. 参与主体

电子商务活动的参与主体基本有三个,即企业(Business,简称"B")、消费者(Consumer,简称"C")和政府(Government,简称"G")。

2. 交互关系

交互关系是指各个参与主体之间的关系,即企业、消费者和政府在电子商务活动中的相互关系。

3. 交互内容

电子商务活动的各个主体的交互关系总是伴随着一定的交互内容,即联结各个主体的交互纽带。具体而言,可以将交互内容划分为三个方面:商务信息、商品交易、服务交易。

二、电子商务模式的特点

电子商务模式是企业商业模式在网络经济环境下的具体应用,其特点体现在以下三个方面:

(一)企业信息共享,目标价值最大

在传统经济中,企业商业模式的构建以企业利润最大化为目标,对于顾客利益和价值链中其他企业的利益通常考虑较少,因此存在着供需矛盾和企业之间的矛盾。供需矛盾的产生,主要是因为供应链企业间的供需关系不透明,而且会因长鞭效应而放大;企业间矛盾的产生,主要是因为价值网络中处于相同或相近角色的企业之间存在竞争,导致无法实现本来可以通过协作达到的高效率。然而,在电子商务模式下,这种状况得以改变。企业利用电子商务平台进行信息共享、快速沟通,使顾客的价值需求得到满足,并使供应链间企业实现信息的快速传递和交换。只有当供应链间的企业的信息和资源都实现了共享,各企业通过彼此协商、谈判和沟通达成价值目标最大化的共识,并在此基础上进行协同作业,才能实现利益共享,使价值增值达到最大化。

(二)价值流突显,增值方式有变

基于目标价值最大化的电子商务模式,其核心在于具有建立规范的电子商务环境以及不断提升电子商务技术的应用能力。在电子商务模式中,资金流、信息流、物流、商流等的作用和地位与传统商业模式有所不同,已经发生了变化。价值流、信息流和知识流成为人们关注的对象,基于"流"的处理能力表现在不断采用新的理论、技术和方法。先进的技术能使信息流以更快、更稳定的方式流动;知识能够在更广泛的范围内实现共享并得到应用。另外,通过对价值流的分析和重新设计,在整个价值网络中可从以下两个方面来增加价值:一是消除无效或效率低下的运转环节,以大幅度降低交易成本;二是增加已存在的商业活动价值,以提升整个产品或服务的新增价值。

(三)管理自动化,大幅节约成本

电子商务模式可以使整个供应链的各个节点企业的管理自动化。通过Internet,不但可以节省成本、提高效率,更有开发新市场的机会,还可以实现企业间商业交易资讯交换,如采购单、商业发票及确认通知等。

三、电子商务模式的分类

(一)依据交易活动的参与主体划分

依据电子商务交易的参与主体不同,可以把电子商务模式分为:

- 企业对企业的电子商务模式。
- 企业对消费者的电子商务模式。
- 消费者对消费者的电子商务模式。

- 企业对政府的电子商务模式。
- 消费者对政府的电子商务模式。

(二)依据商业模式的控制者划分

依据商业模式的控制者不同,可以将电子商务模式分为:
- 销售方控制的电子商务模式。
- 购买方控制的电子商务模式。
- 第三方控制的电子商务模式。

四、电子商务模式的创新发展

(一)电子商务模式创新的关键

电子商务模式创新的关键在于价值创新。企业在为用户创造价值的同时实现自身价值,这是一个双向互动的过程。为顾客创造价值是商务活动的永恒主题。创新都是以市场为中心点并由市场驱动的,检验一项创新的标准永远是它对使用者的用途;无论是哪个企业,只要经常提出顾客到底想买什么这类问题,就可能赢得市场竞争。所以,今后电子商务模式创新的研究方向是:

(1)如何充分发挥电子商务优势,满足顾客需要,更好地为顾客创造价值?如何解决电子商务发展中遇到的诸多问题?

(2)电子商务模式创新的关键成功因素到底是什么?

(3)为什么它们会成为电子商务模式创新的关键成功因素?它们是如何发挥作用的?

(二)电子商务模式创新的途径

1. 需要创造性思维,打破条条框框

价值创新者不应把他们的竞争对手作为基准点,而是要更注重寻求顾客的共同点,使顾客得到完全不同的和不可抗拒的感受。企业不因循守旧、跳出固有思维,成为敢于向守成者的偏见和成见发起挑战的创新者,成为行业规则的"破坏者",或成为规则的制定者,目标是从根本上彻底改造现存的竞争空间,或以让竞争对手吃惊而不安的方式创建新的竞争空间。

2. 深刻理解电子商务的性质和特征

企业可利用互联网,通过市场调研,评估费用及利润,分析解决问题以满足顾客需要。网上谈判、支付、物流等能力的提高可以降低交易费用、缩短交易时间等方式创造价值、增强竞争力。此外,可以通过网络获取顾客反馈、专门技术等重要信息,这既是企业竞争优势最主要的潜在来源之一,也使得价值创造过程更加强大。

3. 分析环境,结合自身实际

企业在选择和创新电子商务模式时要认真分析内、外部环境,结合自身实际情况,既要借鉴其他企业的电子商务模式,自己又要有所创新,为发展自己的网上交易市场寻找适合我国国情的道路。因此,企业切勿完全照抄、照搬其他企业的做法。

实践任务

请尽可能多地搜索电子商务模式,列出每种电子商务模式的名称、特点、营利模式。

> **素质拓展**

互联网商业模式创新,四大模式将会是未来趋势

1. 共享+

互联网技术的推广、社交网络生态的日益成熟,以及移动终端、物联网和云计算的发展,为共享模式的创新与应用提供了更多可能,众多的共享平台如雨后春笋般涌现。

共享模式的本质,归根到底是资源的优化配置,让商品、服务、数据以及智慧拥有共享渠道的商业运营模式。在"互联网+"时代,共享模式主要以移动互联网为载体,利用互联网技术促进信息的高效流通,减弱信息的不对称性,从而使得使用价值的获取更为廉价,也更为方便和快捷。共享的对象可以包括汽车、房子、办公室或闲置设备等固定资产,也可以包括信息、能源等资产。

2. 社群+

社群实现了人与人之间最快的连接和高度信任的互联网经济,社群将是移动互联网时代下一个红利,也将是未来商业的核心动力。社群经济是指一群有相同兴趣、认知、价值观的用户因为一个共同的目标或追求,发生群蜂效应,在一起互动、交流、协作、感染,对产品品牌产生反哺的价值关系。

这种建立在产品与粉丝群体之间的"情感信任+价值反哺",共同作用形成自组织、自运营的范围经济系统。在社群中,产品与消费者之间不再是单纯功能上的连接,消费者开始在意附着在产品功能之上的诸如口碑、文化等,而且很容易把这种社群文化移植到社群其他延伸品上。

3. 平台+

平台型商业模式的基础是大规模的用户量,这就要求一切必须以更好地满足用户需求为导向,产品更为多元化和多样化,更加重视用户体验和产品的闭环设计。设计好针对用户痛点的极致产品,围绕产品的应用场景打造核心用户群,并以此为据点快速打造品牌。

不过对于传统企业而言,不要轻易尝试做平台,尤其是中小企业不应该一味地追求大而全、做大平台,而应该集中优势资源,发现自身产品或服务的独特性,瞄住精准的目标用户,发掘用户痛点。

4. 跨界+

如今进入体验经济时代,大众的物质性需求已经得到了较大满足,根据马斯洛需求层次理论,现在的消费者追求更高精神层次的满足。过去那种只靠传统经营的形式营利模式单一,而且给消费者的消费体验也不好。因此,实体店必须转型升级,通过与艺术、设计等产业的跨界融合,顺应人们消费升级后对场景文化体验的更高要求。

(资源来源:创业商机网)

任务二　掌握 B2C 电子商务模式

学习目标

【知识目标】掌握 B2C 电子商务模式的概念、特点和营利模式。

【技能目标】能在众多的电子商务模式中区分出 B2C 电子商务模式,并能分析该种电子商务模式适用的条件。

【思政目标】通过认知 B2C 电子商务模式,学生认识到企业面对消费者时,要诚实守信,不售卖假冒伪劣商品欺诈消费者。

情景导入

小明:"小红,我有一个疑问,那就是作为消费者,我们既可以在淘宝网上购物,又可以在天猫、京东、凡客、当当等网站上购物,而且这些网站上商品的价格也差不多,所以这些网站运营电子商务的模式应该是相同的吧!"

小红:"你说的不对,这些网站对你来说差别不大,但实际上它们的运营模式是不同的。"

小明:"有何不同?它们的运营模式不都是我们平常所说的 B2C 电子商务模式吗?"

小红:"那可不是,这些网站并非都是同一种电子商务模式!给你留个作业,请你通过学习,找出以上几个网站的运营模式中哪些是 B2C 电子商务模式。"

小明:"好的,我明天就可以告诉你答案!"

小红:"好!"

知识平台

一、B2C 电子商务的内涵

B2C(Business to Consumer)电子商务是指企业与消费者之间的电子商务。它具体是指通过信息网络以及电子数据信息的方式实现企业或商家机构与消费者之间的各种商务活动、交易活动、金融活动和综合服务活动,是消费者利用 Internet 直接参与经济活动的形式。

B2C 电子商务以完备的双向信息沟通、灵活的交易手段、快捷的物流配送、低成本高效益的运作方式等在各行各业展现了强大的生命力。B2C 模式是我国最早产生的电子商务模式,以 8848 网上商城正式运营为标志。

这种形式的电子商务一般以直接面向客户开展零售业务为主,主要借助互联网开展在线销售活动,故又称为电子零售或网络零售。

B2C电子商务模式的典型代表主要有天猫、当当网、唯品会、亚马逊等。

二、B2C电子商务的类型

(一)垂直型B2C

垂直型B2C主要有两大特点:"专"和"深"。"专"是指集中全部力量打造专业性信息平台,包括以行业为特色和以国际服务为特色;"深"是指此类平台具备独特的专业性质,在不断探索中将会产生许多深入且独具特色的服务内容与营利模式。据此,垂直型B2C主要走的是专业化的品牌经营之路。

垂直型B2C的优势具体表现在以下三个方面:首先,在垂直细分领域做出自己的特色,形成品牌效应,可以满足那些看重品牌的消费者;其次,垂直型B2C在产品的划分上具有单一特性,有助于产品和服务的细分,通过精耕细作,更能抓住用户的心;再次,垂直型B2C的物流管理更加高效、便捷,可以满足消费者对快捷服务的要求。随着电子商务的不断发展,物流逐渐成为电子商务的一大短板,垂直型B2C高效、便捷的物流管理有助于其进一步发展壮大。相比于优势,垂直型B2C的劣势也是不容忽视的:过于专业化,将产品定位于某类或者某几类产品,限制了网站的营利范围;走品牌性的经营之路,虽然能不同程度地满足消费者的品牌爱好,但这样也往往使得目标群体过于狭窄。若产品和服务定位不精准或者没有精耕细作,很容易使网站发展限于死胡同,比如说知名度有了,但是无法形成品牌的力量,品牌最重要的是建立一种长久的与用户的关系。

国内著名的凡客、乐淘等都是成绩斐然的垂直型B2C网站,其均得益于发展目标专一的特点。

(二)综合型B2C

综合型B2C也可以称为自营百货零售型B2C。以京东为例,目前京东是国内规模最大的综合型B2C电子商务企业之一,其特点是产品线结构非常丰富,拥有广泛的、忠诚的注册用户,以及众多的合作供应商,拥有具有竞争力的价格和逐渐完善的自有物流体系等优势。京东接连受到国际著名风险投资基金的青睐,说明了具有战略眼光的投资人对综合型B2C的美好前景的认可。从中国B2C电子商务模式的发展趋势来看,综合型B2C具有更快的发展速度和更广阔的发展前景。京东、当当等从垂直型成功转型为综合型也验证了国内B2C电子商务模式发展的趋势。

众多垂直型B2C网站转型为综合型B2C网站的原因无外乎以下几个:

(1)经过多年的发展,垂直型B2C网站用户规模不断扩大,已经有能力扩展到其他行业。

(2)网站的发展在于创造用户和满足用户需求,转型为综合型B2C网站可以更好地满足用户不同的需求,提供一站式的产品和服务,能够更好地留住用户的心、培养用户的忠诚度。

(3)扩展到其他产品线,增加收入渠道进而打"组合拳",可以获得更多的利润。总的来说,追求利润是垂直型B2C网站转型的根本原因。

综合型B2C网站的劣势也是明显的。综合型B2C网站商品种类繁多,需要与众多的供应商、制造商合作,其运营成本必然要剧增,仓储能力、客服等工作压力也会随之出现,物流亦成为综合商城的一大瓶颈。综合型B2C网站需要更多精力来应对各种挑战。

（三）平台型B2C

平台型B2C即由专业的电子商务平台开发商或运营商建设电子商务平台，多个买方和多个卖方通过这个集认证、付费、安全、客服和渠道于一体的统一平台提供相关服务完成交易的商业模式。平台型B2C在发展过程中必须做到以下几点：

第一，提升用户体验，实现无忧购物。

第二，完善商家服务体系，不仅要将商家请进来，还必须帮助商家"活"下来，"活"得精彩。

第三，提升营销体系，从单一的打折促销提升到多样化的整合营销。

第四，帮助在平台上成长起来的自主品牌真正成长为网购品牌。

天猫是平台型B2C的一个典型代表。天猫整合数千家品牌商、生产商，为商家和消费者提供一站式解决方案。天猫本身不从事买卖交易业务，只是吸引企业和消费者参与，为二者的网上交易提供配套服务以支持交易安全、快捷达成。天猫作为阿里巴巴集团电子商务生态圈中重要的一环，坚持开放B2C平台战略，依托更好的产品和服务，提升满足消费者日益变化需求的能力，能够为商家提供高效、低成本的通路和创造长期价值。天猫作为独立的第三方交易平台具有技术框架布局和系统平台维护方面的明显优势，已经成为那些没有资金和实力建设自己网上平台的中小企业"触网"的首选。相较于垂直型B2C和综合型B2C，虽然中小企业选择第三方交易平台可以节约大量的人力、物力和财力，但是平台型B2C还是存在以下几点不足：

（1）发展时间短，平台规模小。第三方交易平台出现时间不长，其业务规模和使用者数量需要时间的积累。

（2）与企业业务结合程度不深。第三方交易平台一般是从企业外部逐渐切入企业内部的，其结果必然是与企业的业务结合程度不够紧密，这是第三方交易平台的一个主要瓶颈。

（3）信用成本高。本来交易双方就存在信用问题，而第三方介入又使得平台本身和交易方存在信用问题。

三、B2C电子商务的营利模式

B2C电子商务的经营模式决定了企业的营利模式，不同类型的B2C电子商务企业的营利模式是不同的。一般来说，B2C电子商务企业主要通过以下几个方面获得营利：

1. 销售本行业产品获利

通过网络平台销售自己生产的产品或加盟厂商的产品。商品制造企业主要是通过这种模式扩大销售，从而获取更大的利润，如海尔电子商务网站。

2. 销售衍生产品获利

销售与本行业相关的产品，如携程旅行网除销售旅游产品外，还销售与旅游相关的保险产品。

3. 收取产品租赁费用

提供租赁服务，如成立于2007年的神州租车有限公司推出的神州租车平台开展汽车租赁服务,通过收取汽车租赁费用获得生存和发展。

4. 收取拍卖费用

拍卖产品收取中间费用,如汉唐书画网为收藏者提供拍卖服务。

5. 收取特许加盟费用

运用该模式,一方面可以迅速扩大规模,另一方面可以收取一定加盟费,如当当网等。

6. 收取会员费用

收取注册会员的会费,大多数电子商务企业都把收取会员费作为一种主要的营利模式。

7. 收取信息发布费用

发布供求信息、企业资讯等,如中国服装网、中国玩具网等。

8. 收取广告费用

目前广告收益几乎是所有电子商务企业的主要营利来源。这种模式成功与否的关键是其网页能否吸引大量的广告、能否吸引广大消费者的注意。

实践任务

搜索近三年中国 B2C 电子商务排行榜,查询相关数据并分析中国 B2C 的市场格局。

素质拓展

2020 年中国网络零售行业市场现状及发展前景分析

2020 年 1—8 月全国网络零售额达到 70 326 亿元,创近年来新高,同比增长 9.5%,比 1—7 月提高 0.5 个百分点。其中实物商品网上零售额为 58 651 亿元,同比增长 15.8%,占社会消费品零售总额的比重为 24.6%,比 2019 年同期提高 5.2 个百分点。

受新冠肺炎疫情影响,影院、餐饮、旅游等线下商业受到冲击,而线上经济却逆势上扬,直播电商、社团购物、门店到家等新型消费蓬勃发展,成为消费市场一大亮点。

未来随着 5G(第五代移动通信)、物联网等新型基础设施建设的持续推进,线上经济将会迎来更大发展空间,不断带动消费潜力回补释放,激活经济发展新动力。

1. 线上消费迅猛发展

网上零售发展为何如此迅猛?这首先得益于复工、复产的全面推进。特别是教育、文化、娱乐、体育等服务行业的全面复工、复产,增强了服务消费的供给能力。随着新一代信息技术的应用和普及,线上消费的新业态、新模式不断涌现,特别是以视频直播为代表的新业态创造了商品和服务线上消费新的增长点,助推线上消费实现高速增长。

当前,直播电商已成为电商发展的新引擎。直播电商呈迅猛发展势头,直播场次不断增加,直播内容不断丰富,直播方式不断创新。

根据商务大数据的监测,2020 年上半年,电商直播超 1 000 万场,活跃主播数超 40 万人,观看人次超 500 亿次,上架商品数超 2 000 万个。直播电商带动作用明显,新冠肺炎疫情期间,各地通过开展形式多样的直播活动,使许多滞销的农产品直达千家万户。

信息消费成为有效扩大内需、拉动经济增长的新动力。信息消费的内涵和外延在不断扩展,从原来的"信息的消费",扩展到"信息+消费"。新冠肺炎疫情期间,在线教育、网络医疗等信息消费的新业态、新模式蓬勃发展。

2. 网络零售:加快成为消费市场稳定器

网络零售正在成为消费市场稳定器。尤其是新冠肺炎疫情期间,居民聚集性、流动性、接触式消费受到严重抑制,但各种新业态、新模式加快扩容,线上消费逆势增长,有效保障了居民日常生活需要,推动了经济稳步复苏、企稳回升。

直播电商、反向定制、门店到家等新业态、新模式层出不穷。电商方便了百姓生活的同时,也加快改变传统商业,让线上线下融合发展的趋势更加明显。美团的数据显示,2020年7月,全国服务业小店的消费复苏率达到91.8%,美团平台新增小店超过9万家,小店线上交易额较2020年6月增长23%。

线上消费的高增长促进了制造业和服务业数字化转型,这使企业能够有机会利用销售端的大数据对消费者进行"画像",并依据市场需求的变化研发设计出新产品、新服务,有效促进供给与需求之间良性循环,进而推动经济高质量发展。

3. 线上经济将迎来更大发展机遇

2020年9月21日,国务院办公厅发布《关于以新业态新模式引领新型消费加快发展的意见》,明确要着力补齐新型消费短板,进一步激发市场主体活力,促进线上线下消费深度融合,努力实现新型消费加快发展。专家认为,在政策助推下,未来网络零售仍将持续保持高增长态势,线上经济将迎来重要发展机遇期。

在新一代信息技术的应用和普及下,在供应链数字化大潮下,会有越来越多的商品,比如住房、汽车以及家用电器和家装产品从线下转到线上,同时,在线教育、在线医疗、在线咨询等线上服务也将不断涌现,使得优质服务能够面向全国甚至全球销售,从而拓宽服务半径,从供给端进一步扩大消费规模。

网上零售在快速发展的同时,也存在一些问题。比如,商品质量参差不齐,部分电商平台存在无序竞争、虚假宣传等现象。未来,还需通过完善技术保障、优化服务链条、加强服务监管来解决上述问题,促进线上经济健康、可持续发展。

(资料来源:前瞻产业研究院)

任务三　掌握 B2B 电子商务模式

学习目标

【知识目标】　掌握 B2B 电子商务模式的概念、特点和营利模式。

【技能目标】　能在众多的电子商务模式中区分出 B2B 电子商务模式,并能分析该种电子商务模式适用的条件。

【思政目标】　通过了解跨境 B2B 平台,体会祖国的强大。

> **情景导入**
>
> 小明:"小红,通过学习和查找资料,我想明白了!"
> 小红:"想明白什么了?"
> 小明:"天猫、京东、凡客等网站的电子商务模式都是 B2C 电子商务模式!"
> 小红:"那淘宝呢?"
> 小明:"淘宝平台上的卖家基本都是个人,这一点与上面几个网站或者平台不同,上面几个平台的销售主体是企业!"
> 小红:"是这样,所以淘宝不是 B2C 电子商务模式。"
> 小明:"那淘宝算什么模式呢?"
> 小红:"你还需要学习啊!再给你留个作业:回去登录阿里巴巴网站,思考阿里巴巴是什么电子商务模式。"
> 小明:"好。"

知识平台

一、B2B 电子商务的内涵

B2B(Business to Business)电子商务是指企业与企业之间的电子商务。B2B 电子商务模式是电子商务应用较多和较受企业重视的形式,企业可以使用 Internet 或其他网络对每笔交易寻找最佳合作伙伴,完成从订购到结算的全部交易行为。

B2B 电子商务是电子商务的主流,也是企业面临激烈的市场竞争、改善竞争条件、建立竞争优势的主要方法。B2B 电子商务将会为企业带来更低的价格、更高的生产效率和更低的劳动成本以及更多的商业机会。

通俗地说,B2B 电子商务是指进行电子商务交易的供、需双方都是商家(或企业、公司),它们使用了 Internet 的技术或各种商务网络平台,完成商务交易的过程。B2B 电子商务是企业与企业之间通过互联网进行产品、服务及信息的交换。

B2B 电子商务模式的典型代表主要有阿里巴巴、慧聪网、环球资源、找钢网等。

二、B2B 电子商务的类型

1. 垂直 B2B

面向制造业或面向商业的垂直 B2B 可以分为两个方向,即上游和下游。生产商或商业零售商可以与上游的供应商之间形成供货关系;生产商与下游的经销商可以形成销货关系。简单来说,这种模式下的 B2B 网站类似于在线商店,这一类网站其实就是企业网站,就是企业直接在网上开设的虚拟商店,通过这样的网站可以大力宣传自己的产品,用更快捷、更全面的手段让更多的客户了解自己的产品,促进交易。此外,也可以是商家开设的网站,这些商家在自己的网站上宣传自己经营的商品,目的也是用更加直观、便利的方法促进、扩大商业交易。

2. 综合 B2B

综合 B2B 即面向中间交易市场的 B2B。这种交易模式是水平 B2B，它是将各个行业中相近的交易过程集中到一个场所，为企业的采购方和供应方提供一个交易的机会。这类网站自己既不是拥有产品的企业，也不是经营商品的商家，只提供一个平台，在网上将销售商和采购商汇集到一起，采购商可以在其网站上查到销售商的有关信息和销售商品的有关信息。

3. 自建 B2B

行业龙头企业自建 B2B 模式是大型行业龙头企业基于自身的信息化建设程度，搭建以自身产品供应链为核心的行业化电子商务平台。行业龙头企业通过自身的电子商务平台，串联起行业整条产业链，供应链上、下游企业通过该平台实现资讯共享、沟通、交易。但此类电子商务平台过于封闭，缺少产业链的深度整合。

4. 关联 B2B

关联 B2B 是指行业为了提升电子商务交易平台信息的广泛程度和准确性，整合综合 B2B 和垂直 B2B 而建立起来的跨行业电子商务平台。

三、B2B 电子商务的营利模式

以下是 B2B 电子商务营利的主要方式：

1. 广告

(1) 文字广告：关键词，链接资讯文章时要嵌入不同颜色文字。

(2) 图片广告。

(3) 动态广告，如 flash 等。

(4) 广告联盟分享投放知名网站上的广告。

(5) 邮件广告。

(6) 商业调查投放广告。

2. 搜索

(1) 关键词竞价排名，指客户通过搜索关键词得到的排名。

(2) 热点词汇直达商铺或企业网站。

3. 自有产品销售

(1) 行业的管理软件。

(2) 网站会员等级。

(3) 企业建站。

4. 交易

(1) 交易佣金。

(2) 支付服务。

(3) 网上业务中介。

(4) 网上拍卖。

(5) 物流服务。

5. 增值服务

(1) 客户留言、前沿资讯、短信服务和邮件服务。

(2)高级商友俱乐部收费服务和线下服务。

(3)优秀文章查阅服务。

(4)下载电子杂志服务。

(5)行业发展报告。

(6)网站数据分析报告。

(7)专家在线资讯服务。

6. 线下服务

(1)网络营销策划。

(2)培训。

(3)展会。

(4)行业商会、研讨会、高峰论坛等。

(5)团购。

7. 商务合作

(1)政府、行业协会合作。

(2)网站合作,如广告联盟等。

(3)媒体合作。

(4)企业合作。

实践任务

搜索近三年中国B2B电子商务排行榜,查询相关数据并分析中国B2B的市场格局。

素质拓展

2020年我国B2B行业面临的营销痛点

2020年,一场突如其来的新型冠状病毒感染肺炎疫情,使我国宏观经济在短期内受到明显冲击;对中观行业来说,除了医药医疗、在线游戏等行业受益,大部分B2B企业都被按下了"暂停键",旅游、酒店、跨境、会展等行业近乎"颗粒无收",甚至有些企业正处在生死存亡的紧要关头。

由于疫情影响,2020年我国B2B行业面临的营销痛点主要体现在以下几个方面:

1. 无法有效识别Leads

Leads是指通过消费者勘查,得到的关于某人购买某种产品或服务的可能性数据。潜在客户身份不清晰,B2B企业不知道用户"是谁""来自哪里",无法判别哪些渠道是优质渠道,以及用户来源的有效性。

2. 无法洞悉用户需求

用户行为数据缺失,无法建构360度用户画像,缺乏有效的长期跟踪工具,自然不能"想用户所想""满足用户所需"。

3. 用户生命周期短,忠诚度低

"来得快,去得也快",留存率很低,B2B企业误以为要不断在拉新上投入成本,导致恶性循环

4. CRM(客户关系管理)与 Social 端渠道割裂

不能利用 SCRM(社会关系管理)进行全渠道信息整合,导致数据分散,数据价值很难发挥,也造成了 Leads 跟进时的效率低下问题。

5. 线上线下割裂分离

线下收集的 Leads 无法进行线上维护与孵化,造成资源浪费。

6. 缺乏精细化自动化运营

营销效率低,内容触达方式单一,无法实现营销自动化。

不可否认,新冠肺炎疫情给我国 B2B 行业带来的打击是沉重的,有的企业已经等不到黎明。而对于幸存的 B2B 企业而言,这也是一个反思机会,并结合痛点有针对性地提升企业营销水平,实现弯道超车。

(资料来源:Webpower 中国网站)

任务四 掌握 C2C 电子商务模式

学习目标

【知识目标】掌握 C2C 电子商务模式的概念、特点和营利模式。

【技能目标】能在众多的电子商务模式中区分出 C2C 电子商务模式,并能分析该种电子商务模式适用的条件。

【思政目标】通过学习 C2C 电子商务,体会个人对个人的电子商务也不是法外之地。

情景导入

小明:"小红,我有一个朋友,他个人要开一个网店,卖家乡特产。他问我,是在天猫开店好些,还是在淘宝开店好些?"

小红:"你是怎么回答的呢?"

小明:"因为他要个人开店,所以不能选择天猫吧?"

小红:"对!"

小明:"所以我告诉他,可以在淘宝上注册开店,销售家乡特产!"

小红:"你想明白淘宝是什么电子商务模式了吗?"

小明:"C2C 电子商务模式!我已经查到答案了!"

小红:"有进步!"

知识平台

一、C2C 电子商务的内涵

C2C(Customer to Customer)电子商务是指个人与个人之间的电子商务。说到个人对个人的电子商务,不外乎个人将一些二手商品或者旧物,拿到网上进行销售。世界上最早期、最典型的 C2C 网站就是个人拍卖二手商品的网站,如易趣、一拍网、拍拍网等。但 C2C 电子商务网站不仅包括这些拍卖类网站,它的成员还有很多,其中就有大家耳熟能详的淘宝网。

二、C2C 电子商务的发展历程

C2C 电子商务模式在中国的发展历史不算太长,从 1999 年至今,有 20 多年的历史。

- 1999 年,邵亦波在美国获得哈佛大学 MBA 学位后,回国创立易趣网,这开创了中国 C2C 的先河,是中国第一家 C2C 平台。
- 2002 年 3 月,eBay(也是做 C2C 的美国平台)为易趣网注资 3 000 万美元,使得易趣网在中国 C2C 领域中的龙头地位进一步加强。
- 2003 年 5 月,阿里巴巴斥资 4.5 亿元成立 C2C 网站——淘宝网。它成为易趣网的最大竞争对手。
- 2003 年 7 月,eBay 斥资 1.5 亿美元,全资收购了易趣网。
- 2004 年 4 月,由原雅虎中国和新浪网合作发起的一拍网正式上线。新浪网占据其中 33% 的股权,原雅虎中国占 67% 的股权。
- 2005 年 9 月,腾讯推出拍拍网,2006 年 3 月 13 日开始运营。
- 2006 年 2 月 15 日,一拍网彻底关闭,阿里巴巴收购了一拍网的全部股份,原属于一拍网的用户全部导入淘宝网。
- 2006 年 12 月,TOM 在线与 eBay 合资,更名为 TOM 易趣。
- 2007 年 10 月,百度宣布进军电子商务,并筹建 C2C 平台。2008 年 10 月 28 日,百度电子商务网站"百度有啊"正式上线,开创了新的电子商务格局。
- 2009 年,网购导购业进驻 C2C 市场,抢占市场份额。
- 2009 年 12 月,D 客商城正式上线,推动个性化定制业发展。D 客商城是买卖 3D 打印产品、3D 打印机、3D 打印材料、3D 扫描仪、DIY 一些个性化的 2D 图案、定制礼品/礼物/赠品和 2D 数码设备的专业网站,是全球较具价值的个性化定制商品交易平台。

然而,截至目前中国 C2C 市场的现状为:

- 2011 年 4 月,"百度有啊"宣布关闭 C2C 平台,转型提供生活服务。
- 京东决定 2015 年 12 月 31 日停止提供 C2C 模式的电子商务平台服务,并在三个月的过渡期后,于 2016 年 4 月 1 日起,彻底关闭 C2C 模式的电子商务平台服务拍拍网。
- 目前,D 客商城的网站已无法访问。
- TOM 易趣的网站也已无法访问。
- 在 C2C 市场上涌现了一批行业特色明显的小型 C2C 网站,如人人车、瓜子网等。

三、C2C 电子商务的营利模式

C2C 电子商务的营利模式主要有以下几种：

1. 会员费

会员费也就是会员制下的服务收费，是指 C2C 网站为会员提供网上店铺出租、公司认证、产品信息推荐等多种服务组合而收取的费用。由于提供的是多种服务的有效组合，比较能适应会员的需求，因此这种模式的收费比较稳定。会员第一年缴纳费用，第二年到期时需要客户续费，续费后再进行下一年的服务，不续费的会员将恢复为免费会员，不再享受多种会员级别的服务。

2. 交易提成

交易提成不论什么时候都是 C2C 网站的主要利润来源。因为 C2C 网站是一个交易平台，它为交易双方提供机会，就相当于现实生活中的交易所、大卖场，从交易中提成是其市场本性的体现。

3. 广告费

C2C 平台将网站上有价值的位置"出租"，用于放置各种类型的广告，根据网站流量和网站人群精度标定广告位价格，然后再通过各种形式向客户出售。如果 C2C 网站具有充足的访问量和用户黏度，广告业务会非常大。但是 C2C 网站出于对用户体验的考虑，均没有完全开放此业务，只有个别广告位不定期开放。

4. 搜索排名竞价

C2C 网站商品的丰富性决定了购买者搜索行为的频繁性。搜索的大量应用就决定了商品信息在搜索结果中排名的重要性，由此便引发了根据搜索关键词竞价的业务。用户可以为某一关键词提出自己认为合适的价格，最终由出价最高者竞得，在有效时间内该用户的商品可获得竞得的排位。只有卖家充分认识到竞价为他们带来的潜在收益，他们才愿意花钱购买。

5. 支付环节收费

支付问题一向是制约电子商务发展的瓶颈，直到阿里巴巴推出了支付宝才在一定程度上促进了网上在线支付业务的开展。买家可以先把预付款通过网上银行打到支付公司的个人专用账户，待收到卖家发出的货物后，再通知支付公司把货款打入卖家账户，这样买家不用担心收不到货还要付款，卖家也不用担心发了货而收不到款。支付公司可以按成交额的一定比例收取手续费。

四、C2C 电子商务的未来发展

C2C 电子商务的未来发展会呈现以下几个特点：

(1)C2C 电子商务模式不会消亡。C2C 电子商务模式虽难以成为主流，但作为基本的电子商务形式，它能够满足个人网站销售的刚性需求，而这种刚性需求是永远存在的。

(2)综合类 C2C 会萎缩，而行业 C2C 会不断增长。类似淘宝网这种无所不包的综合类

C2C 网站会逐渐萎缩,而不同行业的类似人人车等的 C2C 网站会逐渐增多,并挤占综合类 C2C 的市场份额。

(3) C2C 的市场监管和相关法律会逐渐出台,逐渐规范。最终,一定是由于规范了市场的无序、保证了商品质量、杜绝了假货后,C2C 模式才会越走越远。

实践任务

探索我国目前 C2C 市场的格局,分析新型的 C2C 网站,并分析我国 C2C 未来的发展方式。

素质拓展

人人车

北京人人车旧机动车经纪有限公司(以下简称人人车)成立于 2014 年 4 月,致力于打造全新的二手车 C2C 交易模式,为个人车主和买家提供诚信、专业、便捷、有保障的优质二手车交易。

人人车首创的二手车 C2C 虚拟寄售模式,能够直接对接个人车主和个人买家,砍掉中间环节,实现交易无差价,为个人用户卖车和买车提供较佳交易体验。平台仅上线六年 10 万公里内的无事故个人二手车,在这里,卖家可以将车卖到公道价,买家可以买到经人人车专业评估师检测的真实车况的放心二手车。同时针对买家,人人车还提供 14 天无理由退车、一年两万公里核心部件质保等一系列售后保障。

2017 年 9 月,人人车与中国汽车流通协会达成合作,成为二手车检测国家级标准——"行认证"的二手车电商首家战略合作伙伴,全面升级检测标准,保障二手车放心车况。

任务五 认知电子政务

学习目标

【知识目标】掌握电子政务的概念、特点。

【技能目标】能在众多的电子商务模式中区分出电子政务模式,并能分析该种电子商务模式适用的条件。

【思政目标】创新为人民服务的载体和路径,培养学生的服务意识。

> **情景导入**
>
> 小明:"听说,现在有些省份,人们可以在政府网站上办理社保业务的预审以及委托代办等业务,不用跑政务大厅了!"
>
> 小红:"是的,有的省份还开发了社保业务办理的手机客户端,办事群众跑腿越来越少,经办机构管理越来越规范,只要有手机,不论是查询业务还是其他业务都能一键办理。"
>
> 小明:"这就是所谓的政务信息化吧?"
>
> 小红:"嗯,其实这也是电子商务的一种新模式,只不过参与主体中有一方是政府。"
>
> 小明:"有一方是政府,还能叫电子商务?"
>
> 小红:"对,这就是人们所说的电子政务!"

知识平台

一、电子政务概述

(一)电子政务的内涵

电子政务是指国家机关在政务活动中运用计算机、网络和通信等现代信息技术手段,实现政府组织结构和工作流程的优化重组,超越时间、空间和部门分隔的限制,建成一个精简、高效、廉洁、公平的政府运作模式,以便全方位地向社会提供优质、规范、透明、符合国际水准的管理与服务。

广义的电子政务应包括所有国家机构在内,而狭义的电子政务主要包括直接管理国家公共事务、社会事务的各级行政机关。

(二)电子政务的特征

电子政务是一个系统工程,应该符合三个基本条件:

(1)电子政务是必须借助电子信息化硬件系统、数字网络技术和相关软件技术的综合服务系统。硬件部分包括内部局域网、外部互联网、通信系统和专用线路等;软件部分包括大型数据库管理系统、信息传输平台、权限管理平台、文件形成和审批上传系统、新闻发布系统、服务管理系统、政策法规发布系统、用户服务和管理系统、人事及档案管理系统、福利及住房公积金管理系统等数十个系统。

(2)电子政务是处理与政府有关的公开事务、内部事务的综合系统,除政府机关内部的行政事务以外,还包括立法、司法部门以及其他一些公共组织的管理事务,如检务、审务、社区事务等。

(3)电子政务是新型的、先进的、革命性的政务管理系统。电子政务并不是简单地将传统的政府管理事务原封不动地搬到互联网上,而是要对其进行组织结构的重组和业务流程的再造。因此,电子政府在管理方面与传统政府有显著的区别。

相对于传统行政方式,电子政务的最大特点是行政方式的电子化,即行政方式的无纸化、信息传递的网络化、行政法律关系的虚拟化等。电子政务使政府工作更公开、更透明；政务工作更有效、更精简；可以为企业和公民提供更好的服务；可以重构政府、企业、公民之间的关系，使之比以前更协调，便于企业和公民更好地参政、议政。

(三)电子政务的内容

电子政务的内容主要包括以下几个方面：
(1)政府从网上获取信息，这可以推进网络信息化。
(2)加强政府的信息服务，在网上设立政府的网站和主页，向公众提供可能的信息服务，实现政务公开。
(3)建立网上服务体系，使政务在网上与公众互动处理。
(4)将电子商业用于政府，即"政府采购电子化"。
(5)充分利用政务网络，实现政府"无纸化办公"。
(6)构建政府知识库。

二、电子政务的类型

(一)G2B 电子政务

G2B(Government to Business)电子政务是指政府与企业之间的电子政务。政府可以通过电子网络系统进行电子采购与招标，精简管理业务流程，快捷迅速地为企业提供各种信息服务。具体业务类型主要有：

1. 电子采购与招标

通过网络公布政府采购与招标信息，为企业特别是中小企业参与政府采购提供必要的帮助，向它们提供政府采购的有关政策和程序，使政府采购成为"阳光作业"，杜绝徇私舞弊和暗箱操作，降低企业的交易成本，节约政府采购支出。

2. 电子税务

企业通过政府税务网络系统，在家里或企业的办公室中就能完成税务登记、税务申报、税款划拨、查询税收公报、了解税收政策等业务，既方便了企业，又减少了政府的开支。

3. 电子证照办理

企业通过互联网申请办理各种证件和执照等，可以缩短办证周期，减轻企业负担，如企业营业执照的申请、受理、审核、发放、年检、登记项目变更、核销、统计证、建筑许可证、环境评估报告等证件、执照和审批事项的办理。

4. 信息咨询服务

政府将拥有的各种数据库信息对企业开放，方便企业利用，如法律、法规、规章政策数据库，政府经济白皮书，国际贸易统计资料等信息。

5. 中小企业电子服务

政府利用宏观管理优势和集合优势，为提高中小企业国际竞争力和知名度提供各种帮助，包括为中小企业提供统一的政府网站入口，帮助中小企业向电子商务供应商争取有利的、能够负担的电子商务应用解决方案等。

(二)G2C 电子政务

G2C(Government to Customer)电子政务是指政府与消费者间的电子政务。这类电子政务活动有些目前在我国还没有真正大面积普及。

G2C 的主要内容有：

1. 教育培训服务

建立全国性的教育平台，并资助所有的学校和图书馆接入互联网和政府教育平台；政府出资购买教育资源，然后提供给学校和学生；重点加强对信息技术能力的教育和培训，以应对信息时代的挑战。

2. 就业服务

通过电话、互联网或其他媒体向公民提供工作机会和就业培训，促进就业。如开设网上人才市场或劳动市场，提供与就业有关的工作职位缺口数据库和求职数据库信息；在就业管理和劳动部门所在地或其他公共场所建立网站入口，为没有计算机的公民提供接入互联网寻找工作职位的机会；为求职者提供网上就业培训、就业形势分析，指导就业方向。

3. 电子医疗服务

通过政府网站提供医疗保险政策信息、医药信息、执业医生信息，为公民提供全面的医疗服务，公民可通过网络查询自己的医疗保险个人账户余额和当地公共医疗账户的情况；查询国家新审批的药品的成分、功效、试验数据、使用方法及其他详细数据；查询当地医院的级别和执业医生的资格情况，选择合适的医生和医院。

4. 社会保险网络服务

通过电子网络建立覆盖地区甚至国家的社会保险网络，使公民通过网络及时全面地了解自己的养老、失业、工伤、医疗等社会保险账户的明细情况，有利于加强社会保障体系的建立和普及；通过网络公布最低收入家庭补助，增加透明度；还可以通过网络直接办理有关的社会保险理赔手续。

5. 公民信息服务

公民可以方便、容易地接入政府法律、法规、规章数据库；通过网络提供被选举人背景资料，促进公民对被选举人的了解；通过在线评论和意见反馈了解公民对政府工作的意见，改进政府工作。

6. 交通管理服务

通过建立电子交通网站提供对交通工具和司机的管理与服务。

7. 公民电子税务

允许公民个人通过电子报税系统申报个人所得税、财产税等个人税务。

8. 电子证件服务

允许居民通过网络办理结婚证、离婚证、出生证、死亡证明等有关证书。

（三）G2G 电子政务

G2G(Government to Government)电子政务是指政府与政府、行政机关与行政机关之间的电子政务。G2G 模式是电子政务的基本模式，具体的实现方式可分为电子法规政策系统、电子公文系统、电子司法档案系统、电子财政管理系统、电子办公系统、电子培训系统、业绩评价系统等方面，即传统的政府与政府间的大部分政务活动都可以通过网络技术的应用高速度、高效率、低成本地实现。

1. 电子法规政策系统

对所有政府部门和工作人员提供相关的、现行有效的各项法律、法规、规章、行政命令和政策规范，使所有政府机关和工作人员真正做到有法可依、有法必依。

2. 电子公文系统

在保证信息安全的前提下,在政府上下级、部门之间传送有关的政府公文,如报告、请示、批复、公告、通知、通报等,使政务信息快捷地在政府间和政府内流转,提高政府公文处理速度。

3. 电子司法档案系统

在政府司法机关之间共享司法信息,如公安机关的刑事犯罪记录、审判机关的审判案例、检察机关的检察案例等,通过共享信息改善司法工作效率和提高司法人员的综合能力。

4. 电子财政管理系统

向各级国家权力机关、审计部门和相关机构提供分级、分部门历年的政府财政预算及其执行情况,包括从明细到汇总的财政收入、开支、拨付款数据以及相关的文字说明和图表,便于有关领导和部门及时掌握和监控财政状况。

5. 电子办公系统

通过电子网络,政府机关工作人员完成许多事务性的工作,可以节约时间和费用,提高工作效率,如工作人员通过网络申请出差、请假、文件复制、使用办公设施和设备、下载政府机关经常使用的各种表格、报销出差费用等。

6. 电子培训系统

对政府工作人员提供各种综合性和专业性的网络教育课程,特别是适应信息时代对政府的要求,加强对员工与信息技术有关的专业培训,员工可以通过网络随时随地注册参加培训课程、接受培训、参加考试等。

7. 业绩评价系统

按照设定的任务目标、工作标准和完成情况对政府各部门业绩进行科学的测量和评估。

实践任务

列举你所知道的各种电子政务形式,并说明未来电子政务的发展趋势。

素质拓展

电子政务进入数字化、智能化阶段

我国政府IT(互联网技术)应用产业规模保持高速增长态势。从产业机构来看,硬件占比将逐年下降,IT服务和软件占比逐年上升。内外发力,驱动政务治理与互联网产业深度融合,电子政务进入资源集中化阶段。

1. 政策催化——政务信息化建设迎高峰

国家战略引领,地方"数字政府"建设规划陆续出台。首届"数字中国"建设峰会成果显著,"数字中国"迎来新的历史性起航。

2. 市场驱动——电子政务市场规模上台阶

2020年7月发布的《2020联合国电子政务调查报告》显示,全球电子政务发展平均指数(EGDI)从2018年的0.55上升到2020年的0.60,126个成员方处于"高"或"非常高"级别,比2018年增加了15个国家和地区。我国电子政务发展指数从2018年的0.681 1提高到2020年的0.794 8,排名比2018年提升了20位,取得历史新高,达到全球电子政务发展"非常高"的水平。

截至 2020 年 3 月,我国在线政务服务用户规模达 6.94 亿人,较 2018 年底增长 76.3%,占整体网民的 76.8%。2020 年 5 月发布的《省级政府和重点城市网上政务服务能力(政务服务"好差评")调查评估报告(2020)》显示,网上政务服务能力指数为"非常高"的省级政府从 2016 年的 3 个增加到 8 个,指数为"高"的从 2016 年的 9 个增加到 15 个,网上政务服务能力为"低"的首次为零。省级政府总体指数方面,排名前 10 的地区分别为:广东/浙江(并列)、上海、江苏/贵州(并列)、北京、安徽、福建、四川、湖北、河南和河北。

3. 技术助力——政务云建设初具规模

2015—2019 年,我国政务云市场规模总体呈逐年增长态势,年均复合增速达 27.6%。2019 年我国政务云市场规模为 527.7 亿元,同比增长 27.7%。

综合政务云包括中央和地方两类,其中地方政务云占大多数市场份额,地方政务云又可以根据行政区划分为省级、地级、县级。据统计,2019 年我国综合政务云比重为 31.8%,其中省级占 32.3%,地级占 54.4%,县级占 13.3%。

4. 效益驱动——各类厂商角逐政务云市场

电信运营商在网络、IDC(互联网数据中心)基础资源方面具有天然优势,以卖线路和网络为主,同时与华为、阿里巴巴等互联网厂商合作,使用其操作系统;传统 IT 厂商以输出设备为主;互联网厂商以提供产品和服务为主。

任务六　了解新型电子商务模式

学习目标

【知识目标】掌握几种新型的电子商务模式。

【技能目标】能在众多的新型电子商务模式中区分出每一种新型电子商务模式,并能分析每种新型电子商务模式适用的条件。

【思政目标】通过学习新型电子商务模式,培养学生爱国敬业的精神,树立祖国强大的民族自豪感。

情景导入

小明:"你猜我这个智能旅行箱是在哪里买的?"

小红:"天猫或者京东?"

小明:"不对!我是看直播买的,经过主播的功能讲解,觉得这款旅行箱特别好用,除了具有旅行箱的基本功能外,它还可以当作蓝牙音箱使用,智能跟踪、防盗、定位功能也很吸引我。"

小红:"这是什么电子商务模式呢?"

小明:"这个是直播电商,最近非常火,属于内容电商模式的一种。"

知识平台

一、C2M 电子商务

伴随着移动互联网、大数据、人工智能、云计算的长足发展,加上消费产业升级,消费者个性化需求日益明晰,以客户为中心的 C2M(Customer to Manufactory,用户直连制造)反向定制的商业模式优势逐渐显现,以更好地满足新时代的"小批量、多批次"的制造需求,实现"消费者"和"制造业"以及"信息化"高度融合。

(一)C2M 电子商务的内涵

C2M 的核心内涵是"定制化生产",即依靠互联网将各个生产单元连接在一起,是一种基于计算机技术随时进行数据交换,实时监测消费者需求,并根据关键需求设定供应商和生产工序,最终生产出个性化产品的工业化定制模式。它真正体现出"以用户为中心"的理念,在移动互联网及智能制造技术的支持下,根据用户的需求,按照消费者的偏好,进行"小批量、多品种"的个性化定制。C2M 是"按需定制"理念的强化。

(二)C2M 电子商务的优势

(1)C2M 模式剔除了中间商的层层加价,消费者直接对接工厂,成本低,顾客购买的产品价格更加低廉,实现了顾客利益最大化。

(2)传统模式在销售中,很大的成本是库存。C2M 模式大大降低了库存和资金的挤压,同时提高了产品生产中的管理效率,还能避免产品的周期性滞销。

(3)随着经济的发展,人们的消费水平提高,更注重个性化。C2M 模式恰恰迎合了年轻消费者追求个性化、差异化产品的需求。

得益于互联网技术的发展和进步,用户碎片化、零散的个性化需求可以高效连接起来,这些信息整合后,还可以用可操作的形式提供给生产厂商,在保证生产规模的基础上满足消费者的个性化需求。在 C2M 模式下,消费者直接通过平台下单,工厂接收消费者的个性化需求订单,然后根据需求设计、采购、生产、发货。例如,国内的必要商城、优必上都是此种模式的代表。另外,有些传统电商基于其客户资源优势,也在探索 C2M 模式业务,例如阿里巴巴的"天天工厂"计划。

二、内容电商

在传统电商模式下,消费者是明确知道自己需要什么才开始购物的,商家需要做的是让自己的产品更有竞争力,方法无外乎秒杀、满减、买赠、折扣、任选等,以商品为中心。而内容电商则是以消费者为中心,用优质的内容让消费者产生新的需求。像主打穿搭教程的蘑菇街、提倡精致生活的小红书以及部分直播电商,都属于内容电商的范畴。传统电商大平台也开始纷纷做社区、做内容,如淘宝做了微淘和社区、京东做了发现、聚美优品嵌入了一个完整的社区板块。

内容电商是指在互联网信息碎片时代,透过优质的内容传播和分享,进而引发消费者的兴趣和购买,其采取的手段通常为图文、直播、短视频等。电商类型如图 1-1 所示。图中,

UGC 全称为 User Generated Content，也就是用户生成内容，即用户原创内容；PGC 全称为 Professionally Generated Content，也就是专业生产内容，如视频网站、微博。

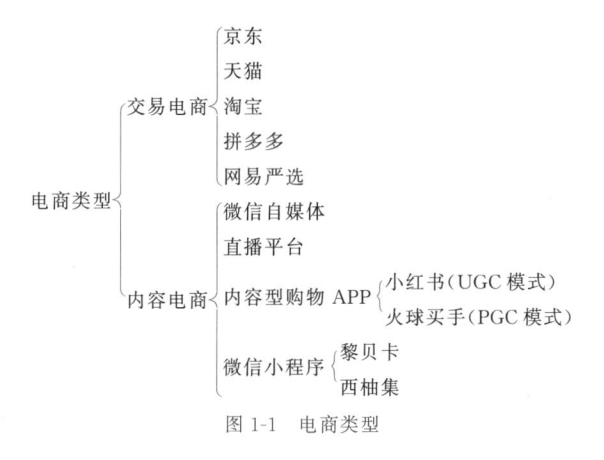

```
                    ┌ 交易电商 ┬ 京东
                    │         ├ 天猫
                    │         ├ 淘宝
                    │         ├ 拼多多
                    │         └ 网易严选
         电商类型 ──┤
                    │         ┌ 微信自媒体
                    │         ├ 直播平台
                    └ 内容电商┤ 内容型购物APP ┬ 小红书（UGC模式）
                              │                └ 火球买手（PGC模式）
                              └ 微信小程序 ┬ 黎贝卡
                                           └ 西柚集
```

图 1-1　电商类型

三、社区电子商务

（一）社区电子商务的含义和特点

社区电子商务是针对具有社区属性的用户、在社区网站进行的交易行为。对用户而言，社区电子商务提供了一种更为便捷的社区在线销售方式，具有快速、高效、低成本等特点。实际上，新零售就是社区电子商务的主要表现形式。

- 快速、高效：无论是社区用户之间的 C2C 交易，还是社区商家针对用户进行的 B2C 服务，交易平台都集中在社区。利用社区用户之间的信任关系，电子商务交易的成功率较高且速度较快。
- 低成本：用户在社区中可以享受电子商务服务，这省去了在其他购物平台上选择和购买的麻烦，节省了个人成本；同时对商家而言，社区的精准营销效果更为突出，目标用户更容易达到，降低了销售成本。

（二）社区电子商务的四种模式

社区电子商务主要是满足人们日常生活中的需要，其目前主要有四种模式：

（1）仓店一体的现售模式，主要代表为永辉生活、谊品生鲜、钱大妈和生鲜传奇。仓店一体的最大优势在于商品陈列直观，现场挑选提升购买体验，可促进用户的临时性决策。

（2）前置仓到家模式，主要代表为每日优鲜、叮咚买菜。前置仓到家模式的最大优势在于配送体验好，对于消费者的临时性需求可以及时满足。

（3）以团长为主的社区拼团模式，主要代表为兴盛优选、十荟团、美团优选、橙心优选、多多买菜。社区拼团模式的最大优势在于轻资产，营销费用低。

（4）以场景化预售为代表的品牌直营连锁模式，主要代表为兔子鲜生。预售式品牌直营连锁的最大优势在于自营直销＋社区 POP（卖点广告），有着"三轻、三高、一低、一好"的特色，主要表现为库存轻、末端物流轻、价格轻，用户黏性高、复购率高、资金周转率高，客户投诉率低，用户购物体验好。

微课　O2O的概念

实践任务

除以上已经讲过的各种电子商务模式以外,是否还有其他的电子商务模式?如果有,请列出该种电子商务模式的名称,并标明这种电子商务模式的特点。

素质拓展

跨境电子商务

跨境电子商务是指分属不同关境的交易主体,通过电子商务平台达成交易、进行电子支付结算,并通过跨境电商物流及异地仓储送达商品,从而完成交易的一种国际商业活动。跨境电子商务可以分为跨境出口电商和跨境进口电商。

随着 2015 年"互联网+"时代的来临,跨境电子商务得以快速发展。近年来,随着国际贸易条件的恶化,以及欧洲、日本的需求持续疲弱,中国出口贸易增速出现了下台阶式的减缓。而以跨境电子商务为代表的新型贸易近年来的发展脚步正在逐渐加快,并有望成为中国贸易乃至整个经济的全新增长引擎。

财政部、国家税务总局、商务部、海关总署联合发文明确,自 2018 年 10 月 1 日起,对跨境电子商务综合试验区电商出口企业实行免税新规。2018 年 11 月 21 日,李克强总理主持召开国务院常务会议,决定延续和完善跨境电子商务零售进口政策并扩大适用范围,扩大开放更大激发消费潜力;部署推进物流枢纽布局建设,促进提高国民经济运行质量和效率。

国家近年来力促跨境电子商务的发展,更多旨在扶持传统外贸企业借助互联网的渠道实现转型升级。自 2020 年以来,虽然受全球疫情影响,但中国外贸进出口持续向好。据海关统计,2020 年中国跨境电子商务进出口额达 1.69 万亿元,增长了 31.1%。跨境电子商务正成为稳外贸的重要力量,超万家传统外贸企业触网上线、提质增效,跨境电子商务成为企业开展国际贸易的首选和外贸创新发展的排头兵。未来随着跨境物流、支付等环节问题的进一步突破和跨境电子商务企业营利能力的进一步提升,行业将迎来黄金发展期。

未来中国跨境电子商务重点将从 B2C 转向 B2B,电子商务的 B2B 模式具有更大的发展潜力。特别是通过推动制造型企业上线,促进外贸综合服务企业和现代物流企业转型,从生产、销售端共同发力,成为跨境电子商务发展的主要策略。

思政园地

目前我国电子商务发展迅猛,入驻 B2C 电子商务平台的商家也越来越多。在商家和消费者互不见面的交易环境下,如何才能做到"童叟无欺""天下无诈",这是需要每一个商家和消费者共同努力的。

跨境电商运营过程中要遵守各国的社会风俗和网络礼仪,同时还要遵守各国的法律法规,尤其企业要意识到在跨境电商过程中,企业代表的是国家形象,要为国争光,以国家为荣。

项目一 理解电子商务模式

项目综述

本项目主要通过相应的任务实施和知识平台帮助大家熟悉和掌握电子商务模式相关的基本知识和基本技能。

一、理解电子商务模式是商业模式的创新,以及电子商务模式的内涵、特点和创新。

二、通过对B2C电子商务模式的学习,要求学生们掌握B2C电子商务模式的内涵、特点、营利模式和典型代表。

三、通过对B2B电子商务模式的学习,要求学生们掌握B2B电子商务模式的内涵、特点、营利模式和典型代表。

四、通过对C2C电子商务模式的学习,要求学生们掌握C2C电子商务模式的内涵、特点、营利模式和典型代表。

五、通过对电子政务的学习,要求学生们掌握电子政务的内涵、特点和未来发展趋势。

六、通过对新型电子商务模式的学习,要求学生们掌握一些新型的电子商务模式,如C2M模式、内容电商和社区电子商务等,理解这些新型电子商务模式的内涵、特点、营利模式和典型代表。

项目知识训练

一、单选题

1. 个人对个人的电子商务模式简称为(   )。
A. B2B　　　　　B. P2P　　　　　C. C2B　　　　　D. C2C

2. 企业对企业的电子商务模式简称为(   )。
A. B2B　　　　　B. P2P　　　　　C. C2B　　　　　D. C2C

3. 小红书购物分享的电子商务模式属于(   )。
A. 内容电商　　　B. 社区电子商务　C. C2B　　　　　D. C2C

4. 政府对企业的电子商务模式简称为(   )。
A. B2B　　　　　B. P2P　　　　　C. G2B　　　　　D. C2C

5. 根据用户的个性化需求定制生产和交付的电子商务模式是(   )。
A. B2B　　　　　B. C2M　　　　　C. O2O　　　　　D. C2C

6. 企业对个人的电子商务模式简称为(   )。
A. B2B　　　　　B. P2P　　　　　C. O2O　　　　　D. B2C

二、多选题

1. 下列属于B2C网站的有(   )。
A. 海尔电子商城　B. 京东　　　　　C. 淘宝　　　　　D. 天猫
E. 人人车

2. 下列属于内容电商的有（　　）。

A. 抖音　　　　　　　　　　B. 小红书购物分享

C. 淘宝购物　　　　　　　　D. 蘑菇街

E. 京东

3. 下列属于 B2B 网站的有（　　）。

A. 海尔电子商城　　　　　　B. 京东

C. 淘宝　　　　　　　　　　D. 阿里巴巴

E. 慧聪网

三、问答题

1. 简述 C2C 电子商务的营利模式。

2. 列举你所知道的电子商务模式并举例。

3. 描述 C2M 模式的内涵及优势。

项目拓展训练

学完本项目后，你一定对目前市场上已有的电子商务模式有了一个充分的了解。电子商务模式不是一成不变的，它在不断地演进、创新和发展。只要这种模式能够体现用户思维并通过市场的检验且得到认可，就是好的商业模式。请根据你所学习的知识，试着创新一种电子商务模式（与现有的都要不同）并形成报告。

项目二

了解电子商务技术支撑

项目描述

电子商务是通过电子方式进行的商业交易。计算机相关技术推动了电子商务的发展,尤其是 Internet 技术、数据库技术、网站建设技术、大数据、云计算的发展为真正意义上的电子商务(Internet 上的电子商务)的实现提供了技术支持。

项目目标

本项目通过相关知识的学习,配以相应的实践任务,学生可以了解计算机网络技术、数据库技术、网络信息资源管理技术以及网站建设、大数据、云计算等的相关技术。

将思想政治教育的相关内容融入技术知识传授中,在教学过程中把创新思维、服务意识、责任意识、合作精神和职业道德等丰富的思政元素和知识学习有机融合起来。

任务一　认识计算机网络技术

学习目标

【知识目标】掌握计算机网络的概念、组成，熟悉互联网的相关概念。
【技能目标】熟悉计算机网络的原理，掌握互联网的基本应用，学会查询资料信息。
【思政目标】理解工作中要蕴含服务意识。

情景导入

自1946年电子计算机问世以来的很长一段时间里，计算机不仅非常庞大，而且极其昂贵，只有极少数的公司才买得起。那时，人们上机既费时，又费力，很不方便。为了克服这种困难，人们就想到：能不能把计算题目要用的数据和程序利用电话线路传送到计算机上，而计算结果再通过电话线路传送回来？

1950年，美国在其北部和加拿大境内建立了一个地面防空系统，简称赛其（SAGE）系统。它是人类历史上第一次将计算机与通信设备结合起来，是计算机网络的雏形。赛其系统还不能算是真正的计算机网络，因为由通信线路所连接的，一端是计算机，另一端只是个数据输入输出设备，或称终端设备。人们将这种系统称为联机终端系统，简称联机系统。联机系统很快就得到了推广应用。按照这种方式，人们只要将一个终端通过通信线路与计算机连接起来，就可以在远地通过终端利用计算机，好像人就在机房里面一样。

除了在科学计算上的应用，联机系统在商业上也得到了大量的应用，如用于航空公司的自动订票系统。航空公司在各售票点的窗口都装一台终端，通过通信线路连接到总部的大型计算机上，这样，总部的计算机随时可以知道每个航班已经发售了多少张票，各终端上的售票员也随时可以知道哪些航班还有余票，大大提高了工作效率和服务质量。

知识平台

一、计算机网络的产生和发展

计算机网络（Computer Network）是利用通信线路和通信设备，把分布在不同地理位置的具有独立功能的多台计算机、终端及其附属设备互相连接，按照网络协议进行数据通信，由功能完善的网络软件实现资源共享和网络通信的计算机系统的集合。它是计算机技术与通信技术相结合的产物。总体来说，计算机网络从产生到发展可以分成以下五个阶段：

第一阶段：20世纪60年代末到20世纪70年代初。这是计算机网络发展的萌芽阶段，其主要特征是,为了提高系统的计算能力和资源共享能力,把小型计算机连成实验性的网络。第一个远程分组交换网 ARPANET 是由美国国防部于 1969 年建成的,第一次实现了由通信网络和资源网络联合构成计算机网络系统,标志着计算机网络的真正产生。ARPANET 是这一阶段的典型代表。

第二阶段:20 世纪 70 年代中后期。这是局域网络(LAN)发展的重要阶段,其主要特征是,局域网络作为一种新型的计算机体系结构开始进入产业部门。1974 年,英国剑桥大学计算机研究所开发了著名的剑桥环局域网(Cambridge Ring)。1976 年,美国 Xerox 公司的 Palo Alto 研究中心推出以太网(Ethernet),它成功地采用了夏威夷大学 ALOHA 无线电网络系统的基本原理,使之发展成为第一个总线竞争式局域网络。这些网络的成功实现,一方面标志着局域网络的产生;另一方面,它们形成的以太网及环网对以后局域网络的发展起到了导航的作用。

第三阶段:整个 20 世纪 80 年代。这是计算机局域网络的发展时期,其主要特征是,局域网络完全从硬件上具备了 ISO(国际标准化组织)的开放系统互联通信模式协议的能力。计算机局域网及其互联产品的集成,使得局域网与局域网互联、局域网与各类主机互联以及局域网与广域网互联的技术越来越成熟。综合业务数据通信网络(ISDN)和智能化网络(IN)的发展,标志着局域网络的飞速发展。1980 年 2 月,IEEE(美国电气和电子工程师学会)下属的 802 局域网络标准委员会宣告成立,并相继提出 IEEE801.5、IEEE802.6 等局域网络标准草案,其中的绝大部分内容已被国际标准化组织正式认可。作为局域网络的国际标准,它标志着局域网协议及其标准化的确定,为局域网的进一步发展奠定了基础。

第四阶段:20 世纪 90 年代初至今。这是计算机网络飞速发展的阶段,其主要特征是,计算机网络化,协同计算能力发展以及全球互联网络盛行。计算机的发展已经完全与网络融为一体。目前,计算机网络已经真正进入社会各行各业,为社会各行各业所采用。另外,虚拟网络 FDDI(光纤分布式数据接口)及 ATM(自动取款机)技术的应用,使网络技术蓬勃发展并迅速走向市场,走进平民百姓的生活。

第五阶段:未来云计算(Cloud Computing)时代。其主要特征是,数据的处理分布在云计算而非本地计算机或远程服务器中。从最根本的意义上来说,云计算就是利用互联网上的软件和数据处理的能力,就像由单个发电机转变到由电厂集中供电,它意味着计算能力也可以作为一种商品进行流通,就像煤气、水、电一样,取用方便,费用低廉,而二者最大的不同在于,云计算是通过互联网进行传输的。云计算虽然目前还没有到大范围实用阶段,但是它的前景一片光明。云计算意味着用户无须再购买单机应用软件,无须担心数据存储的安全,这一切都交给互联网上的"云"来替用户完成。可以预见,云计算将带来一种全新的工作理念,有着巨大的商业价值。

二、计算机网络的组成和分类

(一)计算机网络的组成

计算机网络由硬件和软件两大部分组成。硬件负责数据处理和数据转发,它为数据的传输提供一条可靠的通道,包括计算机系统、通信线路和通信设备。软件是真正控制数据通信和实现各种网络应用的部分,包括网络协议以及网络软件。下面简单介绍各个组成部分的主要功能：

1. 计算机系统

计算机网络的第一个要素是至少有两个具有独立功能的计算机系统。计算机系统是网络的基本模块，是被连接的对象。它的主要作用是负责数据信息的收集、处理、存储和传播，它还可以提供共享资源和各种信息服务。计算机系统是计算机网络的一个重要组成部分，是计算机网络不可缺少的硬件元素。计算机网络连接的计算机系统可以是巨型机、大型机、小型机、工作站和微机，以及笔记本电脑或其他数据终端设备，如终端服务器等。

2. 通信线路和通信设备

通信线路和通信设备即数据通信系统。其中，通信线路指的是通信介质及介质连接部件，通信介质包括光缆、同轴电缆、双绞线、微波和卫星等，介质连接部件包括水晶头、T型接头等。通信设备是指网络连接设备和网络互联设备，包括网卡、集线器（Hub）、中继器（Repeater）、交换机（Switch）、网桥（Bridge）、路由器（Router）及调制解调器（Modem）等其他通信设备。使用通信线路和通信设备将计算机互联起来，在计算机之间建立一条物理通道，可以用于数据传输。通信线路和通信设备负责控制数据的发出、传送、接收和转发，包括信号转换、路径选择、编码与解码、差错校验、通信控制管理等，以便完成信息交换。

3. 网络协议

网络协议是指通信双方必须共同遵守的约定和规则，它是通信双方关于通信如何进行所达成的一致意见。比如，用什么样的格式表达、组织和传输数据，如何校验和纠正传输过程中出现的错误，以及传输信息的时序组织与控制机制等。现在的网络都是层次结构，网络协议规定了分层原则、层间关系、执行信息传递过程的方向、分解与重组等。在网络上通信的双方必须遵守系统的协议，才能正确地交流信息，就像人们谈话要说同一种语言一样，如果谈话时使用不同的语言，就会造成双方都听不懂对方在说什么，那么他们将无法进行交流。因此，网络协议在计算机网络中是至关重要的。一般来说，网络协议的实现由网络软件和网络硬件分别或配合完成，某些部分是由网络设备来承担的。

4. 网络软件

网络软件是一种在网络环境下使用和运行或者控制和管理网络工作的计算机软件。根据软件的功能，计算机网络软件可分为网络系统软件和网络应用软件两种类型。

(1)网络系统软件。网络系统软件是控制和管理网络运行、提供网络通信、分配和管理共享资源的网络软件，它包括网络操作系统、网络协议软件、通信控制软件和管理软件等。

(2)网络应用软件。网络应用软件是指为某一个应用目的而开发的网络软件，如远程教育软件、数字图书馆软件、Internet信息服务软件等。网络应用软件为用户提供访问网络的手段及网络服务、资源共享和信息传输服务。

（二）计算机网络的分类

计算机网络根据不同的标准有不同的分类。

1. 按网络节点分类

(1)局域网。局域网是一种在小范围内实现的计算机网络，一般在一个建筑物内或一个工厂、一个单位内部。局域网的覆盖范围在十几千米以内，结构简单，布线容易。

(2)广域网。广域网的范围很广，可以分布在一个省、一个国家或几个国家。广域网信道传输速率较低，结构比较复杂。

（3）城域网。城域网是在一个城市内部组建的计算机信息网络，提供全市的信息服务。目前，我国许多城市都建设了城域网。

2. 按传输介质分类

（1）有线网。有线网是采用同轴电缆或双绞线连接的计算机网络。同轴电缆比较经济，安装较为便利，传输速率和抗干扰能力一般，传输距离较短。双绞线是目前常见的联网方式，价格便宜，安装方便，但易受干扰，传输速率较低，传输距离比同轴电缆要短。

（2）光纤网。光纤网也是有线网的一种，但由于其具有特殊性而单独列出。光纤网采用光导纤维做传输介质。光纤网传输距离长，传输速率高，可达数千兆每秒，抗干扰性强，不会受到电子监听设备的监听，是高安全性网络的理想选择。但其成本较高，且需要较高水平的安装技术。

（3）无线网。无线网用电磁波作为载体来传输数据，联网费用较高，联网方式灵活，是一种非常方便的联网方式。

3. 按交换方式分类

（1）线路交换。线路交换最早出现在电话系统中，早期的计算机网络就是采用此方式来传输数据的，数字信号经过变换成为模拟信号后才能联机传输。

（2）报文交换。报文交换是一种信息传递的方式。当通信开始时，源机发出的一个报文被存储在交换机里，交换机根据报文的目的地址选择合适的路径发送报文，这种方式称为"存储—转发"方式。

（3）分组交换。分组交换也采用报文传输，但它不是以不定长的报文作为传输的基本单位，而是将一个长的报文划分为许多定长的报文分组，以分组作为传输的基本单位。

4. 按逻辑方式分类

（1）通信子网。通信子网面向通信控制和通信处理，主要包括通信控制处理机（CCP）、网络控制中心（NCC）、分组组装/拆卸设备（PAD）和网关等。

（2）资源子网。资源子网负责全网的面向应用的数据处理，以实现网络资源的共享。它由各种拥有资源的用户主机和软件组成，主要包括主机、终端设备、网络操作系统和网络数据库。

5. 按通信方式分类

（1）点对点传输网络。点对点传输网络是指数据以点到点的方式在计算机或通信设备中传输。星型网、环型网采用这种传输方式。

（2）广播式传输网络。广播式传输网络是指数据在公用介质中传输。无线网和总线型网采用这种传输方式。

6. 按服务方式分类

（1）客户机/服务器网络。客户机/服务器网络中的服务器是指专门提供服务的高性能计算机或专用设备，客户机是指用户计算机。这是由客户机向服务器发出请求并获得服务的一种网络形式，多台客户机可以共享服务器提供的各种资源，不仅适合于同类计算机联网，而且适合于不同类型的计算机联网，如PC、MAC的混合联网。这种网络安全性容易得到保证，计算机的权限、优先级易于控制，监控容易实现，网络管理能够规范化，网络性能在很大程度上取决于服务器的性能和客户机的数量。目前，针对这类网络有很多优化性能的服务器，它们被称为专用服务器。银行、证券公司都采用这种类型的网络。

电子商务概论

(2)对等网。对等网不要求专用服务器,每台客户机都可以与其他客户机对话,共享彼此的信息资源和硬件资源,组网的计算机一般类型相同。这种组网方式灵活方便,但是较难实现集中管理与监控,安全性也低,较适合于作为部门内部协同工作的小型网络。

7. 按网络的拓扑结构分类

网络的拓扑结构是指网络中通信线路和站点(计算机或设备)的几何排列形式。计算机网络按其拓扑结构可以分为以下几种:

(1)星型网。星型网是网上的站点通过点到点的线路与中心站点相连,如图2-1所示。其特点是增加新站点容易,数据的安全性和优先级易于控制,网络监控易实现,但若中心站点出现故障会引起整个网络瘫痪。

(2)环型网。环型网是网上的站点通过通信介质连成一个封闭的环形,如图2-2所示。其特点是易于安装和监控,但容量有限,增加新站点困难。

(3)总线型网。总线型网是网上所有的站点共享一条数据通道,如图2-3所示。其特点是铺设电缆最短,成本低,安装简单方便,但监控较困难,安全性低,若介质发生故障会导致网络瘫痪,增加新站点也不如星型网容易。

图 2-1　星型网　　　　　图 2-2　环型网　　　　　图 2-3　总线型网

(4)混合型网。这是将两种单一拓扑结构混合起来,取两者的优点构成的拓扑。一种是星型拓扑和环型拓扑混合而成的"星—环"拓扑,另一种是星型拓扑和总线型拓扑混合而成的"星—总"拓扑。这两种混合型网有相似之处,如果将总线型拓扑的两个端点连在一起就变成了环型拓扑。在混合型网中,汇聚层设备组成环型或总线型拓扑,汇聚层设备和接入层设备组成星型拓扑。这样的拓扑结构更能满足较大网络的拓展,解决环型拓扑或总线型拓扑在连接用户数量上的限制,同时又解决了星型拓扑在传输距离上的局限。

三、互联网概述

(一)Internet 的概念

Internet 是采用了 TCP/IP 协议、由世界上许许多多不同类型和规模的主机和网络组成的一个当今规模最大、最具影响力的特大型国际性网络,是成千上万条信息资源的总汇,这些资源分布在世界各地的计算机上。

美国联邦网络理事会对 Internet 的定义为:它是基于 Internet 协议(IP)及其补充部分的全球的一个由地址空间逻辑连接而成的信息系统;它通过使用 TCP/IP 协议组及其补充部分或其他 IP 兼容协议支持通信;它公开或非公开地提供使用或访问存放于通信和相关基础结构的高级别服务。

简而言之,Internet 是指主要通过 TCP/IP 协议将世界各地的网络连接起来,实现资源共享、提供各种应用服务的全球性计算机网络,我们一般称之为因特网或互联网。今天,Internet 的发展已远远超过了作为一个网络的含义,它是一个信息社会的缩影。

综上所述,Internet 应包括三方面内容:

(1)基于 TCP/IP 协议的国际性互联网络。

(2)网络用户的集合。用户使用其资源,同时也为其发展壮大贡献力量。

(3)所有可被访问和利用的信息资源的集合。

(二)Internet 的管理

Internet 服务提供商(ISP)、国际互联网协会(ISOC)和 Internet 各域的网络信息中心(NIC)分别负责 Internet 上不同层次的管理。ISP 负责底层管理,为最终用户提供 Internet 服务,还负责 Internet 的日常维护和运行。

(三)Internet 在中国

中国科学院高能物理研究所最早于 1987 年开始通过国际网络线路接入 Internet。1994 年我国互联网建设全面展开,到 1997 年底,已建成中国公用计算机互联网(ChinaNET)、中国教育科研网(CERNET)、中国科学技术网(CSTNET)和中国金桥信息网(ChinaGBN)等,并与 Internet 建立了各种连接。这些网络都是国内的 Internet 服务提供商,它们在中国 Internet 中分别扮演不同领域的主要角色,对我国经济、文化、教育和科学的发展起着决定性的作用,大大推动了 Internet 在中国的应用和发展。CNNIC 发布的报告显示,截至 2020 年 12 月,我国网民规模增加至 9.89 亿人,互联网普及率达 70.4%,我国的互联网应用水平走在世界前列。

(四)IP 地址

1. IP 地址的功能

IP 地址是入网主机/网络的唯一标识,可用来确定节点在网络中的位置。IP 地址是 Internet 上唯一的通信地址,是全球认可的通信地址格式,也是运行 TCP/IP 协议的唯一标识符。

2. IPv4 地址的组成和表示

IPv4 地址是由 32 位二进制位(4 个字节)组成的,分别表示主机所在的网络地址和本机在该网络中的地址标识(网络号和主机号)。为了方便记忆,人们用 4 个十进制数,中间用圆点隔开来表示。

3. IPv6 地址

IPv6 的提出是因为随着互联网的迅速发展,IPv4 定义的有限地址空间将被耗尽,而地址空间的不足必将妨碍互联网的进一步发展。为了扩大地址空间,拟通过 IPv6 重新定义地址空间。IPv4 采用 32 位地址长度,只有大约 43 亿个地址,IPv6 的优势就在于它大大地扩展了地址的可用空间,IPv6 地址有 128 位。如果地球表面(含陆地和水面)都覆盖着计算机,那么 IPv6 允许每平方米拥有 7×1 023 个 IP 地址,几乎可以不受限制地提供所需地址。目前 IPv6 地址已经开始部署使用,并且 4G(第四代移动通信)手机以上都使用的是 IPv6 地址,IPv4 地址将会逐步被 IPv6 地址所取代。物联网时代,任何联网设备都能给它赋予一个地址。

4. IPv6 地址的格式

IPv6 地址的长度为 128 位,由八个十六位字段组成,相邻字段用冒号分隔。IPv6 地址中的每个字段都必须包含一个十六进制数字,而 IPv4 地址则以点分十进制表示法表示。IPv6 地址结构如图 2-4 所示,×表示十六进制数字。

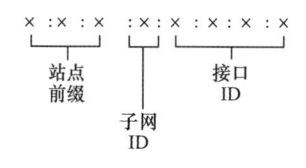

```
           x:x:x :x:x :x:x :x
           ├─────┤├───┤├──────┤
            站点    接口
            前缀    ID
                子网
                ID

示例: 2001:0db8:3c4d:0015:0000:0000:1a2f:1a2b
      ├─────────┤├────┤├────────────────────┤
        站点      子网      接口
        前缀      ID       ID
```

图 2-4 IPv6 地址结构

图 2-4 中显示了 IPv6 地址的三个部分,下面将对此分别进行说明。

- 站点前缀:最左侧的三个字段(48 位)为站点前缀。站点前缀描述通常由 ISP 或区域 Internet 注册机构(Regional Internet Registry,RIR)分配的站点的公共拓扑。
- 子网 ID:下一个字段是管理员为站点分配的 16 位子网 ID。子网 ID 描述专用拓扑(也称为站点拓扑),因为它是站点的内部 ID。
- 接口 ID:最右侧的四个字段(64 位)为接口 ID,也称为标记。接口 ID 可以从接口的 MAC(介质访问控制)地址自动配置,也可以采用 EUI-64 格式手动配置。

(五)域名系统

1. 域名的概念

一般用户很难记住数字形式的 IP 地址,而名字则比号码更容易记忆,因此 Internet 在提供 IP 地址系统的同时,也向用户提供 DNS(域名系统)。域名系统使用字符串来识别所要连接的主机,由国家名码、子域名、域类型三部分组成。

(1)域名系统:将域名翻译为 IP 地址的软件系统。

(2)域名服务器:专门进行域名服务的服务系统。

2. 域名结构

Internet 中域名采用层次化、分布式和面向 C/S(客户机和服务器)模式的管理机制。

域名结构为层次结构(树型),一般格式为:主机名.单位名.类型名.最高域名。如 www.ahsdxy.ah.edu.cn,其中,cn 为顶级域名,表示中国,edu 为二级域名,表示教育部门,ah 也为二级域名,表示安徽,ahsdxy 表示计算机名。

Internet 域名的空间结构如图 2-5 所示,它实际上是一棵倒置的树。树根在最上面,没有名字,树根下面一级的节点就是最高一级的顶级域节点,在顶级域节点下面的是二级域节点,最下面的叶节点就是单台计算机。

域名和 IP 地址存在对应关系,当用户要与 Internet 中某台计算机通信时,既可以使用 IP 地址,又可以使用域名。域名易于记忆,使用更普遍。由于网络通信只能标识 IP 地址,因此当使用主机域名时,域名服务器通过 DNS 服务协议,会自动将登记、注册的域名转换为对应的 IP 地址,从而找到这台计算机。把域名翻译成 IP 地址的软件就称为域名系统,翻译的过程称为域名解析。

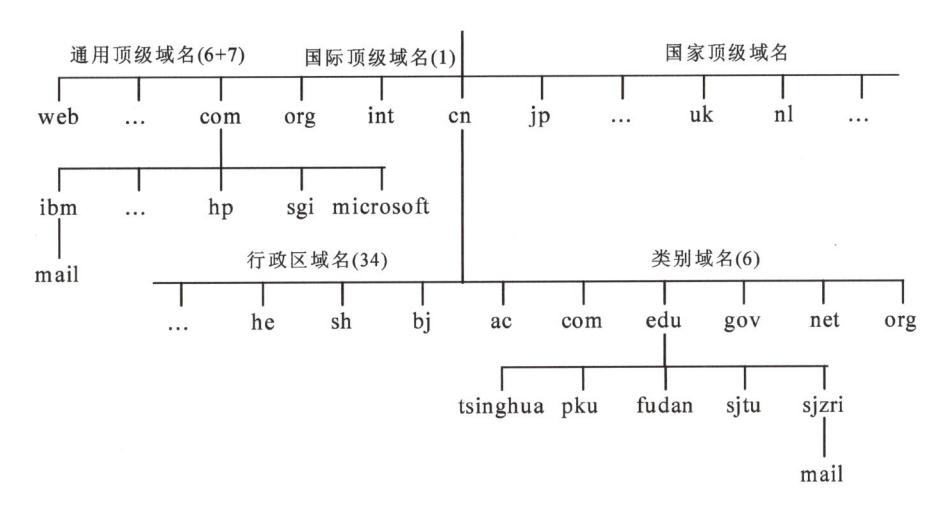

图 2-5　Internet 域名的空间结构

实践任务

查询本机的 IP 地址、IP 地址对应的域名以及修改本机的 IP 地址。

素质拓展

WWW 和 HTML 的故事

WWW 是环球信息网（World Wide Web）的缩写，它也有小名，比如 Web、W3，中文名叫万维网，分为 Web 客户端和 Web 服务器程序。WWW 可以让 Web 客户端（常用浏览器）访问 Web 服务器上的页面。在这个系统中，每个有用的事物称为资源，并且由一个全局统一资源标识符（Uniform Resource Identifier，URI）标识，这些资源通过超文本传输协议（Hyper Text Transfer Protocol，HTTP）传送给用户，而用户通过点击链接来获得资源。

万维网不等同于互联网，万维网只是互联网所能提供的服务之一，是靠着互联网运行的一项服务。

文本是由一个叫网页浏览器（Web Browser）的程序显示的，是把一些信息根据需要连接起来的信息管理技术，人们可以通过一个文本的链接指针打开另一个相关的文本。网页浏览器从网页服务器取回称为"文档"或"网页"的信息并显示，通常是显示在计算机的显示器中，人们可以随着网页上的超链接（Hyperlink）取回文件，甚至可以送出数据给服务器，顺着超链接"走"的行为叫浏览网页。相关的数据通常排成一系列网页，形成网站。网页是网站的基本信息单位，是 WWW 的基本文档，它由文字、图片、动画、声音等多种媒体信息以及链接组成，是用 HTML 编写的，扩展名为 .html 或 .htm，通过链接实现与其他网页或网站的关联和跳转。

HTML(Hyper Text Markup Language,超文本标记语言)是标准通用标记语言的下一个应用。超文本标记语言的作用是定义超文本文档的结构和格式,也是一种规范、一种标准。它通过标记符号来标记要显示的网页中的各个部分。网页文件本身是一种文本文件,通过在文本文件中添加标记符,可以告诉浏览器如何显示其中的内容(如文字如何处理,画面如何安排,图片如何显示等)。浏览器按顺序阅读网页文件,然后根据标记符解释和显示其标记的内容,对书写出错的标记将不指出其错误,且不停止其解释执行过程,编制者只能通过显示效果来分析出错原因和出错部位。但需要注意的是,不同的浏览器对同一标记符可能会有不完全相同的解释,因而可能会有不同的显示效果。

　　HTTP提供了访问超文本信息的功能,是WWW浏览器和WWW服务器之间的应用层通信协议。HTTP协议是用于分布式协作超文本信息系统的、通用的、面向对象的协议。通过扩展命令,它可用于类似的任务,如域名服务或分布式面向对象系统。WWW使用HTTP协议传输各种超文本页面和数据。

任务二　认识数据库技术与智能决策技术

学习目标

【知识目标】　掌握数据库的相关概念。
【技能目标】　学会使用互联网搜索和存储数据。
【思政目标】　理解工作中要蕴含创新思维。

情景导入

　　亚马逊的交易人工智能已经推出很久了,它能处理线上大规模交易。每年它的算法都不断更新,在预测客户线上购物喜好行为上,亚马逊已经越来越智能化。也许以后我们还没有决定下单,亚马逊就已经把商品快递到我们家门口了。

知识平台

一、数据库的相关概念

（一）数据

数据(Data)是数据库中存储的基本对象。一提到数据,大多数人头脑中的第一反应就是数字。其实数字只是最简单的一种数据,是对数据的一种传统和狭义的理解。从广义的角度来说,数据是描述事物的符号记录。描述事物的符号可以是数字,也可以是文字、图形、图像、声音、语言等。数据有多种表现形式,都可以经过数字化后存入计算机。

信息是经过处理、加工、提炼而用于决策制定或其他应用活动的数据。数据是信息的载体,信息是数据处理过程的结果。

(二)数据管理

数据管理(Data Management)是利用计算机硬件和软件技术对数据进行有效的收集、存储、处理和应用的过程,其目的在于充分有效地发挥数据的作用。实现数据有效管理的关键是数据组织,而数据组织是通过数据库来实现的。随着计算机技术的发展,数据管理经历了人工管理、文件系统、数据库系统三个发展阶段。在数据库系统中建立的数据结构,更充分地描述了数据间的内在联系,便于数据修改、更新与扩充,同时保证了数据的独立性、可靠性、安全性与完整性,减少了数据冗余,提高了数据共享程度及数据管理效率。

(三)数据库

数据库(Database,简称 DB),顾名思义,是存放数据的仓库,只不过这个仓库是在计算机存储设备上,而且数据是按一定的格式存放的。人们收集并抽取出一个应用所需要的大量数据之后,应将其保存起来以供进一步加工处理,进一步抽取有用的信息。在科学技术飞速发展的今天,人们的视野越来越广,数据量急剧增加。过去人们把数据存放在文件柜里,现在人们借助计算机和数据库技术科学地存储和管理大量、复杂的数据,以方便而充分地利用这些宝贵的信息资源。

(四)数据库管理系统

数据库管理系统(Database Management System,简称 DBMS)是数据库系统的一个重要组成部分,它是位于用户与操作系统之间的数据管理软件,主要有以下几方面的功能:

(1)数据定义功能。DBMS 提供数据定义语言(Data Definition Language,简称 DDL),通过它可以方便地对数据库中的数据对象进行定义。

(2)数据操纵功能。DBMS 还提供数据操纵语言(Data Manipulation Language,简称 DML),可以实现对数据库的基本操作,如查询、插入、删除和修改等。

(3)数据库的运行管理功能。数据库在建立、运行和维护时,由数据库管理系统统一管理、控制,以保证数据的安全性、完整性、多用户对数据的并发使用及发生故障后的系统恢复。

(4)数据组织、存储和管理功能。DBMS 要分类组织、存储和管理各种数据,包括数据字典、用户数据、存取路径等。要确定以何种文件结构和存取方式在存储机上组织这些数据以及如何实现数据之间的联系。数据组织、存储和管理的基本目标是提高存储空间利用率和方便存取,提供多种存取方法(如索引查找、Hash 查找、顺序查找等),提高存取效率。

(5)数据库的建立和维护功能。它包括数据库初始数据的输入、转换功能,数据库的转储、恢复功能,数据库的管理、重组功能和性能监视、分析功能等。这些功能通常是由一些实用程序完成的。

(6)其他功能。其他功能包括DBMS与网络中其他软件系统的通信功能,一个DBMS与另一个DBMS或文件系统的数据转换功能,异构数据库之间的互访和互操作功能等。

二、电子商务数据库系统

数据库系统(DBS)是一个实际可运行的存储、维护和应用系统提供数据的软件系统,是存储介质、处理对象和管理系统的集合体。它通常由软件、数据库和数据管理员组成。狭义而言,数据库系统是由数据库、数据库管理系统和用户构成的。广义而言,数据库系统是由计算机硬件、操作系统、数据库管理系统以及在它支持下建立起来的数据库、应用程序、用户和维护人员组成的一个整体。

电子商务系统有效运行的关键在于后台有数据库系统的支持。一个较为成功的电子商务数据库系统需要具有如下基本属性:

(1)能够保证数据的独立性。数据和程序相互独立有利于提升软件开发速度,节省开发费用。

(2)冗余数据少,数据共享程度高。

(3)系统的用户接口简单,用户容易掌握,使用方便。

(4)能够确保系统运行可靠,出现故障时能迅速排除;能够保护数据不受非授权者访问或破坏;能够防止错误数据的产生,一旦产生也能及时发现。

(5)有重新组织数据的能力,能改变数据的存储结构或存储位置,以适应用户操作特性的变化,改善由于频繁插入、删除操作造成的数据组织零乱和时空性能变坏的状况。

(6)具有可修改性和可扩充性。随着业务的扩展,系统能进行扩充和修改,具有良好的适应性。

(7)能够充分描述数据间的内在联系。

三、现代信息分析技术

在电子商务环境下,海量的信息分布在后台各种服务器的数据库中,从中找出对商家有用的信息,从而主动把握市场机会,提高企业的竞争力显得尤为重要。虽然电子商务网站的后台数据库能够记录丰富的交易信息和与顾客相关的数据,但是这些数据资源中所蕴含的大量有用信息还未能得到充分的挖掘和利用。Web数据挖掘技术能对数据库中的信息进行分析,从而提炼出对企业有价值的客户信息。公司还可以分析和预测顾客的行为,同时,利用有效的顾客信息,可以减少公司生产经营的盲目性,大大降低公司的运营成本。

(一)Web数据挖掘的概念

Web数据挖掘(Web Data Mining)是指利用数据挖掘技术从Web文档及Web服务器中自动发现并提取人们感兴趣的信息。Web数据挖掘已是一项综合技术,涉及Internet技术、人工智能、计算机语言学、信息学、统计学等多个领域。通常Web数据挖掘过程可以分为以下几个处理阶段:资源发现、数据抽取及数据预处理阶段,数据汇总及模式识别阶段,分析验证阶段。

Web 数据挖掘使数据库技术进入了一个更高的阶段,它不仅能对过去的数据进行查询,而且能够找出过去数据间的潜在联系,从而促进信息的传递。Web 数据挖掘的最终目标是决策者根据数据挖掘得到的分析结果,优化商业决策行为,从而提高企业效益。

(二)电子商务中的 Web 数据挖掘

在 Internet 电子商务中,客户浏览信息被 Web 服务器自动收集并保存在访问日志、引用日志和代理日志中。这些日志数据信息被组合应用到计算机的并行处理、神经元网络、模型化算法和其他信息处理技术手段中,进行分析加工,从中可得到商家用于向特定消费群体或个体进行定向营销的决策信息。有效地对这些日志进行定量分析,揭示其中的关联关系、时序关系、页面类属关系、客户类属关系和频繁访问路径、频繁访问页面等,不但可为优化 Web 站点拓扑结构提供参考,而且可为企业更有效地确认目标市场、改进决策、获得更大的竞争优势提供帮助。

(三)Web 数据挖掘技术在电子商务中的应用

1. 发现潜在客户

在对 Web 客户访问信息的挖掘中,利用分类技术可以在 Internet 中找到未来的潜在客户。通常的策略是先对已经存在的访问者进行分类,对于一个新的访问者,通过在 Web 上的分类发现、识别这个客户与已经分类的老客户的一些公共的描述,从而对这个新客户进行正确的分类,然后从其分类中判断这个新客户是属于"有利可图"的客户,还是"无利可图"的客户,以决定是否要把这个新客户作为潜在的客户对待。客户的类型确定后,就可以向客户动态地展示 Web 页面,页面的内容取决于客户与销售商提供的产品和服务之间的关联。

2. 提供优质的个性化服务

对客户来说,传统客户与销售商之间的空间距离在电子商务中已经不存在了。在网上,每一个销售商对于客户来说都是一样的,那么如何使客户在自己的销售站点上驻留更长的时间,对销售商来说是一个挑战。为了达到这一目的,就应该了解客户的浏览行为,知道客户的兴趣及需求所在,动态地调整 Web 页面,以满足客户的需要。通过对客户访问信息的挖掘,就能知道客户的浏览行为,从而了解客户的兴趣及需求。

3. 改进站点设计

对 Web 站点链接结构的优化可从以下三个方面来考虑:

(1)通过对 Web Log(网络日志)的挖掘,发现用户访问页面的相关性,从而在密切联系的网页之间增加链接,方便用户使用。

(2)利用路径分析技术判定在一个 Web 站点中最频繁的访问路径,可以考虑把重要的商品信息放在这些页面中,改进页面和网站结构的设计,增强对客户的吸引力,提高销售量。

(3)通过对 Web Log 的挖掘,发现用户的期望位置。如果期望位置的访问频率高于实际位置的访问频率,可考虑在期望位置和实际位置之间建立导航链接,从而实现对 Web 站点结构的优化。

4. 聚类客户

通过把具有相似浏览行为的客户分为一组,并分析组中客户的共同特征,可以帮助电子商务的组织者更好地了解自己的客户,向客户提供更适合的服务。例如,有一些客户都花了一段时间浏览"房屋装修""家具"页面,经过分析,这些客户被聚类为一组。销售商根据分析出来的聚类信息,就可以知道这是一组"新购房族"客户,对他们所进行的业务活动当然也就不可能等同于其他被聚类了的客户(如"大学生""购车族")。及时调整页面及页面内容,使商务活动能够在一定程度上满足客户的要求,这对客户和销售商来说都具有非常重要的意义。

5. 搜索引擎的应用

通过对网页内容的挖掘,可以实现对网页的聚类和分类,实现网络信息的分类浏览与检索;通过对用户使用的提问式历史记录的分析,可以有效地进行提问扩展,增强用户的检索效果(查全率、查准率);通过运用 Web 挖掘技术改进关键词加权算法,可以提高网络信息的标引准确度,改善检索效果。

6. 网络安全

通过分析在服务器上留下的网上银行、网上商店交易用户日志,可以防范黑客攻击、恶意诈骗。

实践任务

登录当当、淘宝、亚马逊等购物网站,选择一个商品进行查看,观察页面是否具有同类产品的推荐功能。使用搜索引擎搜索智能推荐,了解其原理。

素质拓展

奢侈品销售与大数据

传统奢侈品品牌 Prada 正在向大数据时代迈进。在纽约旗舰店里,每件衣服上都有 RFID(射频识别)码,每当顾客拿起衣服进试衣间时,这件衣服上的 RFID 码会被自动识别,试衣间里的屏幕会自动播放模特穿着这件衣服走台步的视频。人一看见模特,就会下意识认为自己穿上这件衣服也是这样,不由自主地会认可手中所拿的衣服。

而在顾客试穿衣服的同时,这些数据会传送至 Prada 总部,包括每一件衣服在哪个城市、哪个旗舰店、什么时间被拿进试衣间、停留多长时间,数据都被存储起来加以分析。如果有一件衣服销量很低,以往的做法是直接被废弃掉,但如果 RFID 传回的数据显示这件衣服虽然销量低,但被人拿进试衣间的次数多,那就说明存在一些问题,衣服或许还有改进的余地。

这项应用在提升消费者购物体验的基础上,还帮助 Prada 提升了很大幅度的销售量。传统奢侈品品牌在大数据时代采取的行动,体现了其对大数据运用的视角,也是公司对大数据时代的积极回应。

在这项应用中,物联网和大数据的结合是成功的关键,利用物联网技术来收集数据,利用大数据技术进行分析,进而能够得出市场需求的结论。在服装领域,大数据等新技术正在发挥着巨大的作用。

任务三　认识网络信息资源管理技术

学习目标

【知识目标】掌握网络信息资源的类型及特点，了解网络信息资源组织的方法，掌握网络信息资源检索的过程和工具。

【技能目标】通过对网络信息资源组织、检索的过程和网络信息资源检索工具的学习，学生学会利用网络信息资源。

【思政目标】合作共赢、互惠互利是诸多企业的生存之道，也是企业能够在全球化竞争中获得成功的重要原则，因此，工作中我们要特别强调团队合作精神的培养。

情景导入

小王是一家公司的业务员，他将于三天后到北京出差，他想从广州白云国际机场乘飞机前往北京，并于当晚入住某酒店，你能找到在互联网上订购机票和酒店的方法吗？

知识平台

一、网络信息资源的类型

网络信息资源的分类有多种标准，根据不同的分类标准，可以将网络信息资源分为不同的类型。

(1)按照网络信息资源的内容范围可分为：学术信息、教育信息、政府信息、文化信息、有害信息和违法信息等。

(2)按照信息源提供信息的加工深度可分为：一次信息源、二次信息源、三次信息源等。

(3)按照信息源的信息内容可分为：联机数据库、联机馆藏目录、电子图书、电子期刊、电子报纸以及软件与娱乐游戏类、教育培训类、动态信息等。

(4)按照非网络环境中信息存取方式可分为：邮件型、电话型、揭示板型、广播型、图书馆型、书目型等。

(5)按照科学的正式交流渠道与非正式交流渠道的思想可分为：稳定的信息资源和不稳定的信息资源。

二、网络信息资源的特点

网络信息资源有以下几个特点：
(1)以网络为传播媒介。

(2)以多媒体为内容特征。
(3)以超文本形式组织信息。
(4)传播方式具有多样性、交互性。
(5)变化更新快。

三、网络信息资源组织的概念与必要性

网络信息资源组织是指对网上的各种概念、数据(包括声音、图像、软件等)、事实、文献等,通过分析、标引、著录(信息特征的描述)、链接(把相关的信息加以联系)、排序、存储等手段,形成一个有序的、便于用户理解和查询的信息系统的过程。

网络信息资源组织的必要性主要表现在以下三个方面:

(1)Internet 上存在着大量可获得的有价值的、可利用的信息。

(2)为了检索的便利,需要组织这些资源。人们希望能够方便、快捷地检索到他们所需要的网络信息资源,这时,组织这些资源就十分必要了。

(3)方便人们对网络信息资源进行管理与控制。利用一定的数据格式将这些资源组织起来不仅是获得它们的有效方式,也是管理与控制它们的有效方式。

四、网络信息资源检索的过程

网络信息资源是极其丰富的,其浏览与检索必须遵循一定的方法,并借助一定的搜索工具,如搜索目录、搜索引擎等。

网络信息资源检索的过程如下:

(1)搜索引擎通过巡视软件自动收集各种网络信息或者由人工收集信息,然后由专门的标引软件或专业人员对所收集到的信息进行分类标引等处理,并把结果存入索引数据库。这是网络信息资源检索的前提条件。

(2)搜索引擎通过 WWW 服务器软件为用户提供浏览器界面下的信息查询。用户根据需要,按照搜索引擎的检索规则,构造合适的检索表达式,并把检索要求输入检索界面中的检索输入框(通常是 Form 的形式)。检索界面为用户与搜索引擎的交互提供了条件。

(3)搜索引擎对用户的检索提问进行适当的处理,如发现语法错误就返回用户进行更改。有的搜索引擎还能对检索提问进行智能化处理,如加入一些同义词等。然后搜索引擎将用户的提问与索引数据库进行匹配,并进行必要的逻辑运算。

(4)搜索引擎将符合用户需要的信息以超文本链接的方式返回,并以 Web 网页的形式显示给用户。用户浏览该 Web 网页,查找感兴趣的相关信息,然后通过搜索引擎提供的链接直接访问相关信息。

五、网络信息资源检索工具

网络信息资源检索工具的工作原理可以概括为:通过自动索引程序(或人工)来广泛搜集网络信息资源数据,经过一系列的判断、选择、标引、加工、分类、组织等处理后形成供检索用的数据库,创建目录索引,并大多以 Web 页面的形式向用户提供有关的资源导航、目录索

引及检索界面。用户可根据自己的信息查找要求,按照该检索工具的句法要求等来通过检索界面输入想要查找的检索项、提问式。系统检索软件接受用户提交的检索提问,按照本系统的句法规定对用户输入的字符串、运算符、标识符、空格等进行识别后,代理用户在数据库中检索,并对检索结果进行评估比较,按与检索结果的相关程度排序后提供给用户。

网络信息资源检索工具按其检索方式与所对应的检索资源大体分为以下几种类型:

1. FTP(文件传输协议)类的检索工具

这是一种实时的联机检索工具,用户首先要登录对方的计算机,登录后即可以进行文献搜索及与文献传输有关的操作。

2. 基于菜单的检索工具

这类检索工具是一种分布式信息查询工具,它将用户的请求自动转换成 FTP 或 Telnet 命令,在一级一级的菜单引导下,用户可以选取自己感兴趣的信息资源。这对于不熟悉网络资源、网络地址和查询命令的用户是十分简便的方法。

3. 基于关键词的检索工具

WAIS(Wide Area Information Server,广域信息服务器)是基于关键词的检索工具。使用 WAIS 的用户不用操心检索信息在网络中的哪台计算机上,也不用关心如何去获取这些文件。WAIS 检索步骤如下:先从 WAIS 给出的数据库中用光标选择自己希望检索的数据源名称;在选定的数据源范围内进行关键词检索,系统会自动进行远程检索;查询完成后,WAIS 在显示检索结果时,将结果与检索词按相关度权数大小排列,供用户选择。

4. 基于超文本的检索工具

著名的 WWW 是一种基于超文本的信息查询工具,通过将位于全世界互联网上的各站点的相关数据库信息有机地编织在一起,提供了一种界面友好的信息查询接口,用户只需要提出查询要求,至于到什么地方查询以及如何查询均由 WWW 自动完成。WWW 上的检索工具不仅可以搜索 WWW 上的信息,而且可以搜索互联网上的其他信息资源,如 FTP、Gopher、新闻组等,WWW 大有成为互联网上标准检索工具的趋势。

5. 多元搜索引擎

多元搜索引擎是将多个搜索引擎集成在一起,并提供一个统一的检索界面;将一个检索提问同时发送给多个搜索引擎,同时检索多个数据库,再经过聚合、去重之后输出检索结果。其优点是省时,缺点是由于不同搜索引擎的检索机制、所支持的检索算法、对提问式的解读等均不相同,导致检索结果的准确性差,且速度慢。

实践任务

第1步,登录去哪儿网,在"机票查询"里查找三天后从广州到北京的航班。

第2步,在搜索到的航班中,找到最合适价格和时间的航班,选择订购。

第3步,填写具体的信息,试用网上银行支付。

第4步,在去哪儿网主页单击酒店模块,选择北京的具体位置,找出合适的酒店,单击订购。

素质拓展

B2C 网站成功利用搜索引擎营销

当当网等在利用搜索引擎推广 B2C 网站的业务上积累了非常丰富的成功经验,每年投入数百万元在搜索引擎领域,同时也获得了巨大的回报。

它们除了巨额的推广费用,还支付了大量的管理成本来不断地修改、调整关键词的投放,并有相应的策略来具体管理搜索引擎。

中国搜索引擎的媒体化发展,以及在为大品牌广告主服务的过程中,形成了特有的广告展示方式,即品牌专区模式。它按照大品牌广告主的要求,将近期其要发布的详细信息展示在左侧结果列表首位,并在右侧赞助商链接的位置展示与其一致的品牌图形广告。这一模式对大品牌广告主而言,一方面能够满足其付费搜索广告的精准信息传播需求,另一方面能够满足其通过图形广告树立品牌形象的需求。

品牌专区类广告形式的出现,为大品牌广告主提供了三方面的帮助:从对品牌树立帮助来看,允许大品牌广告主自由决定搜索结果的板块内容,即允许大品牌广告主将自己的网站内容浓缩在一个搜索结果中;从对销售促进的帮助来看,能够实时更新产品信息,将最新的促销信息实时呈现;这类广告形式还为大品牌广告主提供了良好的公关平台。新广告形式的出现,为搜索引擎营销的投放策略提供了良好的铺垫。

任务四 认识电子商务网站建设技术

学习目标

【知识目标】 掌握网站建设的过程,了解网页制作语言。
【技能目标】 通过对网站建设和网页制作语言的认识,学会制作网页和建设网站的方法。
【思政目标】 责任是每个人对社会、对工作、对他人、对自己都应该履行的义务,理解工作中要有责任意识。

情景导入

阿里巴巴网站已经成为全球化的商业机会信息集散地,每天收到来自全球范围内的新增供应信息多达数千条。无论是供应商、采购商,还是正在寻找合作伙伴的商业用户,都能够在阿里巴巴网站找到准确的行业和产品分类位置,轻松地发布其商业信息,它的核心优势集中体现为在最大限度上方便最终消费者。它的页面设计风格体现了阿里精神。从页面的设计来看,其设计风格和精神就是简约、简单以及操作方便,虽然包含的信息量大,但是首页(图 2-6)突出体现了行业市场、特色市场、采购平台和以商会友几个栏目,所以它的首页很整齐、有条理、有序、有层次感。

项目二　了解电子商务技术支撑

图 2-6　阿里巴巴网站首页

知识平台

一、网站建设的过程

（一）申请域名

申请域名是电子商务网站规划的第一步。域名是互联网上的一个企业或机构的名字，是企业的网络商标。由于国际域名具有全球唯一性，因此域名的价值要高于企业传统的名字或商标。从技术上讲，域名是 Internet 中用于解决地址对应问题的一种方法。一个企业只有通过注册域名，才能在互联网上确立自己的一席之地。好的域名与企业形象相辅相成，交相辉映。域名的重要性和价值已经被全世界的企业所认识，现在每 30 秒钟就会有一个域名被注册。

由于国际互联网起源于美国，因此，通用的是英文域名。域名的形式是以若干英文字母、数字、连接符组成，由"."分隔成几部分。随着互联网的发展，许多国家纷纷采用自己国家文字的域名，因此在我国出现了中文域名，而且有繁体和简体两种。中国互联网络信息中心是我国域名注册的管理机构和域名根服务器的运行机构。国内域名和国际域名在互联网中使用是没有本质区别的。注册域名时用户需向指定的域名注册服务机构提交域名申请表和有关证件等，也可由代理机构替用户进行域名注册。域名注册流程如图 2-7 所示。

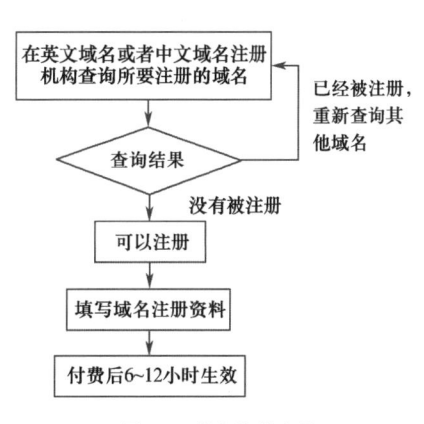

图 2-7　域名注册流程

(二)选择主机

当然,光有域名还远远不够,就像注册了一个名字响亮的公司,但还无法立即开展业务一样,必须要有办公场地。与此类似,拥有了网上招牌之后,还必须要有网上的经营场地——服务器空间。目前服务器空间有以下三种:

1. 云主机

云主机是整合了计算、存储与网络资源的 IT 基础设施能力租用服务,能提供基于云计算模式的按需使用和按需付费能力的服务器租用服务。客户可以通过 Web 界面的自助服务平台,部署所需的服务器环境。

云主机是新一代的主机租用服务,它整合了高性能服务器与优质网络带宽,有效解决了传统主机租用价格偏高、服务品质参差不齐等缺点,可全面满足中小企业、个人站长用户对主机租用服务低成本、高可靠、易管理的需求。

2. 专用主机

利用专用主机建设网站就是购买一台服务器,然后向互联网服务提供商申请一条专线和一个固定的 IP 地址,安装相应的软件,将网站放在单位内部的方式。专用主机的网站技术方案一般用 UNIX 系统,也可以用微软的系统。采用专用主机,维护方便,网页更新及时,存储空间不受限制,而且可以和单位的管理信息系统有机集成,其缺点是维护费用较高,另外当访问量较大时可能带宽不够,一般适于数据量较大的单位使用。

3. 服务器托管或主机租用

采用专用主机方式,如果网站的数据流量很大,则所要支付的费用相当高,为了解决这个问题,可以考虑将主机放在 ISP 的机房内,委托给 ISP 保管,或干脆向其租用一台网站服务器,将其放置在 ISP 的主机机房或数据中心。ISP 为客户提供优越的主机环境,客户通过远程控制进行网站服务器的配置、管理和维护。

从价格的角度看,云主机最经济,采取远程登录的方式就可以实现对站点的维护和更改,自己的网站就可以被访问,而且速度与浏览互联网中的其他网站没有区别。服务器托管或主机租用的价格介于云主机和专用主机之间。专用主机的费用最高。

(三)选择开发工具、数据库和操作系统

1. 开发工具

大型商业网站可以选用通用产品,例如,IBM 的 Net. CommerceV3.1 已经与中国银行实现了基于 SET 协议的支付方式,Domino Web Server 支持 Net. Commerce。一般的交互型网站可以选用运行在 IIS 上的 ASP。静态网站则只要使用 HTML 就能够达到目的。

2. 数据库

如果打算在网站上使用数据库,那么选用一种合适的数据库是十分重要的。当数据量不大时,可以考虑使用微软的 Access 数据库,而当数据量达到一定程度时,则需要安装专用数据库,如 SQL Server、MySQL 等。

3. 操作系统

常用的操作系统有 UNIX、Windows 等。

(四)网站建设

以上三个步骤可以说是为企业准备好了一个正式的网络"舞台",接下来就要在这个"舞

台"上完成网站建设。网站建设包括以下几个要素:

(1)网站内容。要为网站准备充足的文字、图片或多媒体资料,将信息传递给访问者。网站作为一种媒体,信息自然是其核心和根本。

(2)设计制作。设计制作独特风格的网站,使网站充分展示企业形象、体现企业文化,这是一个艺术创作与网络技术相结合的过程。有很多专业的网页制作软件(如 Dreamweaver 等)可以使用。

(3)功能开发。网站应具备多种多样的功能,例如信息发布、搜索、用户管理、网上订购、信息反馈、在线业务等。这些功能要通过开发来实现。

(4)网站推广。网站要最大限度地发挥效用,必须为人所知并拥有较大的访问量,因此推广工作也是必不可少的。网站推广的方式是多种多样的,一切广告手段都可用于网站推广。当然,最基本、最有效的推广方式就是搜索链接。

(五)网站日常维护

建立网站是一个长期性的工作,在完成了设计和建设后,需要经常地维护和更新。没有信息更新的网站,就算建设得再好,也不可能长久地吸引客户,所以在设计网站时,就应当考虑到更新问题,并为之做必要的准备。网站维护是整个网站存续期间都需要做的工作,只要网站还有存在的必要,就会不断地产生维护的问题。网站的维护不仅是通常所说的对网站设计中的错误进行纠正,而且包括对网站内容、外观的持续变动,甚至包括对网站目标、规模的修正。

二、网页制作的语言和工具

(一)网页制作的基础语言

1. HTML

HTML(Hyper Text Markup Language,超文本标记语言)是 WWW 中的专用语言。浏览者在 Internet 上访问的 Web 文档以及在 Web 浏览器中看到的资料都是基于 HTML 的。

HTML 文件是简单的纯文本文件,在 MIME(Multipurpose Internet Mail Extensions,多用途交互网络邮件扩展标准)机制中使用.html(或.htm)扩展名。其主要特征是在文本中有 HTML 标记符。HTML 语言的优点是标注简单明了,功能强大,可以定义文件的显示格式、标题、字体、表格、窗口等;可与 WWW 上任意资料进行超级链接;可使用辅助应用程序;可载入图像、视频、音频等多媒体资料。HTML 也有一定的局限,例如,设计人员只能选用 Web 资源的字体,排版功能不是很强;忽略空格及自然格式,段落须指明;在不同的硬件环境下显示不同等。

HTML5 是互联网的下一代标准,是构建以及呈现互联网内容的一种语言方式,被认为是互联网的核心技术之一。消费者能够从包括个人计算机、笔记本电脑、智能手机或平板电脑在内的任意终端访问相同的程序和基于云端的信息。HTML5 允许程序通过 Web 浏览器运行,并且将视频等目前需要插件和其他平台才能使用的多媒体内容纳入其中,这将使浏览器成为一种通用的平台,用户通过浏览器就能完成任务。此外,用户还可以访问以远程方式存储在"云"中的各种内容,不受位置和设备的限制。

2. XML

XML(Extensible Markup Language,可扩展标记语言)是 SGML(Standard Generalized Markup Language,标准通用标记语言)的优化子集,是国际组织 W3C(World Wide Web Consortium,万维网联盟)为适应 WWW 的应用,将 SGML 标准进行简化形成的标记语言,形式上类似 HTML。XML 作为一种可用来制定具体应用语言的元语言,既具有强大的描述功能,又具有适合网络应用的简洁性。

相对于 HTML,XML 具有可扩展性、灵活性、自描述性、简明性等特点。XML 作为一种标记语言,是运用"标记法"描述结构化数据的形式语言。所谓"标记法",就是为了达到处理的目的,在数据中加入附加信息的方法,而这些附加的信息被称为标记。

3. JAVA

JAVA 是由 Sun Microsystems 公司于 1995 年推出的程序设计语言。JAVA 吸收了 Smalltalk 和 C++ 的优点,并增加了其他特性,如支持并发程序设计、网络通信和多媒体数据控制等。JAVA 与平台无关,可用来创建安全的、可移植的、面向对象的、多线程的和交互式的程序。

(二)网页制作的常用工具

1. 基本工具

FrontPage 是微软推出的一个"所见即所得"的网页编辑软件,也是目前较流行的网站制作和管理工具之一。利用 FrontPage 可以轻松地编辑网页、绘制图片、描摹图像,用户可以精确地将每一个元素放置在网页的任何位置,为网站设定专业而协调的外观,输入、编辑和优化 HTML 源代码,使用新的网页技术,而这一切不需要编写任何程序。

Dreamweaver 是美国 Macromedia 公司开发的集网页制作和网站管理于一身的网页编辑器,它是一套针对专业网页设计师特别开发的视觉化网页开发工具,利用它可以轻松地制作出摆脱平台和浏览器限制的、充满动感的网页。Dreamweaver 以其优异的功能、开放的插件(Plug)接口及良好的兼容性迅速占领了市场。

2. 页面设计及美化工具

Photoshop 是目前较流行的平面图形设计软件之一。它的功能完善,性能稳定,使用方便,所以很多网站的制作都选用 Photoshop。

Fireworks 是一个强大的网页图形设计工具,使用它可以创建和编辑位图、矢量图形,还可以非常轻松地做出各种网页设计中常见的效果,例如,翻转图像、下拉菜单等。设计完成以后,如果要在网页设计中使用,可以将图片输出为.html 文件,还能输出为可以在 Photoshop 和 Flash 等软件中编辑的格式。

实践任务

为拟建设的网站申请一个域名。下载并使用 Dreamweaver 软件开发网站。

素质拓展

注册域名

一、注册域名的意义

(1)域名已经成了"企业的网上商标",是企业宝贵的无形资产。

(2)域名是企业在Internet上开展信息宣传的基础,只有注册了域名,才能开展网络营销和宣传。

(3)域名是稀缺性资源,越早注册,越能占有更好的资源,越能更有效地保护自己的网上商标。

(4)域名和商标相比具有更强的唯一性,因为每一个域名在互联网上都是唯一的。

二、选择域名的方法

域名可以由26个英文字母(大、小写等价)、数字元(0~9)以及连接符(一)组成。一个好的域名应该具备以下基本要素:短小、容易记忆、不容易与其他域名混淆、不容易拼写错误、与公司名称/商标或核心业务相关、尽量避免文化冲突。

三、注册域名的流程

域名注册流程在本任务中已经进行了详述,这里不再赘述。

四、选择域名注册服务商需考虑的因素

选择域名注册服务商时主要考虑以下几个因素:

(1)资质。查询域名注册服务商是否是由中华人民共和国工业和信息化部认证的并经过ICANN(互联网名称与数字地址分配机构)授权的顶级域名注册服务商。

(2)费用。成功注册域名,无须缴纳其他费用,就能进行域名管理和转移等。

(3)安全。注册过程简单快速,域名实时生效,有安全措施来保护域名安全,如域名锁定等。

(4)管理。提供域名自由管理,用户可随时设置和修改信息以及各种域名指向,无须缴纳任何附加费用。

(5)服务。域名注册服务商提供全国客服中心7×24小时服务,快速解决遇到的问题。

任务五 理解大数据与云计算技术

学习目标

【知识目标】 掌握大数据与云计算的概念,了解大数据与云计算的特点。

【技能目标】 上网收集大数据与云计算应用的一些实例。

【思政目标】 加强职业道德引导,让爱岗敬业、诚信经营、公平竞争、奉献社会等精神成为我们恪守的价值观和职业操守,并最终内化为思维方式,外化为言语行动,综合提升我们的职业素养和人文精神。

> **情景导入**
>
> 　　为推进电子政务发展,促进政府职能转变和管理创新,2013年中华人民共和国工业和信息化部确定首批基于云计算的电子政务公共平台建设和应用试点示范地区名单,深圳市福田区和罗湖区同时进入首批试点名单。华为提出利用FusionSphere云计算平台实现政务外网三十多套业务的集中部署、资源共享的思路,即可实现罗湖区云计算IAAS(基础设施即服务)平台全区计算资源、存储资源和网络资源集中共享,按需申请、弹性分配、统一运营监管。
> 　　云计算平台的建设表面上看起来是实行技术路线,但本质上是电子政务资源整合的重要抓手。云计算彻底改变了传统的建设模式、管理模式和应用模式。

知识平台

一、大数据的定义

　　大数据(Big Data)指无法在一定时间范围内用常规软件工具进行捕捉、管理和处理的数据集合,是需要新处理模式才能具有更强的决策力、洞察发现力和流程优化能力的海量、高增长率和多样化的信息资产。

　　大数据技术的战略意义不在于掌握庞大的数据信息,而在于对这些具有意义的数据进行专业化处理。换言之,如果把大数据比作一种产业,那么这种产业实现营利的关键,在于提高对数据的"加工能力",通过"加工"实现数据的"增值"。

　　适用于大数据的技术包括大规模并行处理(MPP)数据库、数据挖掘、分布式文件系统、分布式数据库、云计算平台、互联网和可扩展的存储系统。

二、大数据的特征

　　大数据具有如下特征:
　　(1)容量(Volume)大:数据的大小决定了所考虑的数据的价值和潜在的信息。
　　(2)种类(Variety)多:数据类型具有多样性。
　　(3)速度(Velocity)快:获得数据的速度很快。
　　(4)可变性(Variability):这妨碍了处理和有效管理数据的过程。
　　(5)真实性(Veracity):这决定了数据的质量。
　　(6)复杂性(Complexity):数据量巨大,来源渠道多。
　　(7)价值(Value)高:合理运用大数据,可以低成本创造高价值。

三、大数据的价值

　　大数据的价值体现在以下方面:
　　(1)对大量消费者提供产品或服务的企业可以利用大数据进行精准营销。

(2)小而美模式的中小微企业可以利用大数据做服务转型。

(3)面临互联网压力必须转型的传统企业需要与时俱进充分利用大数据的价值。

在快速发展的智能硬件时代,困扰应用开发者的一个重要问题就是如何在功率、覆盖范围、传输速率和成本之间找到平衡点。企业组织利用相关数据和分析数据可以帮助它们降低成本、提高效率、开发新产品、做出更明智的业务决策等。例如,通过结合大数据和高性能的分析,下面这些对企业有益的情况都可能会发生:

- 及时发现故障、问题和缺陷的根源,每年可为企业节省数十亿元。
- 为成千上万的快递车辆规划实时交通路线,躲避拥堵。
- 分析所有SKU(库存量单位),以利润最大化为目标来定价和清理库存。
- 根据客户的购买习惯,为其推送他可能感兴趣的优惠信息。
- 从大量客户中快速识别出金牌客户。
- 使用点击流分析和数据挖掘来规避欺诈行为。

不过,大数据在经济发展中的意义并不代表其能取代一切对社会问题的理性思考,科学发展的逻辑不能被湮没在海量数据中。著名经济学家路德维希·冯·米塞斯曾提醒过:"就今日而言,有很多人忙碌于资料之无益累积,以致对问题之说明与解决,丧失了其对特殊的经济意义的了解。"这确实是需要警惕的。

四、大数据的发展趋势

大数据的发展趋势包括:

(1)数据的资源化。数据的资源化是指大数据成为企业和社会关注的重要战略资源,并成为大家争相抢夺的新焦点。企业要提前制订大数据营销战略计划,以抢占市场先机。

(2)与云计算的深度结合。大数据离不开云计算,云计算为大数据提供了弹性可拓展的基础设备,是产生大数据的平台之一。自2013年开始,大数据技术已开始和云计算技术紧密结合。除此之外,物联网、移动互联网等新兴技术形态,也将一起助力大数据革命,使大数据营销发挥出更大的影响力。

(3)科学理论的突破。随着大数据的快速发展,就像计算机和互联网一样,大数据很有可能是新一轮的技术革命。随之兴起的数据挖掘、机器学习和人工智能等相关技术,可能会改变数据世界里的很多算法和基础理论,实现科学技术上的突破。

(4)数据科学和数据联盟的成立。未来,数据科学将成为一门专门的学科,被越来越多的人所认知。各大高校将设立专门的数据科学类专业,也会催生一批与之相关的新的就业岗位。与此同时,基于数据这个基础平台,也将建立起跨领域的数据共享平台,之后,数据共享将扩展到企业层面,并且成为未来产业的核心环节。

(5)数据泄露泛滥。未来几年数据泄露事件的增长率也许还会提高,除非数据在其源头就能够得到安全保障。企业需要从新的角度来确保自身以及客户数据安全,所有数据在创建之初便需要获得安全保障,而并非在数据保存的最后一个环节,仅仅加强后者的安全措施已被证明于事无补。

(6)数据管理成为核心竞争力。当"数据资产是企业核心资产"的概念深入人心之后,企业对于数据管理便有了更清晰的界定。将数据管理作为企业核心竞争力,持续发展,战略性规划与运用数据资产,成为企业数据管理的核心。数据管理效率与主营业务收入增长率、销售收入增长率显著正相关,对于具有互联网思维的企业而言,数据资产的管理效果将直接影响企业的财务表现。

(7)数据质量是 BI(商业智能)成功的关键。未来,采用自助式商业智能工具进行大数据处理的企业将会脱颖而出。很多数据源会带来大量低质量数据,企业想要成功,就需要理解原始数据与处理数据之间的差距,从而消除低质量数据并通过 BI 获得更佳决策。

(8)数据生态系统复合化程度加强。大数据的世界不是一个单一的、巨大的计算机网络,而是一个由大量活动构件与多元参与者构成的生态系统,即由终端设备提供商、基础设施提供商、网络服务提供商、网络接入服务提供商、数据服务提供商、触点服务提供商、数据服务零售商等一系列的参与者共同构建的生态系统。而今,这样一套数据生态系统的基本雏形已然形成,接下来的发展将趋向于系统内部角色的细分、系统机制的调整、系统结构的调整,从而使数据生态系统复合化程度逐渐增强。

五、云计算的概念

云计算是分布式计算技术的一种,其最基本的概念是透过网络将庞大的计算处理程序自动分拆成无数个较小的子程序,再交由多部服务器所组成的庞大系统,经搜寻、计算分析之后将处理结果回传给用户。透过这项技术,网络服务提供者可以在数秒之内,达成处理数以千万计甚至亿计的信息,实现和"超级计算机"同样强大效能的网络服务。

最简单的云计算技术在网络服务中已经随处可见,例如搜索引擎、网络信箱等,使用者只要输入简单指令即能得到大量信息。未来如手机等行动装置都可以透过云计算技术,发展出更多的应用服务。进一步的云计算不仅只实现资料搜寻、分析的功能,未来如分析 DNA 结构、基因图谱定序等,都可以透过这项技术轻易达成。

六、云计算的特点

云计算是通过使计算分布在大量的分布式计算机上,而非本地计算机或远程服务器中,使个人和企业能够将资源切换到需要的应用上,根据需求访问计算机和存储系统。被普遍接受的云计算的特点如下:

1. 超大规模

"云"具有相当的规模,Google 云计算已经拥有 100 多万台服务器,Amazon、IBM、微软、Yahoo 等的"云"均拥有几十万台服务器。企业私有云一般拥有数百上千台服务器。"云"能赋予用户前所未有的计算能力。

2. 虚拟化

云计算支持用户在任意位置、使用各种终端获取应用服务。用户所请求的资源来自"云",而不是固定的、有形的实体。应用在"云"中某处运行,但实际上用户无须了解,也不用担心应用运行的具体位置,只需要一台笔记本电脑或者一个手机,就可以通过网络服务来实现需要的一切,甚至包括超级计算这样的任务。

3. 高可靠性

"云"使用了数据多副本容错、计算节点同构可互换等措施来保障服务的高可靠性,使用云计算比使用本地计算机可靠。

4. 通用性

云计算不针对特定的应用,在"云"的支撑下可以构造出千变万化的应用,同一个"云"可以同时支撑不同的应用运行。

5. 高可扩展性

"云"的规模可以动态伸缩,满足应用和用户规模增长的需要。

6. 按需服务

"云"是一个庞大的资源池,用户可以按需购买;"云"可以像自来水、电、煤气那样计费。

7. 价格较低

"云"具有特殊容错措施,可以采用便宜的节点来构成"云"。"云"的自动化集中式管理使大量企业无须负担日益高昂的数据中心管理成本。"云"的通用性使资源的利用率较传统系统大幅度提升,因此用户可以充分享受"云"的低成本优势,经常只要花费几百美元、几天时间就能完成以前需要数万美元、数月时间才能完成的任务。

云计算可以彻底改变人们未来的生活,但同时也要重视环境问题,这样才能真正为人类进步做贡献,而不是简单的技术提升。

七、云计算的应用

云计算的应用包括:

1. 云物联

物联网就是物物相连的互联网。这有两层意思:第一,物联网的核心和基础仍然是互联网,是在互联网基础上延伸和扩展的网络;第二,其用户端延伸和扩展到了任何物品与物品之间,进行信息交换和通信。

2. 云安全

云安全(Cloud Security)是一个从云计算演变而来的新名词。云安全的策略构想是使用者越多,每个使用者就越安全,因为如此庞大的用户群,足以覆盖互联网的每个角落,只要某个网站被挂马或某个新木马病毒出现,就会立刻被截获。

云安全通过网状的大量客户端对网络中软件行为的异常进行监测,获取互联网中木马、恶意程序的最新信息,推送到服务器端进行自动分析和处理,再把病毒和木马的解决方案分发到每一个客户端。

3. 云存储

云存储是在云计算概念上延伸和发展出来的一个新的概念,是指通过集群应用、网格技术或分布式文件系统等功能,将网络中大量各种不同类型的存储设备通过应用软件集合起来协同工作,共同对外提供数据存储和业务访问功能的一个系统。当云计算系统处理的核心是大量数据的存储和管理时,就需要配置大量的存储设备,那么云计算系统就转变成一个云存储系统。所以云存储是一个以数据存储和管理为核心的云计算系统。

4. 云游戏

云游戏是以云计算为基础的游戏方式。在云游戏的运行模式下,所有游戏都在服务器端运行,并将渲染完毕后的游戏画面压缩后通过网络传送给用户。在客户端,用户的游戏设备不需要任何高端处理器和显卡,只需要拥有基本的视频解压能力就可以了。

5. 云交通

云交通是指在云计算中整合现有资源,并能够针对未来的交通行业发展整合所需求的各种硬件、软件、数据。

6. 云金融

云金融是利用云计算的模型构成原理,将金融产品、信息、服务分散到庞大分支机构所构成的云网络当中,提高金融机构迅速发现并解决问题的能力,提升整体工作效率,改善流程,降低运营成本。

7. 云制造

云制造是云计算向制造业信息化领域延伸与发展后的落地与实现,用户通过网络和终端就能随时按需获取制造资源与能力服务,进而智慧地完成制造全生命周期的各类活动。

8. 云教育

云教育是云计算技术在教育领域中的应用,包括了教育信息化所必需的一切硬件计算资源,这些资源经虚拟化之后,向教育机构、从业人员和学习者提供一个良好的云服务平台。

9. 云医疗

云医疗是指在医疗卫生领域采用云计算、物联网、大数据、4G通信、移动技术以及多媒体等新技术的基础上,结合医疗技术,使用云计算的理念来构建医疗健康服务云平台。

实践任务

关键词对一个网站来说至关重要,只有关键词在搜索引擎中排名靠前,才能从搜索引擎中获得大量的流量,从而提高自己网站的访问量,最终达到营利的目的。试优化某个网站的关键词。

素质拓展

大数据在疫情防控工作中发挥重要作用

2020年突如其来的一场疫情打乱了人们的生活,你在疫情期间去过哪里?是否去过疫情比较严重的地区?当工作单位统计或者社区询问时,如何自证说辞?如今,只需要发送一条短信就可以看到自己最近14天来曾到访地方的信息。

中国三大运营商逐渐向用户开放"14天内到访地查询",查询短信可做开工行程证明。中华人民共和国工业和信息化部(以下简称工信部)信息通信管理局局长在工信部发布会上介绍说,目前,三家基础电信企业根据疫情防控的需要,在得到用户授权的情况下,基于电信大数据分析,向用户提供本人"14天内到访地查询"服务。该服务可以帮助有关部门提高对流动人员行程查验的效率,对重点人群进行排查,实施精准防控,特别是有助于做好当前形势下的复工复产。

"运用电信大数据分析统计人员流动情况,对支撑服务疫情态势研判、疫情防控部署以及对流动人员的疫情监测、精准施策有重要参考意义。"中国信息通信研究院院长表示,通过发挥网络大国优势,利用大数据等新技术手段,能够实时、准确、全面地为疫情防控提供强有力的决策支撑。

思政园地

中国企业的社会责任感

中国远洋运输(集团)总公司——中远集团通过中远慈善基金会在南方雨雪冰冻灾害、四川汶川地震、青海玉树地震等重大自然灾害中规范而有序地进行捐款资助,累计捐赠资金达3.1亿元人民币,援助项目100多个,多次获得民政部颁发的"中华慈善奖"。持续性支持社会公益事业,关注民生,已成中远集团履行社会责任、回馈社会的行为习惯。定点援助西藏洛隆县,定点扶贫河北盐山县、海兴县和湖南安化县、沅陵县,每年扶贫资金近1800万元,不过是中远集团援助项目的冰山一角。

项目综述

本项目主要通过相应的任务实施和知识平台帮助大家熟悉计算机网络技术、数据库技术、网络信息资源管理技术、网站建设技术以及大数据、云计算的相关技术。

一、计算机网络是利用通信线路和通信设备,把分布在不同地理位置的具有独立功能的多台计算机、终端及其附属设备互相连接,按照网络协议进行数据通信,由功能完善的网络软件实现资源共享和网络通信的计算机系统的集合。它是计算机技术与通信技术相结合的产物。

二、Web数据挖掘技术在电子商务中的应用包括:发现潜在客户;提供优质的个性化服务;改进站点设计;聚类客户;搜索引擎的应用;网络安全。

三、网站建设的过程:申请域名;选择主机;选择开发工具、数据库和操作系统;网站建设;网站日常维护。

四、大数据指无法在一定时间范围内用常规软件工具进行捕捉、管理和处理的数据集合,是需要新处理模式才能具有更强的决策力、洞察发现力和流程优化能力的海量、高增长率和多样化的信息资产。

五、云计算是分布式计算技术的一种,其最基本的概念是透过网络将庞大的计算处理程序自动分拆成无数个较小的子程序,再交由多部服务器所组成的庞大系统,经搜寻、计算分析之后将处理结果回传给用户。

项目知识训练

一、单选题

1.因特网的前身是(　　)。
A. ARPANET　　B. LAN　　C. WAN　　D. CSTNet

2.下列不属于网络软件的是(　　)。
A. 路由器　　B. 网络操作系统　　C. 网络协议　　D. 应用服务软件

3. 域名和IP地址的关系是（　　）。
A. 多对一　　　　B. 一对一　　　　C. 一对多　　　　D. 多对多
4. 中继器完成的功能是（　　）。
A. 连接局域网　　B. 延长网络长度　C. 连接城域网　　D. 连接广域网
5. 交换机完成的功能是（　　）。
A. 连接局域网　　B. 延长网络长度　C. 连接城域网　　D. 连接广域网
6. 学校实训室网络中常用的拓扑结构是（　　）。
A. 总线型网　　　B. 直线型网　　　C. 环型网　　　　D. 星型网

二、多选题

1. 计算机网络按照规模来分，可以划分为（　　）。
A. 局域网　　　　B. 城域网　　　　C. 广域网　　　　D. 互联网
2. 常见的网络硬件有（　　）。
A. 服务器　　　　B. 工作站　　　　C. 网卡　　　　　D. 集线器
3. 常见的传输介质有（　　）。
A. 双绞线　　　　B. 同轴电缆　　　C. 光纤　　　　　D. 电线
4. （　　）属于云计算的应用。
A. 云盘　　　　　B. 云游戏　　　　C. 本地存储　　　D. 云安全
5. 下列属于无线传输介质的是（　　）。
A. 双绞线　　　　B. 短波　　　　　C. 光纤　　　　　D. 微波

三、问答题

1. 什么是IP地址？什么是域名？它们之间的关系是什么？
2. 什么是数据挖掘技术？它在电子商务中的应用是什么？
3. 云计算的应用有哪些？

项目拓展训练

学习完本项目后，尝试使用浏览器搜索或查看万维网上的信息。

项目三

体会电子商务营销服务

项目描述

本项目重点介绍网络营销的基本理论、网络营销策略、网络调研以及网络营销的工具与方法。

项目目标

了解网络营销的概念及特点，掌握网络营销的工具与方法，学会如何应用这些网络营销工具与方法以及网络营销策略，熟悉网络调研的方法。

将思想政治教育中三观教育、中国梦、社会主义核心价值观等与营销内容中的职业价值观、职业道德、敬业精神、集体利益等相关联，在潜移默化中让学生接受主流价值观的熏陶，努力实现具有"全球视野、家国情怀、创新精神、专业素养"的人才培养目标。

任务一　了解网络营销的基本理论

学习目标

【知识目标】了解网络营销的基本概念、网络营销的特点与功能。
【技能目标】分析企业采用的网络营销工具与方法。
【思政目标】理解何为诚信经营，为什么要进行诚信经营。理解市场营销中蕴含服务意识。

情景导入

某年10月，似乎整个朋友圈都在刷YSL（圣罗兰）。短短几天，百度奢侈品品牌风云榜中，YSL荣登榜首；微博上评论数超过1 000万条的话题，关于YSL的就有好几个；微博上关于YSL的博文也造成刷屏之势；甚至和YSL星辰系列口红有关的文章也有10万多篇。

营销号的推荐、商家的断货宣言、跟风的消费者三者之间相互作用，密不可分地展现出了一派欣欣向荣的营销之景，这是一次成功的饥饿营销。

知识平台

一、网络营销的基本概念

网络营销（On-line Marketing 或 E-Marketing）就是以国际互联网络为基础，利用数字化的信息和网络媒体的交互性来辅助营销目标实现的一种新型的市场营销方式。简单地说，网络营销就是以互联网为主要手段进行的为达到一定营销目的的营销活动。网络营销是企业整体营销战略的一个组成部分，是建立在互联网基础之上、借助互联网更有效地满足顾客的需求和欲望，从而实现企业营销目标的一种手段。

网络营销随着电子商务的兴起而成为其发展的必然要求，作为企业的经营管理手段，是企业电子商务活动中非常基本和非常重要的网上商业活动，也是电子商务重要的组成部分。网络营销并不能完全替代传统营销，它是对传统营销的扩展和延伸。

二、网络营销的产生

网络营销产生于20世纪90年代初，发展于20世纪末至今。网络营销产生和发展的背景主要有三个方面，即网络信息技术的发展、消费者价值观的改变、激烈的商业竞争。

（1）网络信息技术的发展为网络营销的产生奠定了技术基础。在信息时代，网络信息技术的应用改变了人们工作、生活、学习的环境,改变了人们信息交换、协同工作的方式。企业也正在利用网络新技术的便车飞速发展。世界各大企业纷纷上网,提供信息服务和拓展业务范围,积极改变企业内部结构和发展新的营销管理方法。

(2)消费者价值观的改变是网络营销产生的观念基础,满足消费者的需求是企业经营的核心。在现代的市场经济中,消费者需求呈现主体化、多样化和个性化的特征,企业能够便捷地利用互联网跟踪、分析消费者需求的变化,及时满足消费者的需求。

(3)进入21世纪以来,买方市场已经形成,市场环境发生了变化,竞争更为激烈,各企业都使出浑身解数想方设法地吸引客户。一些营销手段即使能在一段时间内吸引客户,也不一定能使企业的利润增加。市场已不再依靠表层营销手段的竞争,更深层次的竞争已经开始。面对这样的现实环境,谁能更好地应用互联网提高自己的竞争力,谁就能在竞争中胜出。

三、网络营销的理论基础

网络营销的理论基础主要包括网络整合营销理论、软营销理论、直复营销理论、关系营销理论和全球营销理论。

(一)网络整合营销理论

传统的4P营销理论是指Product(产品)、Price(价格)、Place(渠道)和Promotion(促销),是企业从产品的角度考虑产品的销售;而4C是指Consumer(消费者)、Cost(成本)、Convenience(便利)和Communication(沟通),是从消费者的角度出发考虑产品。但这并不是说4P营销理论过时了,互联网经济环境下网络营销首先要求把消费者整合到整个营销过程中来,从他们的需求出发。网络营销要求企业的分销体系以及各利益相关者要更紧密地整合到一起,把企业利益和顾客利益整合到一起。因此我们可以把4C作为营销指导思想和理念,整合4P工具,将两者结合起来,互为补充、相得益彰。

(二)软营销理论

软营销理论是相对强势营销而言的。该理论认为顾客在购买产品时,不仅要满足其基本的生理需求,而且要满足高层次的精神和心理需求。因此,软营销理论的一个主要特征是对网络礼仪的遵循,本质上是对人的尊重,通过对网络礼仪的巧妙运用和有效的沟通获得期望的营销效果。

网络社区和网络礼仪是网络营销理论中所特有的两个重要的基本概念,是实施网络软营销的基本出发点。网络社区是指那些具有相同兴趣、目的,经常交流,互惠互利,能给每个成员以安全感和身份意识等特征的互联网上的单位或个人所组成的团体。网络礼仪是互联网自诞生以来逐步形成并不断完善的一套良好、不成文的网络行为规范,如不在网上随意传递带有欺骗性质的邮件等。网络礼仪是网上一切行为都必须遵循的准则。

(三)直复营销理论

直复营销是一种为了在任何地方产生可度量的反映和达成交易所使用的一种或多种广告媒体的相互作用的市场营销体系。直复营销理论的关键在于它说明网络营销是可测试的、可度量的、可评价的,这就从根本上降低了传统营销效果评价的困难性,为更科学的营销决策提供了依据。基于互联网的直复营销更加符合直复营销的理念,这表现在如下四方面:

（1）直复营销作为一种相互作用的体系，特别强调直复营销者与目标顾客之间的双向信息交流，以克服传统市场营销中的单向信息交流方式的营销者和顾客之间无法沟通的致命弱点。

（2）直复营销活动的关键是向每个目标顾客提供直接向营销人员反映的渠道，企业可以凭借顾客的反映找到不足，为下一次直复营销活动做好准备。

（3）直复营销活动强调在任何时间、任何地点都可以实现与顾客的信息双向交流。

（4）直复营销活动最重要的特性是活动的效果是可测定的。

（四）关系营销理论

关系营销是自1990年以来受到重视的营销理论，它包括两个基本点：

（1）在宏观上，认识到市场营销会对范围很广的多个领域产生影响，包括顾客市场、劳动力市场、供应市场、内部市场、相关者市场及影响者市场；在微观上，认识到企业与顾客的关系不断变化，市场营销的核心应该从过去注重简单的一次性交易关系转变为注重长期的关系上来。

（2）企业是社会经济大系统中的一个子系统，企业的营销目标要受到众多外在因素的影响，企业的营销活动是一个与消费者、竞争者、供应商、分销商、政府机关和社会组织发生相互作用的过程，正确理解这些关系是企业营销的核心，也是企业成败的关键。

关系营销的核心是为顾客提供高度满意的产品和服务价值，通过加强与顾客的联系，提供有效的顾客服务，保持与顾客的长期关系，并在与顾客保持长期关系的基础上开展营销活动，实现企业的营销目标。

通过互联网，交易企业可以实现从产品质量、服务质量到交易服务等全程质量的控制。通过互联网，交易企业还可以实现与相关的企业和组织建立关系，实现双赢发展。

（五）全球营销理论

互联网无处不在，世界就是一个地球村。全球营销理论试图解决以同一方式向全球提供同一产品的成本优势与营销策略按区域差异化后的高效率之间的两难境地。其基本思想是要确定向不同地区提供的产品或者服务必须做出哪些调整，并设法将这些必要调整的数量减到最小。

全球营销理论具有以下好处：

（1）企业可以通过产品标准化降低成本。

（2）产品标准化有助于企业树立统一的品牌形象。

（3）消费者也需要企业提供标准化产品或者服务。

最后应该注意的是，网络营销的方法主要分为无网站的网络营销和基于网站的网络营销两种。无网站的网络营销主要依靠电子邮件营销和虚拟社区营销等，基于网站的营销是网络营销的主体。

四、网络营销的特点

网络营销的特点包括：

（1）个性化。网络营销最大的特点在于以消费者为主导。消费者将拥有比过去更大的自主权，选择更为自由，他们可根据自己的个性特点和需求在全球范围内寻找满足品，可以通过企业网站和网上商店获取更多的产品相关信息,甚至可以通过网络定制自己所需的产品,使购物彰显个性。

（2）跨时空。由于互联网能够超越时间约束和空间限制进行信息交换,使得脱离时空限制进行交易成为可能,因此企业有了更多的时间和更大的空间进行营销,可每周7天、每天24小时随时随地提供全球性营销服务。

（3）多媒体。互联网可以传播如文字、声音、图像等多媒体信息,使得为达成交易进行的信息交换形式多样、丰富而生动,可以充分发挥营销人员的创造性和能动性,使消费者对产品(服务)的了解更加直观和具体。

（4）低成本。网络营销能为企业节省巨额的促销和流通费用,使产品成本和价格的降低成为可能。而消费者则可在全球范围内寻找最优惠的产品价格,甚至可绕过中间商直接向生产者订货,因而能以更低的价格实现购买。

（5）交互式。企业不仅可以通过互联网为客户提供在线商品查询功能,而且能在营销的过程中实现供需互动与双向沟通,还可以进行产品测试及消费者满意度调查等活动。互联网为产品联合设计、商品信息发布以及各项技术服务提供最佳工具。

（6）技术性。网络营销是建立在信息技术作为支撑的互联网的基础上的,企业实施网络营销必须要有一定的技术投入和技术支持,改变传统的组织形态,提升信息管理部门的功能,需要引进懂营销与信息技术的复合型人才,这样才能具备市场竞争优势。

（7）高效性。通过Web数据库及数据挖掘等数据分析技术的使用,不仅可存储大量的信息,方便消费者查询,而且大大提高了用户信息的可利用性,以发现潜在的市场机会。其可传送的信息数量与精确度远超过其他媒体,并能适应市场需求,及时更新产品或调整价格,因此能及时有效地了解并满足顾客的需求。

（8）整合性。一方面,互联网上的营销由发布商品信息到收款、售后服务等一系列工作组成,因此是一种全过程的营销;另一方面,企业可以借助互联网将不同的营销活动进行统一规划和协调实施,以统一的资讯向消费者传达,避免因传播渠道不一致而产生消极影响,实现整体优化。

五、网络营销的主要功能

在营销活动中,网络营销借助互联网信息技术并将其作为主要手段。其主要功能如下:

（一）信息搜索功能

信息搜索功能是网络营销主要能力的一种反映。在网络营销中,可以利用多种搜索方法,积极地获取有用的信息和商机。可以获取商业情报,主动地进行产品比较、价格比较、功能比较等,从而了解竞争对手和市场竞争情况,进行决策研究。信息搜索功能已经成为营销主体能动性的一种表现,一种提升网络经营能力的手段。随着信息搜索功能从单一化向多功能化发展,网络搜索的商业价值得到了进一步的扩展和发挥。

（二）信息发布功能

利用网络发布产品信息是网络营销的主要方法之一,也是网络营销的又一基本职能。

在网络营销中,信息发布具有双向性。信息发布以后,企业可以能动地对信息的点击率进行跟踪,通过网络调查等获得回复以及通过论坛进行交流和沟通。因此,信息发布的效果非常明显。

(三) 商情调查功能

网络营销中的商情调查具有重要的商业价值。对市场和商情的准确把握,是网络营销中一种不可或缺的方法和手段,是现代商业竞争中对市场态势和竞争对手情况的一种有效侦察。在日趋激烈的市场竞争条件下,主动了解商情、研究趋势、分析顾客心理、窥探竞争对手动态是制定竞争战略的基础和前提。通过在线调查、电子询问调查、数据挖掘等方式,不仅可以省去大量的人力、物力,而且可以在线生成网上市场调查的分析报告、趋势分析图表和综合调查报告,其效率之高、成本之低、节奏之快、范围之大,都是以往其他任何调查形式所不能及的。这就为广大商家提供了快速的市场反应能力,为企业的科学决策奠定了坚实的基础。

(四) 销售渠道开拓功能

网络具有极强的进击力和穿透力。传统经济时代的经济壁垒、地区封锁、人力屏障、交通阻隔、资金限制、语言障碍、信息封闭等,都阻挡不住网络营销信息的传播和扩散。新技术的诱惑力,新产品的展示力,图文并茂、声像俱显的昭示力,地毯式发布和爆炸式增长的覆盖力,将整合为一种综合的信息进击能力。快速地打通信息的坚冰,疏通种种渠道,打开进击的路线,完成市场的开拓使命,其快速、坚定、生动是任何媒体、任何其他手段都无法比拟的。

(五) 品牌价值扩展和延伸功能

互联网的出现,不仅给品牌带来了新的生机和活力,而且推动和促进了品牌的拓展和扩散。网络营销的重要任务之一就是在互联网上建立并推广企业的品牌,知名企业的网下品牌可以在网上得以延伸和拓展,一般企业则可以通过互联网快速树立品牌形象,并提升企业的整体形象。网络品牌建设是以企业网站建设为基础,通过一系列的推广措施,达到顾客和公众对企业的认知和认可的一项活动。在一定程度上,网络品牌的价值甚至高于通过网络获得的直接收益。实践证明,互联网不仅拥有品牌、承认品牌,而且在重塑品牌形象、提升品牌的核心竞争力、打造品牌资产方面,具有其他媒体不可替代的效果和作用。

(六) 特色服务功能

网络营销提供的不是一般的服务功能,而是一种特色服务功能,服务的内涵和外延都得到了扩展和延伸。顾客不仅可以获得形式简单的 FAQ(常见问题解答)、邮件列表等各种即时信息服务,而且可以获得在线收听、收视、订购、交款等选择性服务以及无假日的紧急配送服务,信息跟踪、信息定制、智能化的信息转移及网上选购、送货到家的上门服务等。这种服务以及服务之后的跟踪延伸,不仅极大地提高了顾客的满意度,使以顾客为中心的原则得以体现,而且使顾客成为商家重要的战略资源。

(七) 客户关系管理功能

客户关系管理源于以客户为中心的管理思想,是一种旨在改善企业与客户关系的新型管理模式,是网络营销取得成效的必要条件,是企业重要的战略资源。在传统的经济模式下,由于认识不足或自身条件的局限,企业在管理客户资源方面存在着较为严重的缺陷。针对上述情况,在网络营销中,通过客户关系管理,将客户资源管理、销售管理、市场管理、服务管理、决策管理集中于一体,将原本疏于管理、各自为政的销售、市场、售前和售后服务与业务统筹协调起来，既可以跟踪订单，帮助企业有序地监控订单的执行过程，规范销售行为，了解新、老客户的需求，提高客户资源的整体价值，又可以避免销售隔阂，帮助企业调整营销策略，收集、整理、分析客户反馈信息，全面提升企业的核心竞争力。客户关系管理系统还具有强大的统计分析功能，可以为人们提供"决策建议书"，以避免决策的失误，从而为企业带来可观的经济效益。

实践任务

查找淘宝网中"韩都衣舍"店铺所有的网络营销活动。

素质拓展

中国移动×阿里影业：《啥是佩奇》广告片

2019年1月，临近春节，一个《啥是佩奇》的短片在网络上走红，成为一时间刷屏的爆款短视频。佩奇是一部外国儿童动画片中的角色，在国内也有着较高的热度，在短片中，一位农村老人听说城里的儿子一家要回村里过年，孙子很想要一只"佩奇"，于是马上行动开始寻找佩奇，并发出了"啥是佩奇"的疑问。而在询问和寻找佩奇的过程中，发生了一系列令人捧腹的笑话，在历经波折后，老人终于亲手焊接出了一个"佩奇"。

这个充满温情的视频很快在网络上走红，观众们在看完视频后才意识到这居然是一个广告视频，其目的是为即将上映的《小猪佩奇过大年》电影进行宣传。随着视频的火爆传播，其推广电影的目的也达到了。这一短片以近年来在青少年人群中流行的"小猪佩奇"元素为切口，以城市与农村、老一辈与年轻一辈之间的差异为情感角度，再结合春节和团圆的氛围，通过这样一个看似平淡，但却充满欢笑与温情的故事来体现出亲情带给人们的感动。这种情感共鸣很容易戳中人们的内心，从而令其成为火热的讨论话题。

任务二 理解网络营销策略

学习目标

【知识目标】 熟悉网络营销策略的概念以及网络营销产品策略，了解网络营销定价策略的几种形式，了解网络渠道营销的功能，熟悉网络促销的方式。

【技能目标】 会根据市场环境及其产品特征利用恰当的网络营销策略开展营销活动。

【思政目标】 理解企业家精神与中国梦。

情景导入

OPPO手机在2017年第二季度国内手机市场上销售额排名第二。那么OPPO手机为什么在国内卖得这么好呢？产品卖得好，其营销一般做得也好。"充电五分钟,通话两小时!"从网站到线下,到处都能看到OPPO的广告。

OPPO在营销方面有两点做得非常好:一是广告语非常好(既说出了用户的痛点,又说出了自己产品的最大卖点);二是O2O营销做到了极致。

知识平台

一、网络营销策略的概念

网络营销策略是企业根据自身在市场中所处地位不同而采取的一些网络营销组合,包括网络品牌策略、网页策略、产品策略、价格策略、促销策略、渠道策略和顾客服务策略等。

二、网络营销策略的种类

(一)网络品牌策略

网络营销的重要任务之一就是在互联网上建立并推广企业的品牌并快速树立品牌形象,并提升品牌形象。网络品牌建设是以企业网站建设为基础,通过一系列的推广措施,达到顾客和公众对企业的认知和认可。从一定程度上说,网络品牌的价值甚至高于通过网络获得的直接收益,知名企业的网下品牌可以在网上得以延伸,一般企业则可以通过互联网快速树立品牌形象,并提升企业整体形象。

(二)网页策略

中小企业可以选择比较有优势的网址建立自己的网站,网站建立后应有专人进行维护,并注意宣传,在这一点上可以节省原来传统市场营销的很多广告费用。搜索引擎的大量使用会增强搜索率,一定程度上对于中小企业来说比广告效果要好。

(三)产品策略

中小企业要使用网络营销方法,必须明确自己的产品或者服务项目,明确哪些是网络消费者选择的产品。产品网络销售的费用远低于其他销售渠道的销售费用,因此中小企业如果产品选择得当,可以通过网络营销获得更大的利润。在网络营销中,产品的整体概念可分为5个层次,相应地,应有不同的策略:

(1)核心利益或服务层次。企业在设计和开发产品核心利益时要从顾客的角度出发,根据以前的营销效果来制订本次产品设计和开发计划。此外,要注意网络营销的全球性,企业在提供核心利益和服务时要针对全球性市场,如医疗服务可以借助网络实现网络远程医疗。

(2)有形产品层次。对于物质产品来说,必须保障品质、注重产品的品牌、注意产品的包装。在式样和特征方面要根据不同地区的文化来进行针对性加工。

(3)期望产品层次。在网络营销中,顾客处于主导地位,消费呈现出个性化的特征,不同的顾客可能对产品的要求不一样,因此,产品的设计和开发必须满足顾客这种个性化的消费需求。

(4)延伸产品层次。在网络营销中,对于物质产品来说,延伸产品层次要注意提供满意的售后服务、送货、质量保证等。

(5)潜在产品层次。在延伸产品层次之外,企业还要提供能满足顾客潜在需求的产品。

(四)价格策略

网络营销价格策略是成本与价格的直接对话,由于信息的开放性,消费者很容易掌握同行业各个竞争者的价格,因此如何引导消费者做出购买决策是关键。中小企业者应注重强调自己产品的性价比以及与同行业竞争者相比之下自身产品的特点。

除此之外,由于竞争者的冲击,网络营销的价格策略应该适时调整。可根据中小企业营销的目的、时间不同制定价格。例如,在自身品牌推广阶段可以以低价来吸引消费者,减少利润而抢占市场。而品牌积累到一定阶段后,制定自动价格调整系统,降低成本,根据市场供需状况以及竞争对手的报价来适时调整。

定制定价策略的核心是价格会变动,根据消费者的需求进行针对性的定价。要实行定制定价策略,需要进行资料的收集,建立数据库,将每一个客户都当成一个独立的个体。定制定价策略常适用于服务类业务,如品牌传播服务、网站优化与推广、网站关键词推广等,需要根据客户的需求进行详细的分析,确定其难度,从而制定出一个合理的价格。

常见的定价策略如下:

1. 低价定价策略

低价定价策略的核心是薄利多销和抢占市场。薄利多销的前提是产品的需求量大,生产的效率高,如纸巾、洗发水等日常生活用品;而抢占市场原则适用于新产品的发布。为了提高市场的知名度,树立消费者的认知,低价定价策略是一个不错的选择。

2. 拍卖定价策略

拍卖定价策略是一种较为新颖的定价策略,即物品起始的价格非常低,甚至为零,但是经过消费者的一番争夺后,其价格便会无限制地上涨,甚至会高于货品一般的价格。如一些数量稀少、难以确定价格的货品都可使用拍卖定价策略。使用拍卖定价策略的前提是产品稀少、市场需求大。

3. 捆绑定价策略

捆绑定价策略是现代较为普遍的一种定价策略。捆绑定价策略多运用于配套的产品或服务,也可运用于类似的产品销售。但是捆绑定价策略不可使消费者产生负面的印象,需要令消费者满意。

4. 品牌定价策略

在现代的产品销售中,定价除了考虑产品的成本和质量外,还需要考虑产品的品牌性,而现代消费者消费也具有品牌针对性。当消费者认准了一个品牌后,未来的消费都会倾向于该品牌。品牌的知名度是建立在不断的推广和维护上的,所以在进行网络营销时需要考虑产品的品牌性,如著名的世界品牌,其定价便需要高些,这样才能显示其品牌价值。

5. 尾数定价策略

尾数定价又称奇数定价,或者零头定价,是利用消费者在数字认识上的某种心理制定尾数价格,使消费者产生商品价格低廉、商家定价认真以及售价接近成本等信任感。

6. 差别定价策略

差别定价又称弹性定价,是一种"根据顾客支付意愿"而制定不同价格的定价方法,其目的在于建立基本需求、缓和需求的波动和刺激消费。当一种产品对不同的消费者,或在不同的市场上的定价与它的成本不成比例时,就产生了差别价格。

(五)促销策略

网络促销是利用互联网来进行的促销活动,也就是利用现代化的网络技术向虚拟市场传递有关的服务信息,以引发需求,引起消费者购买欲望和购买行为的各种活动。网络促销形式有四种,分别是网络广告、站点推广、销售促进和关系营销。

(1)网络广告:借助网上知名站点(互联网服务提供商或网络内容服务商)、免费电子邮件和一些免费公开的交互站点(如新闻组、公告栏)发布企业的产品信息,对企业和产品进行宣传推广。

(2)站点推广:利用网络营销策略扩大站点的知名度,吸引上网者访问网站,从而起到宣传和推广企业以及企业产品的效果。

(3)销售促进:企业利用可以直接销售的网络营销站点,采用一些销售促进方法,如价格折扣、有奖销售、拍卖销售等,宣传和推广产品。

(4)关系营销:借助互联网的交互功能吸引用户与企业保持密切关系,培养顾客忠诚度,从而提高企业的收益率。

(六)渠道策略

企业不仅要生产适销对路的产品,确定适当的价格,还要选择合适的分销渠道,将产品送到最终购买者手中,促使其实现购买行为。而网上交易的产生对企业现有的渠道是一大挑战。商业网站直接将产品展示给顾客,回答顾客疑问并接受顾客订单,这使得传统中间商的地位有所改变。电子交易市场(在线中间商)在网络营销过程中承担起了传统中间商的职能。

1. 网络直销渠道

网络直销是指生产者通过网络分销渠道直接销售产品,其中没有任何形式的网络中间商介入。网络直销与传统直销的不同是,生产企业可以通过建设网络营销站点,让顾客直接从网站订货;通过与一些电子商务服务机构(如网上银行)合作,使网站直接提供支付结算功能,简化了过去资金流转的问题;在配送方面,网络直销渠道可以利用互联网技术来构造有效的物流系统,也可以通过互联网与一些专业物流公司合作,建立有效的物流体系。

但是,网络直销就营销渠道而言也存在着严重的不足:过多、过滥的企业网站,使用户很难有耐心一一访问,特别是一些制作平庸的中小企业网站;网络直销在诚信度方面的危机使其受到很大限制。

2. 网络时代的新型中间商——电子中间商

目前出现了许多基于网络的提供信息服务中介功能的新型中间商,可称之为电子中间商。电子中间商具体分为以下几类:

(1)目录。这是利用 Internet 上目录化的 Web 站点提供菜单驱动进行搜索。目前有三种目录服务:

• 通用目录(如 Yahoo),可以对各种不同站点进行检索,所包含的站点分类按层次组织在一起。

• 商业目录(如 Internet 商店目录),提供各种商业 Web 站点的索引,类似于印刷出版行业的工业指南手册。

• 专业目录,针对某个领域或主题建立的 Web 站点。

目录服务的收入主要来源于为客户提供 Internet 广告服务。

(2)搜索。与目录不同,搜索站点为用户提供基于关键词的检索服务,站点利用大型数据库分类存储各种站点介绍和页面内容。搜索站点不允许用户直接浏览数据库,但允许用户向数据库添加条目。

(3)虚拟商业街。虚拟商业街是指在一个站点内连接两个或两个以上的商业站点。虚拟商业街与目录服务的区别是,虚拟商业街定位某一地理位置和某一特定类型的生产者和零售商,可以销售各种商品、提供不同服务。虚拟商业街的主要收入来源是其他商业站点的租金。

(4)网上出版。网络信息传输及时而且具有交互性,因此网上出版 Web 站点可以提供大量有趣和有用的信息给消费者。目前出现的联机报纸、联机杂志就属于此类型。由于内容丰富而且基本上免费,此类站点访问量特别大,因此出版商可以利用站点做 Internet 广告或提供产品目录,并根据广告访问次数进行收费。

(5)虚拟零售店(网上商店)。虚拟零售店不同于虚拟商业街,它们拥有自己的货物清单并且直接销售产品给消费者。通常,虚拟零售店是专业性的,定位于某类产品,它们直接从生产商处进货,然后折价销售给消费者(如 Amazon 网上书店)。目前网上商店主要有三种类型:电子零售型、电子拍卖型、电子直销型。

(6)站点评估。消费者在访问生产商的站点时,由于内容繁多、站点庞杂,往往束手无策,不知该访问哪一个站点。提供站点评估的网站,可以帮助消费者根据以往数据和评估等级,选择合适的站点。通常,一些目录和搜索站点也提供站点评估服务。

(7)电子支付。电子商务要求在网络上交易的同时,也能实现买方和卖方之间的授权支付。现在授权支付系统主要有:信用卡,如 Visa、MasterCard;电子等价物,如支票;现金支付,如数字现金或通过安全电子邮件授权支付。这些电子支付手段,通常对每笔交易收取一定的佣金,以减少现金流动风险和维持运转。目前,我国的商业银行也纷纷上网提供电子支付服务。

(8)虚拟市场和交换网络。虚拟市场提供了一个虚拟场所,任何符合条件的产品都可以在虚拟市场内进行展示和销售,消费者可以在站点中任意选择和购买,站点主持者收取一定的管理费用。当人们交换产品或服务时,实行等价交换而不用现金,交换网络就可以提供此类以货易货的虚拟市场。

(9)智能代理。随着 Internet 的飞速发展,用户在纷繁复杂的 Internet 站点中难以选择。智能代理可以根据消费者的偏好和要求预先为用户自动进行初次搜索,在搜索时还可以根据用户的喜好和别人的搜索经验自动优化搜索标准。用户可以根据需要选择合适的智能代理站点为自己提供服务,同时支付一定的费用。

(七)顾客服务策略

网络营销与传统营销的不同之处还在于它特有的互动方式,传统营销中人与人之间的交流十分重要,营销手法比较单一,网络营销则可以根据自身公司产品的特性选择营销方法。

三、网络营销策略的制定

网络营销策略的制定包括以下几方面内容：

(1)战略整体规划，包括市场分析、竞争分析、受众分析、品牌与产品分析、独特销售主张提炼、创意策略制定、整体运营步骤规划、投入和预期设定。

(2)营销型网站规划，包括网站结构、视觉风格、网站栏目、页面布局、网站功能、关键词策划，以及网站SEO（搜索引擎优化）、设计与开发。

(3)传播内容规划，包括品牌形象文案策划、产品销售概念策划、产品销售文案策划、招商文案策划、产品口碑文案策划、新闻资讯内容策划、各种广告文字策划。

(4)整合传播推广，包括SEO排名优化、博客营销、微博营销、论坛营销、知识营销、口碑营销、新闻软文营销、视频营销、事件营销、公关活动等。

(5)数据监控运营，包括网站排名监控、传播数据分析、网站访问数量统计分析、访问人群分析、咨询统计分析、网页浏览深度统计分析、热门关键词访问统计分析。

实践任务

假如你打算开一家网店，请从平台的选择、产品策略、价格策略、配送方式、支付方式、促销方式以及网店推广等方面进行分析，撰写计划书。

素质拓展

微信互动营销

微信营销主要体现在以安卓系统、苹果系统的手机或者平板电脑中的移动客户端进行的区域定位营销，商家通过微信公众平台，结合微信会员管理系统展示商家微官网、微会员、微推送、微支付、微活动，已经形成了一种主流的线上线下微信互动营销方式。

相对于传统的互联网营销方式，微信营销又有着哪些优势呢？

- 庞大的腾讯用户基数。资料显示，在微信营销出现后的一年多时间内，微信的用户数量就达到了庞大的七亿，发展空间巨大。毫无疑问，微信已经成了当下非常火热的互联网聊天工具之一，而且根据腾讯QQ的发展轨迹看，微信的发展空间仍然很广阔。

- 随着智能手机越来越普及，微信已经慢慢地从高收入群体走向大众化。

- 信息交流的互动性更加突出。虽然之前火热的博客营销也有和粉丝的互动，但是并不及时，除非你能天天守在电脑面前。而微信具有很强的互动及时性，无论你在哪里，只要你带着手机，就能够轻松地同你的未来客户进行良好的互动。

- 能够获取更加真实的客户群。博客的粉丝中存在着太多的无关粉丝，并不能够真真实实地带来客户，而微信的用户一定是真实的、私密的、有价值的。

任务三 学会网络调研及其方法

学习目标

【知识目标】了解网络调研的概念及其发展历程,熟悉网络调研的方法和策略以及网络调研的优势。

【技能目标】会根据市场环境及其产品特征利用恰当的网络调研方法开展网络调研活动。

【思政目标】理解企业在中国的社会环境中经营应该具有的社会责任。

情景导入

网络调研采用了互联网的调研方式,所以它具备了互联网带来的优点,那就是更加具有效率,信息的传播非常迅速。这种调研方式能够迅速地将所需要调研的问题传播出去,从而使调研任务更快地完成,这是网络调研方式一个非常重要的特性。

知识平台

一、网络调研的概念

由于传统调研样本采集困难、调研费用昂贵、调研周期过长、调研环节监控滞后等一系列问题的进一步暴露,加之随着互联网的不断发展,科技不断完善,目前我国网民数量不断增加,以及在线调研高效便捷和质量的可控性不断增强,网络调研便随之产生了。

所谓网络调研,是指利用 Internet 技术进行调研的一种方法。其大多应用于企业内部管理、商品行销、广告和业务推广等商业活动中。

二、网络调研的步骤

网络调研与传统调研一样,应遵循一定的方法与步骤,以保证调研过程的质量。网络调研一般包括以下几个步骤:

（一）明确问题与确定调研目标

明确问题与确定调研目标对网络调研来说尤为重要。互联网是一个永无休止的信息流。当开始搜索时,用户可能无法精确地找到所需要的重要数据,不过肯定会沿路发现一些其他有价值抑或价值不大但很有趣的信息。这似乎验证了 Internet 上信息搜索的定律:在互联网上你总能找到你不需要的东西。其结果是,你为之付出了时间和上网费的代价。

因此,在开始进行网上搜索时,头脑里要有一个清晰的目标并留心去寻找。可以设定的目标包括:

(1)谁有可能想在网上使用你的产品或服务？
(2)谁是最有可能买你提供的产品或服务的客户？
(3)在你这个行业，谁已经上网？他们在干什么？
(4)你的客户对你的竞争者的印象如何？
(5)在公司日常的运作中，可能要受哪些法律、法规的约束？如何规避？

(二)制订调研计划

网络调研的第二个步骤是制订有效的信息搜索计划。具体来说，要确定资料来源、调研方法、调研手段、抽样方案和联系方法。下面就相关的问题进行说明：

(1)资料来源：要确定收集的是二手资料还是一手资料。
(2)调研方法：网络调研可以使用专题讨论法、问卷调查法和实验法。
①专题讨论法可以借用新闻组、邮件列表讨论组和网上论坛(也可称BBS、电子公告牌)的形式进行。
②问卷调查法可以使用E-mail主动出击发送和在网站上刊登被动调研等形式。
③实验法则是选择多个可比的主体组，分别赋予不同的实验方案，控制外部变量，并检查所观察到的差异是否具有统计上的显著性。这种方法与传统的市场调研的原理是一致的，只是手段和内容有差别。
(3)调查手段：包括在线问卷、交互式电脑辅助电话访谈系统、网络调研软件系统等。
①在线问卷，其特点是制作简单、分发迅速、回收方便，但要注意问卷的设计水平。
②交互式电脑辅助电话访谈系统，是利用一种软件程序在电脑辅助电话访谈系统上设计问卷结构并在网上传输。Internet服务器直接与数据库连接，对收集到的被访者答案直接进行储存。
③网络调研软件系统，是专门为网络调研设计的问卷链接及传输软件。它包括整体问卷设计、网络服务器、数据库和数据传输程序。
(4)抽样方案：要确定抽样单位、样本规模和抽样程序。
(5)联系方法：采取网上交流的形式，如E-mail传输问卷、参加网上论坛等。

(三)收集信息

网络通信技术的突飞猛进使得资料收集方法迅速发展。Internet没有时空和地域的限制，因此网络调研可以在全国甚至全球进行。同时，收集信息的方法也很简单，直接在网上递交或下载即可。这与传统调研的收集资料方式有很大的区别。

如某公司要了解各国对某一国际品牌的看法，只需在一些著名的全球性广告站点发布广告，把链接指向公司的调查表就行了，而无须像传统的市场调研那样，在各国找不同的代理分别实施。诸如此类的调研如果利用传统的方式是无法想象的。

在问卷回答中访问者经常会有意或无意地漏掉一些信息，这可通过在页面中嵌入脚本或CGI(网关接口)程序进行实时监控。如果访问者遗漏了问卷上的一些内容，其程序会拒绝递交调查表或者验证后重发给访问者要求补填。最终，访问者会收到证实问卷已完成的公告。在线问卷的缺点是无法保证问卷上所填信息的真实性。

(四)分析信息

收集信息后接下来要做的是分析信息，这一步非常关键。"答案不在信息中，而在调研人员的头脑中"。调研人员如何从数据中提炼出与调研目标相关的信息，直接影响最终的结果。要使用一些数据分析技术,如交叉列表分析技术、概括技术、综合指标分析技术和动态分析技术等。目前国际上较为通用的分析软件有 SPSS、SAS 等。网上信息的一大特征是即时呈现,而且很多竞争者还可能从一些知名的商业网站上看到同样的信息,因此分析信息能力相当重要,它能使你在动态的变化中捕捉到商机。

（五）提交报告

调研报告的撰写是整个调研活动的最后一个阶段。报告不是数据和资料的简单堆砌,调研人员不能把大量的数字和复杂的统计技术扔到管理人员面前,否则就失去了调研的价值。正确的做法是把与市场营销关键决策有关的主要调研结果报告出来,并以调研报告所应具备的正规结构写作。

作为对填表者的一种激励或犒赏,网络调研应尽可能地把调研报告的全部结果反馈给填表者或广大读者。如果限定为填表者,只需分配给填表者一个进入密码。对于一些"举手之劳"式的简单调研,可以通过互动的形式公布统计的结果,效果更佳。

三、网络调研的方法

（一）网络直接调研的方法

网络直接调研指的是为当前特定的目的在互联网上收集一手资料或原始信息的过程。直接调研的方法有四种:观察法、专题讨论法、在线问卷法和实验法。但网上使用最多的是专题讨论法和在线问卷法。

调研过程中具体应采用哪一种方法,要根据实际调研的目的和需要而定。需注意的一点是,应遵循网络规范和礼仪。下面重点介绍专题讨论法和在线问卷法。

1. 专题讨论法

专题讨论法可通过新闻组、电子公告牌或邮件列表讨论组进行。其步骤如下:

(1)确定要调研的目标市场。

(2)识别目标市场中要加以调研的讨论组。

(3)确定可以讨论或准备讨论的具体话题。

(4)登录相应的讨论组,通过过滤系统发现有用的信息,或创建新的话题,让大家讨论,从而获得有用的信息。

具体来说,目标市场可根据新闻组、电子公告牌或邮件列表讨论组的分层话题选择,也可向讨论组的参与者查询其他相关名录。还应注意查阅讨论组上的常见问题,以便确定能否根据名录来进行市场调研。

2. 在线问卷法

在线问卷法是指在网站上设置调查表,访问者在线填写并将其提交到网站服务器,这是网络调研最基本的形式,也是在线获取信息最常用的调研方法之一。目前常用的网上问卷平台有问卷星、问卷网、腾讯问卷等。

在线调研问卷与纸质调研问卷最主要的区别是呈现方式不同,在线调研问卷在被访者面前的呈现方式是在屏幕上,而不是在纸上。一个功能完善的企业网站通常有各种形式的在线调研,最常见的如用户对新产品的意见调研、顾客满意度调研等。

使用在线问卷法要注意的问题包括:

(1)在线问卷不能过于复杂、详细,否则会使被调研者产生厌烦情绪,从而影响调研问卷所收集数据的质量。

(2) 可采取一定的激励措施，如提供免费礼品、抽奖送礼等。

（二）网络间接调研的方法

网络间接调研指的是网上二手资料的收集。二手资料的来源有很多，如政府出版物、公共图书馆、大学图书馆、贸易协会、市场调研公司、广告代理公司和媒体、专业团体、企业情报室等。其中许多单位和机构都已在互联网上建立了自己的网站，各种各样的信息都可通过访问其网站获得。再加上众多综合型ICP、专业型ICP，以及成千上万个搜索引擎网站，使得互联网上二手资料的收集非常方便。

互联网上虽有海量的二手资料，但要找到自己需要的信息，首先必须熟悉搜索引擎的使用，其次要掌握专题型网络信息资源的分布。网上查找资料主要通过以下三种方法：

(1) 利用搜索引擎查找资料

搜索引擎使用自动索引软件来发现、收集并标引网页，建立数据库，以Web形式提供给用户一个检索界面，供用户以关键词、词组或短语等检索项查询与提问匹配的记录，成为Internet上突出的应用。

(2) 访问相关的网站收集资料

如果知道某一专题的信息主要集中在哪些网站，可直接访问这些网站，获得所需的资料。

(3) 利用相关的网上数据库查找资料

网上数据库有付费和免费两种。在国外，市场调研用的数据库一般都是付费的。我国的数据库近年来也有较大的发展，出现了几个Web版的数据库，但它们都是文献信息型的数据库。

四、网络调研样本的选择

样本选择一般可分为随机抽样和非随机抽样。因为网络调研具有成本低、易于分析、可操作的特点，可根据需求调研，所以可以采用随机抽样，以所有愿意参与的网民为样本总体，以保证网站经营者可以较全面地了解来自各方面的关于网站的需求详情。

五、网络调研的优势

网络调研的优势包括：

1. 网络调研信息收集的广泛性

互联网是没有时空、地域限制的，网络调研信息收集具有广泛性，这也极大地保证了参与者的广泛性，这是受区域限制的传统调研无法比拟的。

2. 网络调研信息的及时性和共享性

网络调研较好地解决了传统调研方法所得到的调研结果都存在时效性这一难题。只要轻轻一点鼠标，世界上任何一个角落的用户都可以参与其中，从用户输入信息到公司接收，只不过几秒钟的时间。利用计算机软件整理资料，马上可以得出调研的结果。而被调研者只要单击"结果"键，就可以知道到现在为止其观点所占的比例，了解公司此次调研活动，增强参与感，提高满意度，实现信息的全面共享。

3. 网络调研的便捷性和经济性

在网络上进行市场调研，无论是调研者还是被调研者，只需拥有一台计算机、一个调制解调器、一部电话就可以进行。若采用问卷调研的方法，调研者只要在企业站点上发出电子调研问卷，提供相关的信息，然后利用计算机对访问者反馈回来的信息进行整理和分析。这不仅十分便捷，而且大大地减少了企业市场调研的人力和物力耗费，降低了调研成本。

4. 调研结果有较强的准确性

其一，调研者不与被调研者进行任何的接触，可以较好地避免来自调研者的主观因素的影响。

其二，被调研者接受询问、观察，均是处于自然、真实的状态。

其三，站点的访问者一般都具有一定的文化知识，易于配合调研工作的进行。

其四，企业网络站点访问者一般都对企业有一定的兴趣，不会像传统调研方式下单纯为了抽奖而被动回答。所以，网络调研结果比较客观和真实，能够反映市场的历史和现状。

实践任务

针对某个产品，利用网络调研的方法与步骤，调研有价值的信息。

(1) 调研该产品在当年市场的最新动态及需求状况。
(2) 调研该产品在网络市场的定价状况。
(3) 调研该产品在网络市场的渠道策略。
(4) 调研该产品在网络市场的促销策略。

素质拓展

在线调研知多少

在线调研有两个视角：第一个视角是针对在线行为开展调研，比如用户行为分析、语义和态度分析等，这是互联网研究的范畴；第二个视角是把传统的调研内容在网上开展，互联网充当调研工具。这里讲的在线调研是指第二种。

一、在线调研的方法

如在线问卷、在线访谈、在线小组座谈会等，传统调研的主要形式都可以在互联网上实现。但在线问卷是目前应用比较多的，因为在线访谈和在线小组座谈会和线下相比，面临着诸多挑战，比如小组成员无法看见彼此，缺乏面对面交流的氛围和互动性。因此目前业界采用比较多的是在线问卷调查，比如益普索、艾媒咨询、政府网站民意调研，它们采用比较多的方式是在线问卷调查。

二、在线问卷调查的主要问题

第一，样本代表性。PC 端网民的年龄主要在 45 岁及以下，移动端网民的年龄主要在 41 岁及以下，所以在整体样本构成上，在线调研可能覆盖的人群偏年轻。此外，根据 CNNIC 发布的报告，截至 2020 年底，中国的互联网普及率为 70.4%，还有一部分人群没有接触互联网，所以互联网用户代表性需要放到具体的研究问题上看待。

开展线上调研，首先要明确调研目的，对年龄、文化程度、地域等要求较高的调研不适合全部在线上开展，仍然需要安排部分线下调研。此外，线上调研结果要特别结合样本构成来看待。

第二，寻找被访者。传统调研可能通过入户、街头拦访、寄送等方式寻找被访者填答问卷，那么在互联网上如何找到用户填答问卷呢？目前有几种方式：第一种是将问卷链接放到一些目标网站上，引发浏览用户的填答；第二种是类似数字一百、艾媒咨询建立在线样本库的方式，通过给注册会员发送调研邀请进行；第三种是借助社交网络进行，如微博和微信。第一种方式除非是流量巨大的网站，否则回收周期长、效果差；第二种方式需要建立一个社区，开发一套问卷和会员管理系统；第三种方式中的问题是如何激励大家填写。

三、在线调研工具及选择

调研问卷的设计、投放，调研结果的分析，都需要专业的知识，才能很好地达到调研目的。这对于一些专业的互联网和咨询公司来说并没有多大的难度，但是对一般性企业来说，会费时费力而且不一定准确。因此，企业可以借助网络调研工具，如问卷星、腾讯问卷等，能大大地提高在线调研的效率。还有就是可以选择第三方专业在线调研咨询公司，如尚普咨询，来进行在线调研。

任务四 掌握网络营销的工具与方法

学习目标

【知识目标】熟悉搜索引擎营销的概念及方式，掌握 E-mail 营销的规则，理解博客营销与微博营销的优势，学会运用微信营销方式，了解其他新兴的网络营销方式。

【技能目标】学会利用搜索引擎、E-mail、博客、微博、微信、直播、短视频及其他新兴网络技术开展网络营销活动。

【思政目标】理解职业道德与创新思维。

情景导入

中国南方航空公司（以下简称南航）总信息师曾表示："对今天的南航而言，微信的重要程度等同于 15 年前南航的网站！"也正是由于对微信的重视，如今微信已经与网站、短信、手机 APP、呼叫中心，一并成为南航五大服务平台。

在南航看来，微信承载着沟通的使命，而非营销。早在 2013 年 1 月 30 日，南航微信发布第一个版本，就在国内首创微信值机服务，随着功能的不断完善，机票预订、办理登机牌、航班动态查询、里程查询与兑换、出行指南、城市天气查询、机票验真等这些通过其他渠道能够享受到的服务，用户都可通过与南航微信公众平台互动来实现。

知识平台

网络营销的职能是通过各种网络营销方法来实现的。网络营销的各个职能之间并非相互独立,同一个职能可能需要多种网络营销方法的共同作用,而同一种网络营销方法也可能适用于多个网络营销职能。常用的网络营销方法主要有搜索引擎营销、交换链接、E-mail 营销、博客营销、微博营销、微信营销、大数据营销、直播营销、短视频营销等。

一、搜索引擎营销

互联网上有海量的信息,为了便捷地找到有价值的信息,需要借助一种工具——搜索引擎。调查显示,搜索引擎是互联网上较流行的三大服务(电子邮件、搜索引擎、WWW 浏览)之一,使用频率仅次于电子邮件。CNNIC 发布的第 47 次《中国互联网络发展状况统计报告》显示,从网民规模来看,截至 2020 年 12 月,我国网民规模达 9.89 亿人,互联网普及率达 70.4%,对于这样一个庞大的客户群体,任何一个商家都不会忽视,因此利用搜索引擎进行营销和推广已成为商家的共识。

(一)搜索引擎营销的概念

搜索引擎营销(Search Engine Marketing,SEM)是根据用户使用搜索引擎的方式,利用用户检索信息的机会尽可能地将营销信息传递给目标用户。简单来说,搜索引擎营销就是基于搜索引擎平台的网络营销,利用人们对搜索引擎的依赖和使用习惯,在人们检索信息的时候尽可能地将营销信息传递给目标客户。搜索引擎营销的基本思想是让用户发现信息,并通过点击到网站/网页进一步了解所需要的信息,从而引导其购买相应的产品(服务)。

(二)搜索引擎营销的基本方式

搜索引擎营销的基本方式有以下三种:

1. 搜索引擎注册与排名

登录搜索引擎的方法很简单,一般根据搜索引擎的提示填写即可。用户填写好信息并提交后,搜索引擎管理员会审核用户所提交的内容是否属实,用户所选择的类别是否适宜。通过审核后,搜索引擎数据库会更新信息,收录的网站信息即可显示。如果要在多个搜索引擎注册,就需要重复向不同搜索引擎输入相应的资料。

搜索引擎众多,因此公司选择哪些搜索引擎进行注册是一门学问。基本原则包括:选择著名的综合搜索引擎,如百度、谷歌等;根据所属行业选择专业搜索引擎。

2. 搜索引擎优化

搜索引擎优化(Search Engine Optimization,SEO)是一种利用搜索引擎的搜索规则来提高目的网站在有关搜索引擎中的排名的方式。通过 SEO 这样一套基于搜索引擎的营销思路,可以为网站提供生态式的自我营销解决方案,让网站在行业内占据领先地位,从而获得品牌收益。研究发现,使用搜索引擎的用户往往只会留意搜索结果最前面的几个条目,所以不少网站都希望通过各种形式来影响搜索引擎的排序,其中尤以各种依靠广告维生的网站为甚。所谓"针对搜索引擎做最佳化的处理",就是指让网站更容易被搜索引擎接受。

3. 关键词广告

关键词广告是指显示在搜索结果页面的网站链接广告。它属于 CPC(Cost-Per-Click)收费制,即按点击次数收取广告费。关键词广告是充分利用搜索引擎资源开展网络营销的

一种手段,近年来已成为搜索引擎营销中发展较快的一种方式,具有以下几个方面的优势:

(1)关键词广告有助于提升公司的网络知名度。搜索引擎具有绝对领先的网络商业流量,搜索引擎关键词营销是网络营销中最重要的部分之一。网站在搜索引擎中的排名直接影响企业的网络知名度。

(2)关键词广告有更好的针对性和目标性。只有当网民使用了企业购买的关键词时,企业相关信息才会出现在搜索结果页面的显著位置,而使用这些关键词的浏览者往往是对这些信息感兴趣的人,因此,关键词广告具有很强的针对性和目的性。

(3)关键词广告有较明确的效果。关键词广告一旦投放,关键词的选择和排名就直接影响企业知名度的网络排名和网站流量,效果较为迅速和直接,短期内见效不是不可能的。

(4)关键词广告成本较低,容易控制成本预算。点击付费广告的特点是展示免费、点击付费,关键词的选择和广告预算随时变化,可以自由掌控。

(5)关键词广告具有较高的投资回报率。相对于报纸、杂志、电视等传统媒体动辄上万元的广告投入,搜索引擎广告更经济,具有更高的投资回报率。

二、交换链接

交换链接也称为友情链接、互惠链接、互换链接等,是具有一定资源互补优势的网站之间的简单合作形式,即分别在自己的网站上放置对方网站的 Logo 或网站名称,并设置对方网站的超级链接,使得用户可以从自己的网站中发现合作网站,达到互相推广的目的。

三、E-mail 营销

(一)E-mail 营销的概念

E-mail 营销是指在用户事先许可的前提下,把文本、HTML 文件或多媒体信息发送到目标用户的电子邮箱,以达到营销的目的。

(二)开展 E-mail 营销的步骤

(1)获取电子邮件地址。
(2)制订发送方案。
(3)发送 E-mail,收集反馈信息,及时回复。
(4)主动提供 E-mail 服务。

四、博客营销

(一)博客及博客营销的内涵

要了解什么是博客营销,首先要知道什么是博客。博客最初的名称是 Weblog,由 Web 和 Blog 两个单词组成,按字面意思就是网络日记,后来就简写为 Blog。国内较著名的博客有新浪博客、腾讯博客、网易博客等。博客营销是通过博客网站或博客论坛接触博客作者和浏览者,利用博客作者个人的知识、兴趣和生活体验等传播商品信息的营销活动。

(二)博客营销的特点

与其他的营销方式相比,博客营销的特点如下:

(1)博客目标更为明确,能够针对目标客户进行精准的营销。

(2)博客营销与传统营销方式相比,营销成本较低,通过网络媒介可以节省更多的人力、物力和财力。

(3)博客营销具有交互性,可以通过博客进行互动交流,并能得到即时的问题回馈。

(4)博客是一个信息发布和传递的工具,能够更快、更便捷地发布公司最新动态、产品信息。

(5)与企业网站相比,博客文章的内容题材和发布方式更为灵活。

(6)与门户网站发布广告和新闻相比,博客传播具有更大的自主性,博主有更大的自由发挥空间。

(7)与供求信息平台的信息发布方式相比,博客的信息量更大,并可进行及时更新。

(8)与论坛营销的信息发布方式相比,博客文章显得更正式,可信度更高。

(三)企业博客营销的策略

(1)选择博客托管网站、注册博客账号。
(2)选择优秀的博客。
(3)坚持博客的定期更新,不断完善。
(4)协调好个人观点与企业营销策略之间的分歧。
(5)建立自己的博客系统。

五、微博营销

(一)微博及微博营销的含义

微博是一种通过关注机制分享简短信息的广播式社交网络平台。随着微博的火热,催生了有关的营销方式,即微博营销。微博营销就是借助微博这一平台进行的包括品牌推广、活动策划、个人形象包装、产品宣传等一系列的营销活动。每一个人都可以在新浪、网易等注册一个微博,然后不断更新,每天就更新的内容跟大家交流,或者谈论大家所感兴趣的话题,这样就可以达到营销的目的。

(二)博客营销与微博营销的区别

博客营销与微博营销的区别在于:博客营销以信息源的价值为核心,主要体现信息本身的价值;微博营销以信息源的发布者为核心,体现人的核心地位,但某个具体的人在社会网络中的地位,又取决于他的朋友圈子对他的言论的关注程度,以及朋友圈子的影响力(群体网络资源)。因此,可以简单认为,博客营销可以依靠个人的力量,而微博营销则要依赖个人的社会网络资源。

(三)微博营销的策略

微博营销要取得良好的效果,需要讲究一定的策略,下面介绍经过实践总结出来的十个有效的策略。

(1)微博的数量不在于多而在于精。建微博时也要讲究专注,选好主题做精品,才会取得良好的效果。

(2)要有个性化的名称。一个好的微博名称不仅便于用户记忆,而且可以取得不错的搜索流量。

(3)巧妙利用模板。微博为用户提供了很多特色模板,通常可以选择与行业特色相符合的风格,这样更贴近微博的内容。

(4)使用搜索查看与自己相关的内容。利用微博内检索可以查看微博的评论数量、转发次数以及关键词的提及次数,这样可以了解微博带来的营销效果。

(5)定期更新微博信息。持续更新和创造好的、新颖的话题,才可能起到营销效果。

(6)善于回复粉丝们的评论。回复评论也是对粉丝们的一种尊重,也是一种态度。

(7)#与@符号的灵活运用。

(8)学会使用私信。私信可以容纳更多的文字。发私信的方法会显得更尊重粉丝一些。

(9)确保信息真实与透明。优惠活动、促销活动要及时兑现,并公开得奖情况,以获得粉丝的信任,吸引更多用户加入。

(10)不能只发布产品信息或广告宣传内容。微博不是单纯的广告平台,微博的意义在于信息分享,要注意话题的娱乐性、趣味性和幽默感等。

六、微信营销

微信营销是网络经济时代企业或个人营销模式的一种,是伴随着微信的火热而兴起的一种网络营销方式。微信不存在距离的限制,用户注册微信后,可与周围同样注册的"朋友"形成一种联系,订阅自己所需的信息,商家通过提供用户需要的信息,推广自己的产品,从而实现点对点的营销。

微信营销的策略如下:

1. "意见领袖型"营销策略

企业家、企业的高层管理人员大都是意见领袖,他们的观点具有较强的辐射力和渗透力,对大众言辞有着重大的影响,潜移默化地改变着人们的消费观念,影响人们的消费行为。微信营销可以有效地综合运用意见领袖的影响力和微信自身强大的影响力刺激需求,激发消费者的购买欲望。

2. "病毒式"营销策略

微信即时性和互动性强,可见度、影响力大以及无边界传播等特质特别适合"病毒式"营销策略的应用。微信平台的群发功能可以有效地将企业拍的视频、制作的图片或是宣传文字群发给微信好友。企业更是可以利用二维码的形式发送优惠信息,这是一个既经济又实惠,且有效的促销模式,可以使顾客主动为企业做宣传,激发口碑效应,将产品和服务信息传播到互联网以及生活中的每个角落。

3. "视频、图片"营销策略

运用"视频、图片"营销策略开展微信营销,首先要从与好友的互动和对话中寻找市场,发现市场,为特定市场的潜在客户提供个性化、差异化服务;其次,要善于利用各种技术,将企业产品、服务的信息传送到潜在客户的大脑中,为企业赢得竞争优势,打造出优质的品牌服务。

七、大数据营销

大数据营销是基于多平台的大量数据,在大数据技术的基础上,应用于互联网广告行业的营销方式。大数据营销的核心在于让网络广告在合适的时间,通过合适的载体,以合适的方式,投给合适的人。

大数据营销衍生于互联网行业,又作用于互联网行业,依托多平台的大数据采集,以及大数据技术的分析与预测能力,能够使广告更加精准有效,给品牌企业带来更高的投资回报率。

大数据营销的作用如下：

第一，用户行为与特征分析。只有积累了足够的用户数据，才能分析出用户的喜好与购买习惯，甚至做到"比用户更了解用户自己"。这一点是许多大数据营销的前提与出发点。第二，精准营销信息推送支撑。第三，引导产品及营销活动投用户所好。第四，竞争对手监测与品牌传播。第五，品牌危机监测及管理支持。第六，企业重点客户筛选。第七，改善用户体验。第八，SCRM 中的客户分级管理支持。大数据可以分析活跃粉丝的互动内容，设定消费者画像的各种规则，关联潜在用户与会员数据、客服数据，筛选目标群体做精准营销，进而可以使传统客户关系管理结合社会化数据，丰富用户不同维度的标签，并可动态更新消费者生命周期数据，保持信息新鲜有效。第九，发现新市场与新趋势。基于大数据的分析与预测，对于企业家洞察新市场与把握经济走向都是极大的支持。第十，市场预测与决策分析支持。

八、直播营销

（一）直播营销的含义

直播营销是指在现场随着事件的发生、发展进程同时制作和播出节目的营销方式，该营销活动以直播平台为载体，达到企业获得品牌的提升或是销量增长的目的。目前，可以足不出户的直播行业迅速走进了大家的生活，比如学生在家云学习、商家在线直播卖货等，直播行业也成了较受关注的行业。以前，常见的直播内容有主播才艺展示和游戏电竞的相关内容，现在，用户在直播里购物、上课、看展览、获取各类知识和资讯。目前可以直播的平台类型分为娱乐类、生活类、游戏类、购物类、体育类以及知识分享类。

娱乐类直播较宽泛，因为门槛较低、流量池巨大，所以主播数量也相对较多。此类直播大多是以唱歌、跳舞为主，因为才艺直播的内容更为丰富，与网友的互动性更强。此类直播也成了更多人展示自己的舞台，并且吸引粉丝关注，此外也可以通过流量变现和一些互动（如送礼物、打赏等）来营利。典型平台包括斗鱼、虎牙、抖音、哔哩哔哩。

生活类直播正成为视频直播的新动力，越来越多的人希望将自己的生活搬到摄像头前，所以生活类直播顺势而生。生活类直播弱化了竞技技能等对主播的要求，也在最大化地展现直播的核心价值：分享和陪伴。直播内容也是多姿多彩的，比如做饭、旅行等，此类直播的优势就在于人人都能做主播，门槛不高，内容也会贴近每个人的生活，亲近感和互动性也会更高，例如，抖音、快手、哔哩哔哩、西瓜。

游戏类直播这种结合极具黏性和趣味性的电竞产业的直播方式，不但促进了电竞产业的发展，而且自己也借此成为直播产业中不可忽视的力量。游戏直播中手游、网游以及页游三大种类覆盖齐全。竞技类的主播占大多数，一般职业的游戏战队会和直播平台签约，所以战队的大部分收入都来自实时直播。典型平台包括斗鱼、虎牙、战旗直播、企鹅电竞。

购物类直播主要是通过直播电商以及提供服务来营利的。购物类直播可以分为两个模块：一种是像淘宝这种自带商城的，其变现方式主要以卖货为主，开发直播功能和短视频功能的目的是使自己平台形成从流量到交易的闭环。还有一种是像抖音这种内容平台，没有商城，主要就是靠流量生存，它们可以把流量卖给淘宝、京东等，作为商城的流量入口，也可以把流量卖给其他平台收取广告费，变现手段极为丰富。典型平台包括淘宝、京东、拼多多、小红书、抖音、快手。

社会消费在发生着日新月异的变化，体育类直播的产业链正在逐步走向完善的道路。目前体育类直播的形式可分为现场视频直播、演播室访谈式直播、文字图片直播以及即时比分直播。球迷网友可以打开网站点击相应的链接收看比赛，赛事内容丰富多彩，其中包括足球、篮球、乒乓球、台球等。典型平台包括央视、新英体育、腾讯体育、PPTV体育、直播吧。

知识分享类直播起步较晚，内容相对严肃。但知识分享类直播的受众面很广，且受众对知识的主观消费意识强，更易于流量变现。从知识平台崛起的迹象不难看出，当消费升级扩展到知识领域，新的付费模式将会取代曾经的免费互联网内容。典型平台包括哔哩哔哩、得到、知乎、快手。

（二）直播营销的流程

无论是大品牌还是个人，在利用直播进行营销时往往离不开以下几个流程：

1. 精确的市场调研

直播是向大众推销产品或者个人，推销的前提是我们深刻地了解用户需要什么，我们能够提供什么，同时还要避免同质化的竞争。因此，只有精确地做好市场调研，才能做出真正让大众喜欢的营销方案。

2. 项目自身优缺点分析

要精确分析自身的优缺点。做直播，如果营销经费充足，人脉资源丰富，可以有效地实施任何想法。但对大多数公司和企业来说，没有充足的资金和人脉储备，这时就需要充分地发挥自身的优点来弥补，一个好的项目也不仅仅是人脉、财力的堆积就可以达到预期的效果，只有充分发挥自身的优点，才能取得意想不到的效果。

3. 市场受众定位

能够产生结果的营销才是有价值的营销。我们的受众是谁？他们能够接受什么？这些问题都需要做恰当的市场调研。找到合适的受众才是做好营销的关键。

4. 直播平台的选择

直播平台种类多样，选择直播平台要关注以下几点：平台规模、用户数量和质量、礼物收入、新人扶持政策、平台资费待遇。

5. 良好的直播方案设计

做完上述工作之后，直播成功的关键就在于最后呈现给受众的方案。在整个方案设计中，需要销售策划及广告策划的共同参与，让产品在营销和视觉效果之间恰到好处。在直播过程中，过分的营销往往会引起用户的反感，所以在设计直播方案时，如何把握视觉效果和营销方式，还需要不断地商酌。

6. 后期的有效反馈

营销最终是要落实在转化率上的，实时的及后期的反馈要跟上，同时通过数据反馈可以不断地修整方案，将营销方案的可实施性不断提高。

九、短视频营销

短视频营销是内容营销的一种。短视频营销主要是借助短视频，通过选择目标受众人群，并向他们传播有价值的内容，吸引用户了解企业品牌产品和服务，最终形成交易。做短视频营销，最重要的就是找到目标受众人群和创造有价值的内容。短视频包含电视广告、网络视频、宣传片、微电影等各种方式。

短视频营销的优势有：

1. 品牌更强

视频可以轻松地植入或是向用户传递品牌或者品牌形象，并且在视频之中，产品形态是多样化的，产品维度可以是人，也可以是画面、场景、情节等，用户的接受程度会更高，也会让用户对于广告本身进行二次传播。

2. 互动性强

视频维度众多，视频可以和用户产生互动，用户可以发送弹幕，也可以投稿，或者是模仿视频，再拍摄等。

3. 渠道更广

短视频平台范围很广，每个用户都可以对视频点赞、转发、评论，并且视频也可以分享到微信、QQ等各个社交平台。所以短视频营销的渠道更广。

十、其他网络营销方法

（一）信息发布

信息发布既是网络营销的基本职能，又是一种实用的操作手段。用户通过互联网，不仅可以浏览大量的商业信息，同时还可以发布信息，最重要的是将有价值的信息及时发布在自己的网站上，以充分发挥网站的功能，比如新产品信息、优惠促销信息等。

（二）病毒式营销

病毒式营销（Viral Marketing，也可称为病毒性营销）是一种常用的网络营销方法，是通过利用公众的积极性和人际网络，使营销信息像病毒一样被快速复制传向数以万计、数以百万计的受众。这是一种口碑营销，常用于网站推广、品牌推广等。在互联网上，这种"口碑传播"更为方便，可以像病毒一样迅速蔓延，因此，病毒式营销成为一种高效的信息传播方式。这种传播是用户之间自发进行的，因此几乎是不需要费用的网络营销手段。

（三）网络广告

最初的网络广告就是网页本身。当越来越多的商业网站出现后，怎么让消费者知道自己的网站就成了一个问题，广告主急需一种可以吸引浏览者到自己网站上来的方法，而网络媒体也需要依靠它来营利。网络广告就是在网络上做的广告，是利用网站上的广告横幅、文本链接、多媒体刊登或发布广告，通过网络传递到互联网用户的一种高科技广告运作方式。与传统的四大传播媒体（报纸、杂志、电视、广播）广告及户外广告相比，网络广告具有得天独厚的优势，是实施现代营销媒体战略的重要部分。Internet是一个全新的广告媒体，速度更快、效果理想，是中小企业发展壮大的良好途径，对于广泛开展国际业务的公司更是如此。

（四）个性化定制

个性化定制主要是用户通过网站定制自己感兴趣的信息内容，选择自己喜欢的网页设计形式，根据自己的需要设置信息的接收方式和接收时间等个性化信息服务。个性化服务在改善客户关系、培养客户忠诚度以及增加网上销量方面具有明显的效果。开展个性化营销的前提是个人信息可以得到保护。

实践任务

利用搜索引擎、E-mail、微博为网站开展营销活动。

素质拓展

广告也精彩——网络广告

网络广告是主要的网络营销方法之一,在网络营销方法体系中具有举足轻重的地位。事实上多种网络营销方法也都可以理解为网络广告的具体表现形式,并不仅仅限于放置在网页上的各种规格的横幅广告。如电子邮件广告、搜索引擎关键词广告、搜索固定排名等都可以理解为网络广告的表现形式。网络广告主要有以下几种形式:

(1)横幅广告。横幅广告又称旗帜广告(Banner),是以 GIF、JPG、Flash 等格式建立的图像文件。它一般位于网页的最上方或中部,用户注意程度比较高。同时还可使用 Java 等语言使其产生交互性,用 Shockwave 等插件工具增强其表现力。

(2)竖幅广告。竖幅广告位于网页的两侧,广告面积较大,较狭窄,能够展示较多的广告内容。

(3)文本链接广告。文本链接广告是以一排文字作为一个广告,点击链接可以进入相应的广告页面。这是一种对浏览者干扰最少,但却较为有效的网络广告形式。有时候,最简单的广告形式效果却最好。

(4)电子邮件广告。电子邮件广告具有针对性强(除非肆意滥发)、费用低廉的特点,且广告内容不受限制。它可以针对具体某一个人发送特定的广告,为其他网络广告方式所不及。

(5)按钮广告。按钮广告一般位于页面两侧,根据页面设置有不同的规格,动态展示客户要求的各种广告效果。

(6)浮动广告。浮动广告在页面中随机或按照特定路径飞行。

(7)插播式广告(弹出式广告)。插播式广告是访客在请求登录网页时强制插入一个广告页面或弹出广告窗口。它有点类似于电视广告,都是打断正常节目的播放,强迫观看。插播式广告有各种尺寸,有全屏的,也有小窗口的,而且互动的程度也不同,从静态的到全部动态的都有。

(8)富媒体广告。富媒体广告一般指使用浏览器插件或其他脚本语言、Java 语言等编写的具有复杂视觉效果和交互功能的网络广告。这些效果的使用是否有效,一方面取决于站点的服务器端设置,另一方面取决于访问者浏览器是否能查看。一般来说,富媒体广告能表现更多、更精彩的广告内容。

(9)EDM 直投。EDM 直投是指通过 EDMSOFT、EDMSYS 向目标客户定向投放对方感兴趣或者需要的广告及促销内容,以及派发礼品、调查问卷,并及时获得目标客户的反馈信息。

(10)其他新型广告。此外,还有视频广告、路演广告、巨幅连播广告、翻页广告、祝贺广告、论坛板块广告等。

思政园地

电商做出诚信经营行业自律承诺

2016年3月10日,京东商城、苏宁易购等近30家网络零售企业在京共同签署《电商企业诚信经营倡议书》(以下简称《倡议书》),向社会做出诚信经营的承诺。

在2016年3月9日北京电子商务协会主办的"以更优质服务构建网络消费安全环境——2016电商服务论坛"上,主办方联手京东商城、小米科技、苏宁易购、亚马逊(中国)等近30家网络零售企业共同签署《倡议书》,旨在提升网络零售企业诚信规范经营自律意识,树立诚信电子商务企业形象,电商企业从服务管理、质量保障、产品宣传、投诉处理、应急保障和诚信经营等方面向社会做出行业自律承诺。

"2016电商好客服"技能大赛也在该论坛上宣布正式启动。该项比赛是"2016年北京市商业服务业服务技能大赛"系列活动的重要项目,已成功举办3届,共产生了5名"青年岗位能手"、3个"青年文明集体"、2个"三八红旗手"、1个"三八红旗集体",有效提升了电商行业的客户服务技能和服务水平,增强了电子商务从业人员尤其是青年人的职业荣誉感。

项目综述

本项目主要通过相应的任务实施和知识平台帮助大家熟悉网络营销的基本理论、网络营销策略、网络调研以及网络营销的工具与方法。

一、网络营销就是以国际互联网络为基础,利用数字化的信息和网络媒体的交互性来辅助营销目标实现的一种新型的市场营销方式。

二、网络营销策略是企业根据自身在市场中所处地位不同而采取的一些网络营销组合,它包括网络品牌策略、网页策略、产品策略、价格策略、促销策略、渠道策略和顾客服务策略。

三、网络调研是指利用Internet技术进行调研的一种方法。其大多应用于企业内部管理、商品行销、广告和业务推广等商业活动中。

四、网络营销方法主要有搜索引擎营销、交换链接、E-mail营销、博客营销、微博营销、直播营销、短视频营销等。

项目知识训练

一、单选题

1. 网络营销的观念基础是指(　　)。
   A. 厂商的营销目的　　　　　　　　B. 平台的价值观
   C. 消费者价值观　　　　　　　　　D. 以上都不是

2. 网络用户目前获得信息最主要的途径是(　　)。

A. 电子邮件　　　　B. BBS　　　　　　C. 搜索引擎　　　　D. 新闻组

3. CRM 的全称是（　　）。

A. 客户中心管理　　B. 客户关系管理　　C. 企业资源管理　　D. 企业人力管理

4. 搜索引擎营销和搜索引擎优化分别用字母表示为（　　）。

A. SEO、SEM　　　B. SEM、SEO　　　C. SER、SEO　　　D. SEO、SEN

5. 以一排文字作为一个广告，点击可以进入相应的广告页面，这种网络广告形式属于（　　）。

A. 直投广告　　　　B. 弹出式广告　　　C. 文字链接广告　　D. 电子邮件广告

6. 企业开通博客的目的主要在于（　　）。

A. 营销自己　　　　　　　　　　　　　B. 为公司管理、销售服务

C. 营销产品　　　　　　　　　　　　　D. 自娱自乐

二、多选题

1. 网络调研的对象主要是（　　）。

A. 企业消费者　　　　　　　　　　　　B. 企业竞争者

C. 企业合作者　　　　　　　　　　　　D. 行业内的中立者

2. 网络调研的主要方法有（　　）。

A. 直接调研法　　　B. 网络调研法　　　C. 间接调研法　　　D. 问卷调研法

3. 搜索引擎营销的手段包括（　　）。

A. 搜索引擎优化　　　　　　　　　　　B. 固定排名

C. 关键词竞价排名　　　　　　　　　　D. 点击付费搜索引擎广告

4. 营销理论中的 4C 指的是（　　）。

A. Consumer　　　B. Cost　　　　　　C. Convenience　　D. Communication

三、问答题

1. 与传统市场营销相比，网络营销具有哪些特点与优势？
2. 你认为将来网络营销会取代传统营销吗？请谈谈你的观点。
3. 网络营销的方法有哪些？你看好哪一种营销方法？请说出你的理由。

项目拓展训练

利用网络中的搜索引擎、论坛等工具收集你感兴趣的某种产品信息，填写到表 3-1 中，至少选择三个品牌的同类产品进行对比。

表 3-1　　　　　　　　　　　产品信息

产品名称	产品图片	产品特点和功能	价格	目标市场（购买人群）	市场定位

项目四

掌握电子商务物流服务

项目描述

电子商务是由信息流、资金流、商流和物流组成的完整过程。其中,物流是电子商务重要的组成部分,也是实现电子商务的基础。无论哪种类型的电子商务企业,只要有实物商品的交易均要涉及仓储、运输、配送等各项物流管理工作,同时电子商务的发展也促进了物流行业的发展。

项目目标

本项目对电子商务物流知识进行了讲解,并结合相应的实践任务,使学生可以了解电子商务物流发展与应用的最新动态,了解电子商务企业日常的物流工作内容与流程,熟悉不同电子商务企业所采用的物流模式,掌握电子商务物流的相关技术及其应用。

电子商务物流行业急需应用型服务人才,这类人才除了应具备扎实的专业知识和较强的实践操作能力外,还应具备宽广的知识面、灵活的思维方式,以及敢于开拓创新的精神,应具有将创新意识转化为成果的能力,以能较好地解决电子商务物流的实际问题。

任务一 理解电子商务物流的内涵

学习目标

【知识目标】掌握物流及电子商务物流的概念,理解电子商务与现代物流相互影响、相互依存、相互促进的关系。

【技能目标】能够对比不同电子商务企业所采用的物流模式的利弊。

【思政目标】理解并自觉践行物流行业的职业精神和职业规范,增强勇于探索的创新精神和善于解决问题的实践能力。

情景导入

电子商务大一新生王明同学来到电子商务企业进行认知实习,了解到物流配送是电子商务企业经营过程中不可缺少的一个重要组成部分,但是具体对什么是物流、什么是电子商务物流以及电子商务与物流的关系等并不太了解,为此王明对我国电子商务物流业的发展现状及应用等进行调查,并针对该公司的物流配送业务进行了学习。

知识平台

一、物流概述

(一)物流的相关概念

1. 物流

物流(Physical Distribution,PD)一词最早出现在美国,汉语的意思是"实物分配"或"货物配送"。《物流术语》(GB/T 18354—2006)中将物流定义为:"物品从供应地向接收地的实体流动过程。根据实际需要,将运输、储存、装卸、搬运、包装、流通加工、配送、回收、信息处理等基本功能实施有机结合。"

对于物流的概念总的来说有以下几种不同的理解:

物流是指为了满足客户的需求,以最低的成本,通过运输、保管、配送等方式,实现原材料、半成品、成品或相关信息由商品的生产地到商品的消费地的计划、实施和管理的全过程。

物流是包括运输、搬运、储存、保管、包装、装卸、流通加工和物流信息处理等基本功能的活动,它是物品由供应地流向接收地以满足社会需求的活动,是一种经济活动。同时,物流不仅包括原材料、产成品等从生产地到消费地的实物流动过程,而且包括伴随这一过程的信息流动。

物流是指物品从供应地向接收地的实体流动过程,包括物资空间位置的变动、时间的变动和形状、性质的变动。

2. 物流管理

物流管理(Logistics Management)是指为了以合适的物流成本达到用户满意的服务水平,对正向及反向的物流活动过程及相关信息进行的计划、组织、协调与控制。

(二)物流系统的基本功能要素

物流系统的功能要素指的是物流系统所具有的基本能力,这些基本能力有效地组合、联结在一起,便成了物流的总功能,便能合理、有效地实现物流系统的总目的。物流系统的基本功能要素主要包括运输、包装、装卸搬运、仓储、流通加工、配送、物流信息管理。

(1)运输。运输是物流各环节中最重要的部分,是物流的关键。运输一般分为输送和配送。运输方式有公路运输、铁路运输、船舶运输、航空运输、管道运输等。一般认为,所有商品的移动都是运输。运输可以划分为两段:一段是生产厂到流通据点之间的运输,批量比较大、品种比较单一、运距比较长,这样的运输称为输送;另一段是流通据点到用户之间的运输,一般称为配送,就是根据用户的要求,将各类商品按不同类别、不同方向和不同用户进行分类、拣选、组配、装箱,配齐后送给用户,其实质在于"配齐"和"送达"。

(2)包装。包装主要划分为两类:一类是工业包装,或叫运输包装、大包装;另一类是商业包装,或叫销售包装、小包装。工业包装是为保持商品的品质,商业包装是为使商品能顺利抵达消费者手中、提高商品价值、传递信息等。包装的作用是按单位分开产品,便于运输,并保护在途货物。

(3)装卸搬运。装卸搬运是物流各环节连接成一体的接口,是运输、储存、包装等物流作业得以顺利实现的根本保证。装卸搬运的质量直接关系到整个物流系统的质量和效率,而且是缩短物流移动时间、节约流通费用的重要组成部分。

(4)仓储。在物流中,运输承担了改变商品空间状态的重任,仓储则承担了改变商品时间状态的重任。在物流系统中,仓储和运输是同样重要的构成因素。仓储功能包括对进入物流系统的货物进行堆存、管理、保管、保养、维护等一系列活动。

(5)流通加工。流通加工就是产品从生产地向消费地流动的过程中,为了促进销售,维护产品质量,实现物流的高效率所采取的使物品发生物理和化学变化的功能。通过流通加工,可以节约材料、提高成品率、保证供货质量和更好地为用户服务。

(6)配送。过去没有将配送独立作为物流系统实现的功能,未看成是独立的功能要素,而是将其作为末端运输。但是,配送作为一种现代流通方式,集经营、服务以及库存、分拣、装卸搬运于一身,已不仅仅是一种送货运输所能包含的,所以应将其作为独立的功能要素。

(7)物流信息处理。物流信息是连接运输、储存、装卸、包装各环节的纽带,包括与商品数量、质量、作业管理相关的信息,以及与订货、发货和货款支付相关的信息。通过收集与物流活动相关的信息,能使物流活动有效、顺利地进行。

二、电子商务物流的概念

随着互联网技术的不断进步,电子商务已经成为人们生活中必不可少的东西。电子商务的主要优势就在于降低企业运作成本,大大简化业务流程,那么就必须以高效和可靠的物流运作为保证,为此,现代物流和电子商务的融合,产生了一种全新的物流模式,那就是电子商务物流模式。

电子商务物流目前尚无统一的定义,可以有以下不同的理解:

电子商务物流是"电子商务时代的物流",即电子商务对物流管理提出的新要求,也可以理解为"物流管理电子化",即利用电子商务技术(主要是计算机技术和信息技术)对传统物流管理的改造。因此,有人称其为虚拟物流,即以计算机网络技术进行物流运作与管理,实现企业间物流资源共享和优化配置的物流方式。

电子商务物流服务就是指利用电子化的手段,尤其是利用互联网技术来完成物流全过程的协调、控制和管理,实现从网络前端到最终客户端的所有中间过程服务,最显著的特点就是各种软件技术与物流服务的融合与应用。

三、电子商务物流的特点

(一)信息化

电子商务时代,物流信息化是电子商务的必然要求。物流信息化表现为物流信息的商品化、物流信息收集的数据化和代码化、物流信息处理的电子化和计算机化、物流信息传递的标准化和实时化、物流信息存储的数字化等。因此,条码技术、数据库技术、电子订货系统、电子数据交换、快速反应、有效客户响应、企业资源规划等技术与观念在我国的物流中得到了普遍的应用。

(二)自动化

自动化的基础是信息化,核心是机电一体化,外在表现是无人化,效果是省力,另外还可以扩大物流的作业能力、提高劳动生产率、减少物流作业的差错等。物流自动化的设施非常多,如自动分拣系统、自动存取系统、自动导向车和货物自动跟踪系统等。

(三)网络化

物流信息化的高层次应用首先表现为网络化。这里的网络化有两层含义:一是物流配送系统依赖于计算机通信网络,包括物流配送中心与供应商的联系要通过计算机通信网络,另外与下游顾客之间的联系也要通过计算机通信网络;二是组织的网络化,即所谓的企业内部网。

(四)智能化

智能化是物流自动化、信息化的一种更高层次的应用,物流作业过程需要大量的运筹和决策,例如,库存水平的确定、运输(搬运)路径的选择、自动导向车的运行轨迹和作业的控制、自动分拣机的运行、物流配送中心经营管理的决策支持等问题都需要借助大量的知识才能解决。在物流自动化的进程中,物流智能化是不可回避的技术难题。

(五)柔性化

随着市场变化速度的加快,产品生命周期正在逐步缩短,小批量、多品种的生产已经成为企业生存的关键。柔性化本来是为实现"以顾客为中心"的理念而在生产领域提出的,但要真正做到柔性化,即真正能根据消费者需求的变化来灵活调节生产工艺,需要有配套的柔性化物流系统。因此，柔性化的物流正是适应生产、流通与消费的需求而发展起来的一种新型物流模式。

（六）北斗卫星导航系统在物流行业中的应用

为解决传统物流运输管理效率低下的问题，北斗已成为物流企业和科研单位争相开发应用的重点，并已全面渗透到快递、高货值商品、电商、煤炭、危运、冷链、海关货运等多个物流领域当中。智能物流平台依托汽车物联网运营管理平台及北斗技术，整合资源，将运输、存储、装卸、配送、信息处理等功能有机结合起来，可为物流企业提供一体化的物流运输服务。通过北斗高精度定位技术可实现运输全流程的可视化精准管理，建立多环节于一体的供应链，从而实现企业的科学化管理，优化企业的供应链系统配置。

北斗卫星导航系统在物流行业的民用化，可升级物流行业流程，提升物流行业整体的服务水平，加速智慧物流建设。目前，自营式电商京东已在业内率先大规模地使用北斗卫星导航系统，极大地推动了物流的运营进程。

（七）绿色物流

随着环境资源恶化程度的加深，人类生存和发展面临的威胁越来越大，因此，人们对资源的利用和环境保护越来越重视。物流系统中的托盘、包装箱、货架等资源消耗大的物品应用出现了以下趋势：包装箱采用可降解材料；托盘的标准化使得其重用率提高；供应链管理的不断完善大大降低了托盘和包装箱的使用量。

四、电子商务与物流的关系

电子商务作为新经济的代表，与物流业的深度融合正在进入一个新的发展阶段。加快电子商务物流的发展，对于提升电子商务水平，降低物流成本，提高流通效率，引导生产，满足消费，促进供给侧结构性改革都具有重要意义。

（一）电子商务与物流相互依存

1. 物流对电子商务的影响

在电子商务活动中，物流是其重要组成部分，是整个交易的最后一个过程，消费者最关注的热点问题是网上交易的送货时间与安全，物流执行结果的好坏对电子交易的成败起着十分重要的作用。因此，现代化的物流过程是电子商务的基础，是电子商务活动不可缺少的部分。

2. 电子商务对物流的影响

电子商务的发展将快递等物流业提升到前所未有的高度，目前快递公司的大部分快递件为电商件，快递对电商的依存度很高。

因此，物流与电子商务两者相互影响、相互促进、共同发展。

（二）电子商务与物流相互跨界

1. 电商跨界做物流

为了解决电商促销期间的快递运力不足、服务质量参差不齐等问题，电商跨界做物流，抢占了部分的快递市场，典型的有京东、苏宁易购、唯品会、聚美优品等。

2. 物流跨界做电商

部分物流企业凭借自身庞大的用户规模和配送体系，也涉足电商市场，典型的如顺丰。顺丰从 2010 年开始，就建立了包括顺丰优选、丰趣海淘、顺丰家、顺丰大当家、丰 e 足食等在内的电商业务，并且在 2011 年获得了第三方支付牌照。

除了顺丰，在主流的快递企业中，中国邮政、申通、圆通、中通、百世、韵达等皆布局了电商以及便利店业务。比如，中国邮政的邮乐网、韵达旗下的溜达商城等。

五、电子商务物流发展的现状与趋势

（一）电子商务物流发展的现状

近年来，我国电子商务物流保持较快增长，企业主体多元化发展，经营模式不断创新，服务能力显著提升，已成为现代物流业的重要组成部分和推动国民经济发展的新动力。

（二）电子商务物流发展的趋势

随着国民经济全面转型升级和互联网、物联网发展，以及基础设施的进一步完善，电子商务物流需求将保持快速增长，服务质量和创新能力有望进一步提升，渠道下沉和"走出去"趋势凸显，将进入全面服务社会生产和人民生活的新阶段。

(1) 电子商务物流需求保持快速增长。随着我国新型工业化、信息化、城镇化、农业现代化和居民消费水平的提升，电子商务在经济、社会和人民生活各领域的渗透率不断提高，与之对应的电子商务物流需求保持快速增长。同时，电子商务交易的主体和产品类别愈加丰富，移动购物、社交网络等成为新的增长点。

(2) 电子商务物流服务质量和创新能力显著提升。产业结构和消费结构升级将推动电子商务物流进一步提升服务质量。随着网络购物和移动电子商务的普及，电子商务物流必须加快服务创新，增强灵活性、时效性、规范性，提高供应链资源整合能力，满足不断细分的市场需求。

(3) 电子商务物流"向西向下"成为新热点。随着互联网和电子商务的普及，网络零售市场渠道进一步下沉，呈现出向内陆地区、中小城市及县域加快渗透的趋势。这些地区的电子商务物流发展需求更加迫切，增长空间更为广阔。电子商务物流对促进区域间商品流通，推动形成统一大市场的作用日益突出。

(4) 跨境电子商务物流快速发展。新一轮对外开放和"一带一路"战略的实施，为跨境电子商务的发展提供了重大历史机遇，这必然要求电子商务物流跨区域、跨经济体延伸，提高整合境内、外资源和市场的能力。

实践任务

中国已成为全球第一"快递大国"，中国的电子商务物流衍生出多种业态，并朝着多元化、智能化、开放化、国际化方向发展，初步形成了"电子商务物流生态圈"。有针对性地调研我国快递企业的发展状况，了解我国"电子商务物流生态圈"的相关行业发展情况、服务资费、到货时间等，以小组为单位进行汇报。

素质拓展

京东物流

京东物流隶属于京东集团,通过布局全国的自建仓配物流网络,为商家提供一体化的物流解决方案,实现库存共享及订单集成处理,可提供仓配一体等多种服务。

一、京东物流的业务内容

京东物流网络采用自建网络为主、第三方网络为辅的形式,覆盖全国,包括以下主要业务:

(一)仓配一体

京东物流通过布局全国的仓配物流网络实现B2B、B2C、B2B2C库存共享及订单集成处理,为商家提供线上线下、多平台、全渠道、全生命周期、全供应链、一体化的物流解决方案。

(二)冷链物流

冷链物流面向生鲜客户推出仓配冷链、产地直发、生鲜宅配等服务,通过对供应链各个环节的优化、定制化的温控设备,保障生鲜类产品的物流时效和商品品质。

(三)大件物流

大件物流主要支持如家具、家电、运动器械、电瓶车等大件商品的全流程、一体化、可定制、四网融合的供应链解决方案,其中四网包括:

(1)物流网:7大基地,支持一地发全国;55个运营中心主、副仓库存共享。

(2)配送网:全国1 500余条支线,实现国内行政区县全覆盖。

(3)服务网:2 000余家京东帮服务店;50万个村送装一体化服务。

(4)信息网:供应链全流程定制化服务产品;物流服务全流程可视化管理。

(四)国际供应链

京东全国多个海外仓及保税仓满足不同的一般贸易及跨境业务,为全球购商家提供国际运输、清关系统对接及信息推送、仓储、配送等一条龙服务。

(五)供应链金融

这是盘活企业库存,加速资金流转,联合仓储品类质押,数据化驱动的新模式。

二、特色服务

(一)211限时达

当日上午11:00前提交的现货订单,当日送达;当日23:00前提交的现货订单,次日15:00前送达。

(二)极速达

极速达是可实现2小时内将商品送至用户所留地址的一项服务。

(三)夜间配

客户下单时在日历中选择"19:00~22:00"时段,属夜间配服务范围内的商品,京东会安排配送员在用户选定的当日晚间19:00~22:00送货上门。

(资料来源:京东物流网站)

任务二　感受电子商务物流的理念与模式

学习目标

【知识目标】 掌握不同的电子商务物流运作模式及其基本特征。
【技能目标】 能够对主要电子商务企业或电子商务平台的物流配送模式与策略进行分析，比较各种物流模式的利弊。
【思政目标】 热爱并尊重自然，具有绿色发展理念及行动等。

情景导入

大学生小李来到一家既有内贸电商又有出口跨境电商业务的企业进行顶岗实习。在实习过程中，小李对该公司的物流管理模式不太了解，更不知道公司对国外买家销售的商品，是如何送到消费者手中的。于是小李决定对我国物流企业的运作模式进行全面的调查，以便更好地了解公司的业务。

知识平台

一、电子商务物流的理念

经济发展要求电子商务物流的理念必须向物流与电子商务有机结合、协同发展的方向转变。电子商务与现代物流协同发展的理念包括以下几点：

(1)基于信息化商务平台的共同要求。电子商务模式下，现代物流的运作是以信息为中心的，信息不仅决定着现代物流的运作方向，而且决定着现代物流的运作方式。在实际运作过程中，通过网络上的信息传递，可以有效地实现对物流的实时控制，实现物流的合理化。电子商务高效率和全球性的特点，要求现代物流也必须达到这一目标。

(2)提供更完善、更周到的服务。电子商务需求的多样性与分散性为现代物流拓展了业务范围，现代物流要协助电子商务公司完成售后服务，提供更多的增值服务内容，这样现代物流的发展才有内在的动力与外在的需求，二者才能共同促进、共同发展。

(3)功能集成化、服务系列化。在电子商务模式下，现代物流企业可充分利用 Internet 的巨大优势建立信息系统和网络平台，开展商品物流跟踪、客户响应模式、信息处理和传递，提供更加完善的售后服务。现代物流企业应该认识到，电子商务与现代物流是合作博弈，线上线下合作可共创双赢模式。

二、电子商务物流的主要运作模式

从现阶段的形势来看，电子商务企业采取的物流模式一般有企业自营物流模式、物流联盟模式、第三方物流模式、第四方物流模式、物流一体化模式与云仓储和云物流模式等。

(一) 企业自营物流模式

1. 企业自营物流的含义

电子商务企业自身经营物流称为企业自营物流,这意味着电子商务企业自行组建物流配送系统,经营管理企业的整个物流运作过程,可以说是电子商务企业自己掌握了交易的最后环节,有利于控制交易时间。如果企业有很高的顾客服务需求标准,物流成本占总成本的比重较大,而企业自身的物流管理能力较强时,企业一般不应采用外购物流,而应采用自营物流方式。

2. 企业自营物流的类型

目前在我国,采取自营物流模式的电子商务企业主要有两类:一类是资金实力雄厚且业务规模较大的电子商务公司,如京东。另一类是传统的大型制造企业或批发企业经营的电子商务网站,如苏宁、国美。由于其自身在长期的传统商务中已经建立起初具规模的营销网络和物流配送体系,在开展电子商务时只需将其加以改进、完善,即可满足电子商务条件下对物流配送的要求。

3. 企业自营物流的优势和劣势

选用自营物流,可以使企业对物流环节有较强的控制能力,易于与其他环节密切配合,全力专门地服务于本企业的运营管理,使企业的供应链更好地保持协调与稳定。此外,自营物流能够保证供货的准确和及时,保证顾客服务的质量。但自营物流需要成本投入非常大,建成后对规模的要求很高,大规模才能降低成本,否则将很难收回前期投入。另外,自建庞大的物流体系,需要占用大量的流动资金。同时自营物流还需要较强的物流管理能力和专业化的物流管理人员。

(二) 物流联盟模式

1. 物流联盟的含义

物流联盟是以物流为合作基础的企业战略联盟,它是指两个或多个企业之间,为了实现自己的物流战略目标,通过各种协议、契约而结成的相互信任、优势互补、风险共担、利益共享的物流伙伴关系。

2. 物流联盟的基本特征

(1) 相互依赖。组成物流联盟的企业之间具有很强的依赖性。

(2) 分工明晰。对于任何企业来说,物流需求都产生于市场需求。物流服务供应商即物流联盟的各个组成企业应该明确自身在整个物流联盟中的优势以及应担当的角色,这样物流联盟内部的对抗和冲突就会大大减小。这种明晰的分工使供应商能够把注意力集中在提供用户指定的服务上。

(3) 强调合作。既然是联盟,就要强调合作。运作高度成功的物流联盟的营销战略是建立一个合作平台。根据目前的物流发展状况,结合物流联盟的特征可以看到,对于中国当前的电子商务企业来说,物流联盟可以较好地满足跨地区配送的特性,并获得如下收益:降低成本、减少投资、获得技术和管理技巧、提高为顾客服务的水平、取得竞争优势、降低风险和不确定性等。

(三)第三方物流模式

1. 第三方物流的含义

第三方是提供部分或全部物流功能服务的一个外部提供者,是物流专业化和社会化的一种形式。第三方物流是独立于买卖双方之外的专业化物流公司,因地制宜地为特定企业提供个性化的全方位物流解决方案,实现特定企业的产品或劳务快捷地向市场移动,在信息共享的基础上,实现优势互补,从而降低物流成本,提高经济效益。典型企业如韵达、申通、圆通、顺丰等物流公司。

2. 第三方物流的特征

(1)合同承包。第三方物流最显著的特征就是合同承包,完全依据双方共同约定的承包合同的规定来承担指定的物流业务。承包合同规定了服务内容、服务时间、服务价格等,规定了承包和被承包双方的责任和义务。合同期满,承包业务关系即宣告结束。

(2)个性化服务。第三方物流服务由于都是面向具体企业承包物流业务,企业不同,所需要服务的具体业务就不同,因此要求第三方物流服务按客户的业务流程来定制,体现个性化的物流服务理念。

(3)多样性、复杂性、随机性。第三方物流服务面向所有企业,业务种类多,也比较复杂,在时间上是随机发生、随机结束的,因此第三方物流企业必须具有能够承担各种业务、应付各种复杂局面的能力。

(4)规模化、专业化。第三方物流企业一般要承包很多客户的物流业务,实际上是面对整个物流市场提供服务,因此能够达到较大的业务规模,取得规模经济效益。

(5)信息化、科技化。在网络经济时代和信息技术高度发达的今天,市场竞争非常激烈,第三方物流企业只有运用现代信息技术及时与客户交流和协作,才能赢得客户、赢得市场,才能生存和发展。

3. 第三方物流的作用

企业采用第三方物流模式对于提高经营效益具有重要作用。

(1)企业将自己的非核心业务外包给从事该业务的专业公司去做,从原材料供应到生产,再到产品的销售等各个环节的各种职能,都是由在某一领域具有专长或核心竞争力的专业公司相互协调和配合来完成的,这样形成的供应链具有较大的竞争力。

(2)第三方物流企业作为专门从事物流工作的企业,有许多专门从事物流工作的专家,有利于确保企业的专业化生产,降低费用,提高企业的物流水平。

(四)第四方物流模式

1. 第四方物流的含义

第四方物流是 1998 年美国埃森哲咨询公司率先提出的,是第四方专门为第一方、第二方和第三方提供物流规划、咨询、物流信息系统、供应链管理等活动,但第四方并不实际承担具体的物流运作活动的物流模式。国内比较典型的第四方物流如菜鸟物流,是在 2013 年由阿里巴巴集团、银泰集团联合复星集团、富春集团、三通一达(申通、圆通、中通、韵达),以及相关金融机构共同合作组建成立的。

第四方是一个供应链的集成商,它不是物流的利益方,而是通过拥有的信息技术、整合能力以及其他资源提供一套完整的供应链解决方案,以此获取一定的利润。它帮助企业降低成本和有效整合资源,并且依靠优秀的第三方物流供应商、技术供应商、管理咨询以及其他增值服务商,为客户提供独特和广泛的供应链解决方案。第四方物流与第三方物流相比,其服务的内容更多,覆盖的地区更广,对从事货运物流服务的公司要求更高,要求必须开拓新的服务领域,提供更多的增值服务。

2. 第四方物流的基本功能

(1)供应链管理功能,即管理从货主、托运人到用户、顾客的供应全过程。

(2)运输一体化功能,即负责管理运输公司、物流公司之间在业务操作上的衔接与协调。

(3)供应链再造功能,即根据货主、托运人在供应链战略上的要求,及时改变或调整战略、战术,使其经常处于高效率的运作之中。第四方物流的关键是以"行业最佳的物流方案"为客户提供服务与技术。

3. 第四方物流的应用

当今经济形势下,货主、托运人越来越追求供应链的全球一体化,以适应跨国经营的需要,企业要集中精力在核心业务上,因而必须更多地依赖于物流外包。因此,它们不只是在操作层面上需要外协,更需要在战略层面上借助外界的力量,得到更快、更好、更廉的物流服务。

(五)物流一体化模式

1. 物流一体化的含义

物流一体化是指以物流系统为核心的由生产企业经由物流企业、销售企业,直至消费者的供应链的整体化和系统化。

2. 物流一体化的层次

物流一体化可分为三个层次:物流自身一体化、微观物流一体化和宏观物流一体化。物流自身一体化是指物流系统的观念逐渐确立,运输、仓储和其他物流要素趋向完备,子系统协调运作、系统化发展;微观物流一体化是指市场主体企业将物流提高到企业战略的地位,并且出现了以物流战略作为纽带的企业联盟;宏观物流一体化是指物流业发展到这样的水平,即物流业占到国家国民生产总值的一定比例,处于社会经济生活的主导地位,它使企业从内部职能专业化和国际分工程度的提高中获得规模经济效益。

3. 物流一体化的主要形式

物流一体化是通过竞争来实现的,它体现了竞争的活力,可以达到资源的优化组合,以提高整个社会的经济效益。

(1)垂直一体化。垂直一体化物流要求企业将提供产品或运输服务等的供货商和用户纳入管理范围,并作为物流管理的一项中心内容。垂直一体化物流要求企业从原材料到用户的每个过程实现对物流的管理;要求企业利用自身条件建立和发展与供货商和用户的合作关系,形成联合力量,赢得竞争优势。垂直一体化物流为解决复杂的物流问题提供了方便,而雄厚的物质技术基础、先进的管理方法和通信技术又使这一设想成为现实,并在此基础上继续发展。

(2)横向一体化。横向一体化物流也称为水平一体化物流,是指通过同一行业中多个企业在物流方面的合作而获得规模经济效益和物流效率。例如,不同的企业可以用同样的装运方式进行不同类型商品的共同运输。当物流范围相近,而某个时段内物流业务较少时,几个企业分别同时进行物流操作显然不经济,于是就出现了一个企业在装运本企业商品的同时,也装运其他企业商品的物流现象。从企业经济效益上看,它降低了企业物流成本;从社会效益上看,它减少了社会物流过程的重复劳动。显然,不同商品的物流过程不仅在空间上是矛盾的,而且在时间上也是有差异的。这些矛盾和差异的解决,就要依靠掌握大量物流需求和物流供应信息的信息中心。此外,实现横向一体化的另一个重要条件就是要有大量的企业参与,并且有大量的商品存在,这时企业间合作才能提高物流效益。当然,产品配送方式的集成化和标准化等问题也是不能忽视的。

(3)物流网络。物流网络是垂直一体化物流与横向一体化物流的综合体。当一体化物流的每个环节同时又是其他一体化物流系统的组成部分时,以物流为联系的企业关系就会形成网络关系,即物流网络。这是一个开放的系统,企业可自由加入或退出,尤其在业务繁忙的季节,最有可能利用到这个系统。物流网络能发挥规模经济作用的条件就是一体化、标准化和模块化。实现物流网络首先要有一批优势物流企业率先与生产企业结成共享市场的同盟,把过去那种直接分享利润的联合发展成优势联盟,共享市场,进而分享更大份额的利润。同时,优势物流企业要与中小型物流企业结成市场开拓的同盟,利用相对稳定和完整的营销体系,帮助生产企业开拓销售市场。这样,竞争对手成了同盟军,物流网络就成为一个生产企业和物流企业多方位、纵横交叉、互相渗透的协作有机体。

(六)云仓储和云物流模式

1. 云仓储

云仓储是一种全新的仓库体系模式,其实质就是实体分仓,即基于"云"的思路,整合整个社会资源,在全国各区域中心建立分仓,由公司总部建立一体化的信息系统,将全国各分拣中心联网,分仓为"云",信息系统为服务器,形成公共仓储平台。商家可以就近安排仓储,物流公司可以就近配送,实现快递网络的快速反应。无论是消费者、快递公司,还是其他参与的当事人,都可以透明、方便地访问服务器,实现网络货物的就近配送,极大地缩短配送时间,提升用户体验,甚至整个社会物流的生态都可能发生改变。

2. 云物流

与云仓储相配合的云物流是在现代物流管理模式中引入云计算的理念,依靠大规模的云计算处理能力、标准化的作业流程、灵活的业务覆盖能力、精确的环节控制、智能的决策支持以及深入的信息共享,建立云计算服务平台,完成物流行业各个环节的活动。从理论上讲,云物流实现了"三化":一是社会化,快递公司、派送点、代送点等成千上万的终端都可以参与;二是节约化,众多社会资源集中共享一个云物流平台,实现规模效应;三是标准化,整合物流行业的散与乱,建立统一的管理平台,规范服务的各个环节。

现在,在我国,物流的模式已经被电子商务大大地扩展了,我国电子商务物流模式正趋于快速发展的阶段,企业应该结合自身实际情况,选择最适合的物流模式。

实践任务

通过互联网,登录两到三家第三方物流公司的网站,比如顺丰、韵达、申通等,有针对性地收集各家物流公司的主要服务内容,对比各物流公司的服务价格,体验各家公司的服务质量。

> 素质拓展

跨境电商物流模式

跨境电商是分属不同关境的交易主体之间的贸易活动,因而在跨境电商经营中,物流成为至关重要的一个环节。国际物流快递在跨境贸易电商化进程中正扮演着重要角色。物流成本与物流效率及可到达性大幅影响跨境电商的消费体验,成为影响跨境电商行业发展的关键性因素。

一、出口电商的主要物流模式

以出口 B2C 电商为例,多为金额小、频率高且讲求运达时效的订单,国内卖家多采用空运的方式。企业根据承运方不同和方案差异可选择不同的出口电商物流模式。

(1)邮政包裹。中国邮政属于万国邮政联盟和卡哈拉邮政组织成员,在业务价格上相对国际快递有绝对优势。中国邮政旗下一般适用出口电商的国际物流服务包括大包、小包,其中小包因时效快、价格低的综合特质而使用广泛。

(2)国际快递。国际快递可以按照承运方分为商业快递以及国际邮政速递。其中,以联邦快递(FedEx)、联合包裹(UPS)、敦豪速递(DHL)、天地快运(TNT)四大国际快递公司最为知名,而顺丰和申通、圆通、百世、韵达等国内快递公司的海外布局日臻完善,也正在向国内商家提供物流选择;中国邮政国际 EMS、新加坡 EMS、USPS(美国邮政)、Parcel Force(英国邮政)则是国际邮政速递服务中相对较为广泛的使用对象。

(3)专线物流。专线物流一般是通过航空包舱的方式将货物批量运输到国外,再进行目的国的派送,能够通过规模效应降低成本。根据目的地不同,专线物流可分为美国专线、欧洲专线、澳洲专线、俄罗斯专线等。

(4)传统外贸物流+海外仓。为了解决空运成本高昂、配送周期仍相对较长以及部分进口国市场跨境电商进口税率高于一般进口等问题,在海外设立仓库进行本地配送成为跨境物流的一大重要趋势。海外仓包括头程运输、仓储管理和本地配送三个部分。海外仓的头程运输采用传统的外贸物流方式(海运/空运/陆运),目的国抵境后按照正常清关流程进口,大大降低了清关的障碍;在接受订单后,商家直接从海外仓库发货配送,缩短了运送时间和转运流程。此外,海外仓中有各类商品的存货,因此也能实现退换货服务。

二、进口电商的主要物流模式

目前,进口电商主要有海外直邮、保税进口、海外拼邮三种物流模式,其体验对比见表 4-1。

表 4-1　　　　　　　　进口电商物流模式体验对比

评测	模式		
	海外直邮	保税进口	海外拼邮
配送速度	较慢	快	较慢
运费价格	高	低	一般
包裹安全性	安全	安全	不安全
适用模式	电商平台/个人代购	电商平台	个人代购/电商平台
典型代表	小红书	考拉海购	洋码头

（1）海外直邮模式主要适用于跨境进口电商平台，如唯品会、苏宁海外购、蜜芽等平台。该模式在海外发货通过一次性快递配送到位，一般附有商品的采购途径。

（2）保税进口模式主要适用于"平台类＋自营类跨境进口电商平台"，如考拉海购、京东全球购、亚马逊海外购、国美海外购。该模式的商品提前备货至国内保税仓，配送速度快。考拉海购在国内拥有较大保税仓储规模，并在海外多个地区布局海外仓。

（3）海外拼邮模式主要是个人卖家和海外电商平台采用，多位不同买家的商品在海外使用同一包裹发货，到境内后再分拆包裹发货。该模式运费低，但物流时间长，商品经过分拆可能面临被调包、破损等问题，安全性差。

任务三　掌握电子商务环境下的供应链管理

学习目标

【知识目标】掌握供应链管理的概念，熟悉电子商务环境下的供应链管理策略。
【技能目标】掌握现阶段电子商务企业应用的供应链管理方法。
【思政目标】通过分析电子商务环境下的供应链管理内容及方法的相关案例，学生深刻理解新发展理念、供给侧结构性改革及人类命运共同体等国家战略及思想。

情景导入

从2009年11月11日天猫举办第一年促销活动开始，到现在"双十一"已演变成几乎所有电商都会参与的一个网络促销日，也是消费者购物的高潮日。每到此时，就是对电商商家和物流供应链的一次大考。如今电商行业中，越来越多的企业开始注重供应链管理，供应链管理的订单处理和物流配送等问题将成为电商爆发式增长的重要瓶颈。那么供应链管理将对电商的发展起到哪些支撑，如何能达到众人预期，值得深思。

知识平台

一、供应链及供应链管理概述

（一）供应链的含义

《物流术语》(GB/T 18354—2006)中供应链的概念为：供应链（Supply Chain）是生产及流通过程中，为了将产品或服务交付给最终用户，由上游与下游企业共同建立的需求链状网。具体来说，供应链是商品到达消费者手中之前各相关者的连接或业务的衔接，是围绕核心企业,通过对信息流、物流、资金流的控制,从采购原材料开始,制成中间产品以及最终产品,最后由销售网络把产品送到消费者手中的将供应商、制造商、分销商、零售商,直到最终用户连成一个整体的功能网链结构。

(二)供应链的结构

供应链由所有加盟的节点企业组成,其中一般有一个核心企业,节点企业在下游需求信息的驱动下,通过供应链的职能分工与合作,以信息流、资金流、物流和商流为媒介实现整个供应链的不断增值。现在市场的竞争已不是单个企业的竞争,而是整个供应链和供应链的竞争,谁的供应链运营管理更有效率,谁才有可能在市场竞争中胜出。

供应链从供需的角度看,上游企业是下游企业的供应商,下游企业是上游企业的用户,所以供应链又称为从供应商的供应商到客户的客户所组成的供需网链结构(图4-1)。

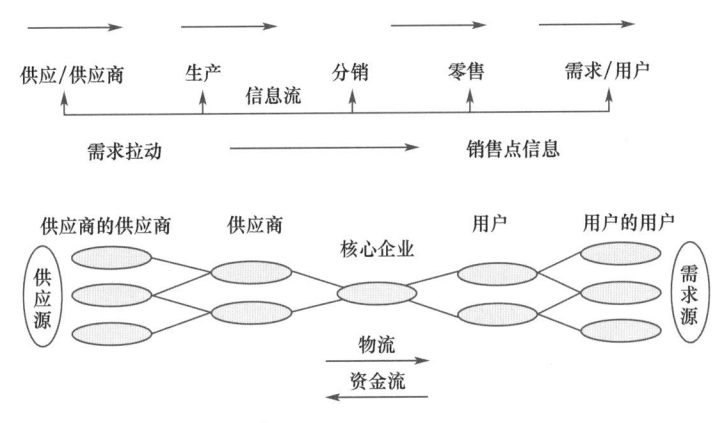

图4-1 供应链结构

(三)供应链管理概述

1. 供应链管理的概念

《物流术语》(GB/T 18354—2006)中供应链管理的概念为:供应链管理(Supply Chain Management,SCM)是对供应链涉及的全部活动进行计划、组织、协调与控制。具体来说,供应链管理是利用管理的计划、组织、协调、控制职能,对产品生产和流通过程中各个环节所涉及的物流、信息流、资金流、价值流以及业务流进行合理的调控,以达到最佳组合、实现最大的效益、以最小的成本为客户提供最大附加值的目的。

2. 供应链管理的内容

供应链管理包括计划、采购、制造、配送、退货五大基本内容。

(1)计划:这是SCM的策略性部分。企业需要有一个策略来管理所有的资源,以满足客户对产品的需求。好的计划是建立一系列的方法监控供应链,使它能够有效、低成本地为顾客递送高质量和高价值的产品或服务。

(2)采购:选择能为企业的产品和服务提供货品和服务的供应商,和供应商建立一套定价、配送和付款流程并创造方法监控和改善管理,从而把对供应商提供的货品和服务的管理流程结合起来,包括提货、核实货单、转送货物到企业的制造部门并批准对供应商的付款等。

(3)制造:安排生产、测试、打包和准备送货所需的活动,是供应链中测量内容最多的部分,包括质量水平、产品产量和工人的生产效率等的测量。

(4)配送：包括调整用户的订单收据、建立仓库网络、递送人员提货并送到顾客手中、建立货品计价系统、接收付款。

(5)退货：这是供应链中的问题处理部分，即建立网络接收客户退回的次品和多余产品，并在客户使用产品出问题时提供支持。

3. 供应链管理的意义

供应链是一个包含供应商、制造商、运输商、零售商以及客户等多个主体的系统，供应链管理通过对整个供应链系统进行计划、协调、操作、控制和优化的各种活动和过程，实现把供应商、生产商、分销商、零售商等一条链路上的所有环节联系起来进行优化，其目标是将顾客所需的正确的产品，能够在正确的时间，按照正确的数量、质量和状态送到正确的地点，并使这一过程所耗费的总成本最小。显然，供应链管理是一种体现整合与协调思想的管理模式。它要求组成供应链系统的成员企业协同运作，共同应对外部市场复杂多变的形势。这不仅降低了成本，减少了社会库存，而且使社会资源得到优化配置，更重要的是通过信息网络、组织网络实现了生产及销售环节的有效沟通和物流、信息流、资金流的合理流动。

二、电子商务环境下供应链管理的方法

（一）快速反应

1. 快速反应的含义

快速反应(Quick Response, QR)是在准时制思想的影响下产生的，是为了在以时间为基础的竞争中占据优势而建立起来的一整套对环境反应敏捷和迅速的系统。快速反应的策略目标在于减少原材料到消费者手中的时间和整个供应链上的库存，最大限度地提高供应链的运作效率，并对客户的需求做出最快的反应。

2. 快速反应系统的作用

快速反应系统的作用体现在以下三个方面：

(1)缩短前置期，降低物流成本。

(2)缩短周转期，加快物流速度。

(3)缩短调整时间，满足客户需求。

（二）有效客户响应

1. 有效客户响应的含义

有效客户响应(Efficient Consumer Response, ECR)是指供应链节点上的各企业在商品分销系统中，为消除不必要的成本和费用，给客户带来更大效益而进行密切合作的一种供应链管理策略。它起源于20世纪90年代后期的美国食品业，其基本思想是，企业为顾客提供价值的前提是历届顾客的需求和愿望，通过供应链上供、销双方的协同努力，高效满足这些需求和愿望。

2. 有效客户响应的核心内容

(1)以较少的成本为供应链上的客户提供更好的产品、更好的库存服务和更多的便利服务。

(2)采用标准的工作措施和回报系统，该系统标识出潜在的回报，促进公平分享回报，从而达到整个系统的有效性。

(3)利用准确、及时的信息支持有效的市场生产及后勤政策,这些信息以 EDI 的方式在贸易伙伴间自由流动。

(4)确保客户能随时获得所需商品。

3. 实施有效客户响应应注意的问题

实施有效客户响应需要注意以下三点:谨慎选择合作伙伴;创造变革氛围;增加信息技术投资。

4. 有效客户响应的策略

有效客户响应的策略有以下四个:计算机辅助订货;连续补货程序;交接运输;建立产品、价格和促销数据库。

(三)企业资源计划

企业资源计划(Enterprise Resource Planning,ERP)是指建立在资讯技术基础上,以系统化的管理思想,为企业决策层及员工提供决策运行手段的管理平台。企业资源计划也是实施企业流程再造的重要工具之一,是大型制造企业所使用的公司资源管理系统。

ERP 是整合了企业管理理念、业务流程、基础数据、人力、物力、计算机硬件和软件的企业资源管理系统。ERP 是先进的企业管理模式,是提高企业经济效益的解决方案。其主要宗旨是对企业所拥有的人、财、物、信息、时间和空间等资源进行综合平衡和优化管理,协调企业各管理部门,围绕市场导向开展业务活动,提高企业的核心竞争力,从而取得最好的经济效益。所以,ERP 首先是一个软件,同时是一个管理工具。它是 IT 技术与管理思想的融合体,也就是先进的管理思想借助计算机达成企业管理目标的方法。

电子商务与 ERP 都属于企业的信息系统。电子商务是建立在 ERP 基础之上的应用,也就是说,ERP 是企业实施电子商务的支撑系统。但从另一个角度来看,电子商务与 ERP 又可以被归于同一个层次的应用,只是侧重点不同:ERP 系统的管理范围侧重于企业内部;电子商务则是企业与外部世界的通信、连接和交易,侧重点以与外部的交互为主。电子商务更多地起到工具的作用,而 ERP 却是提供一种管理思想和模式。

(四)电子订货系统

1. 电子订货系统的含义

电子订货系统(Electronic Ordering System,EOS)是指将批发、零售商场需要的订货数据输入计算机,通过商业增值网络中心将资料传至总公司、批发商、商品供货商或生产制造商,后者根据收到的信息及时安排出货。电子订货系统涵盖了整个商务过程,它能处理从获取商品信息到会计结算的整个交易过程。

2. 电子订货系统的流程

(1)传递采购指令。

(2)商业增值网络中心核实传递者的身份和单证格式后,将标准订单传给供应商。

(3)供应商备货、发货并核实传递者的身份和单证格式后,将确认单传给批发、零售商。

(4)商业增值网络中心传递发货信息。

三、电子商务环境下加强供应链管理的策略

(1)采用第三方物流方式改善企业外部物流情况。第三方物流是当今世界物流业的发

展趋势,是适应物流一体化趋势和电子商务发展的必然结果。

(2)完善企业网络基础设施,改革企业内部供应链管理模式。供应链管理的实施必须以完善的网络设施为前提,特别是企业的内联网、外联网和因特网的集成,是保证供应链高效运作的基本条件,同时它的供应商也要有较高的信息化水平,这样才能实现企业网络之间的对接。

(3)进行业务流程再造,实施 ERP 系统。企业业务流程再造是对企业的业务流程做根本性的思考和彻底重建。通过业务流程再造,企业在成本、质量、服务和速度等方面可取得显著改善,使企业能最大限度地适应以顾客、竞争、变化为特征的现代企业经营环境。

(4)加强协同整合。为适应电子商务环境下生存的需要,提高整个供应链的竞争优势,企业应在供应链的范围内增强信息共享的意识。供应链各环节参与者彼此资源共享与信息交流,减少相互之间的信息不对称程度,降低不必要的浪费,可以提高经营的效率。

(5)重视客户关系管理。客户关系管理是电子商务供应链管理的延伸,是供应链管理的核心技术。客户关系管理能够突破供应链上各节点的地域和组织界限,将客户、经销商、企业销售部系统整合,实现企业对客户个性化的快速反应,真正解决供应链中下游的管理问题。作为电子商务供应链管理向客户的延伸,客户反馈的信息折射到供应链的各个环节,可以实现供应链各环节的共赢。

实践任务

通过互联网,调研沃尔玛、京东、苏宁等大型电子商务企业供应链建设与管理的情况,结合调研情况,分析现代电子商务企业供应链管理的相关策略,并进行归类比较。

素质拓展

苏宁的供应链

一、苏宁简介

苏宁创办于 1990 年 12 月 26 日,总部位于南京,是中国商业企业的领先者,经营商品涵盖传统家电、消费电子、百货、日用品、图书、虚拟产品等综合品类。2019 年,全场景苏宁易购线下网络覆盖全国,拥有苏宁广场、苏宁易购广场、家乐福社区中心等各类创新互联网门店 13 000 多家;线上通过自营、开放和跨平台运营,跻身中国 B2C 行业前列。通过线上线下的融合发展,苏宁引领了零售发展的新趋势。

二、苏宁供应链各环节介绍

在上游采购环节,苏宁通过集中采购、直供合作、独家代理等方式,在降低采购成本的同时,也降低了人力资源的浪费,加强了市场竞争力,保障了商品的质量,同时大大提升了商品的采购效率。

在下游营销环节,线上平台和线下平台同时发力。线上平台的建设重点集中在流量经营、会员运营及营销产品三个方面。苏宁通过广告引流、商品引流、战略合作引流等方式提升了线上的流量;整合产业资源,优化业务流程,使会员服务水平得到不断的优化和提升;同时,加强线上商品类目的建设,集中打造精品,并不断探索更具有创新性的商品,使其成为行业内的标杆。苏宁线下平台的建设主要集中在发展苏宁易购广场、零售云加盟店等核心业态,从而实现线下发展布局的快速发展;通过分析线上平台的数据,围绕用户的需求,不断完善和迭代店面的运营方式,从而为用户提供更为满意的购物体验。

在商品经营方面,苏宁整合苏鲜生超市、苏宁红孩子母婴店,加快智慧零售的布局;通过收购万达百货,弥补了百货类供应链的不足;加快中心仓、前置仓的建设,完善了仓储部署;通过产地直采、海外直采等供应模式,建立完善生鲜类商品的供应链。2019年,苏宁收购家乐福中国80%的股份,进一步推动了苏宁大快消品类的发展。

在物流体系建设方面,苏宁易购大力推进苏宁物流与天天快递的网点融合,截至2019年6月30日,苏宁物流及天天快递拥有的仓储及相关配套总面积达到1 090万平方米,拥有快递网点24 615个,物流网络覆盖全国351个地级城市、2 864个区县城市。在2019年上半年,苏宁新增扩建5个物流基地,在41个城市投入运营50个物流基地,并且在18个城市有23个物流基地在建、扩建。苏宁不断扩大生鲜冷链的服务范围,共计投入使用46个生鲜冷链仓库,覆盖218个城市。

在服务能力建设方面,加快即时配服务的推广,"半日达""准时达"等时效产品的覆盖范围持续增加,截至2019年6月30日,即时配服务覆盖城市达到88个。在县镇领域,苏宁组建综合服务中心,主要服务的内容包括组建配送、安装、维修等服务,县级综合服务中心数量达到950个。

在物流科技的投入方面,推进物流的供应链技术和无人配送技术的实际应用;在技术应用方面,苏宁着重加强对无人机、无人车、智能拣选等技术的充分使用;在数据应用方面,推动工作的数据化和智能化,指导仓库的位置选择、配送路径的规划。

整体情况呈现:苏宁物流的基础设施建设逐渐完善,物流网络覆盖范围不断增大,末端的运营效率不断提高,客户的用户体验不断增强,充分践行了苏宁提出的"有速度、有温暖、有风度"的服务法则。

(资料来源:李精中.基于供应链的苏宁易购营运资金管理研究[J].2020.6)

任务四　熟悉电子商务物流技术及其应用

学习目标

【知识目标】了解条码(Bar Code)技术、电子数据交换(EDI)技术、射频识别(RFID)技术、地理信息系统(GIS)和北斗卫星导航系统(BDS)的原理,掌握现阶段电子商务物流的主要技术。

【技能目标】通过实践操作,掌握扫描枪等设备的使用方法。

【思政目标】理解技术与人类文明的有机联系,具有学习掌握技术的兴趣和意愿;具有工程思维,能将创意和方案转化为有形物品或对已有物品进行改进与优化等。

> **情景导入**
>
> 我国电子商务物流正朝着智能化、数据化、联盟化、分享化等方向发展,要想实现这样的发展目标,必须依赖于先进的物流信息技术。要实现科学高效的管理,离不开先进的技术、方法与工具,在电子商务物流活动过程中,相关技术的作用更为突出。

知识平台

一、物流技术和电子商务物流技术的概念

(一)物流技术的概念

《物流术语》(GB/T 18354—2006)中物流技术的概念为:物流技术(Logistics Technology)是指物流活动中所采用的自然科学与社会科学方面的理论、方法,以及设施、设备、装置与工艺的总称。物流技术可概括为物流硬技术和物流软技术两个方面。其中,物流硬技术是指组织物资实物流动所涉及的各种机械设备、运输工具、站场设施及服务于物流的电子计算机、通信网络设备等方面的技术;物流软技术是指组成高效率的物流系统而使用的系统工程技术、价值工程技术、配送技术等。

(二)电子商务物流技术的概念

电子商务物流技术是指与电子商务物流活动有关的所有专业技术的总称,包括各种操作方法、管理技能、物流信息技术等。其中:操作方法类的技术主要包括流通加工技术、物品包装技术、物品标识技术、物品实时跟踪技术等;管理技能类的技术主要包括物流规划、物流评价、物流设计、物流策略等;物流信息技术主要包括运用于物流各环节中的计算机技术、网络技术、信息分类编码技术、条码技术、射频识别技术、电子数据交换技术、北斗卫星导航系统、地理信息系统、智能技术等。

电子商务时代,物流信息化是电子商务的必然要求,表现为物流信息的商品化、物流信息收集的数据库化和代码化、物流信息处理的电子化和计算机化、物流信息传递的标准化和实时化、物流信息存储的数字化等。

二、物流技术的组成

物流技术与实现物流活动全过程紧密相关,物流技术的高低直接关系到物流活动各项功能是否完善以及能否有效实现。

(一)运输技术

运输工具正朝着多样化、高速化、大型化和专用化方向发展,对节能环保要求严格。铁路运输发展重载、高速、大密度行车技术。一些和企业生产关系密切的载重汽车的发展方向是大型化、专用化,同时为了卸货和装货方便,发展了有低货台的汽车以及带有各种附带装卸装置的货车等,另外还有大型超音速飞机、大型油轮等。

（二）库存技术

现代化仓库已成为促进各物流环节平衡运转的物流集散中心。仓库结构的代表性变化是高度自动化的保管和搬运结合成一体的高层货架系统，货架可以达 30~40 米，用计算机进行集中控制，自动进行存取作业。货架的结构各式各样，还进一步发展了小型自动仓库，如回转货架仓库，可以更灵活地布置，方便生产，可用计算机实行联网控制，实现高度自动化。仓库的形式还有重力货架式等。仓库作为物流中心，大量物资要在这里分类、拣选、配送，因此高速自动分拣系统也得到了发展。

（三）装卸技术

装卸连接保管与运输，具有劳动密集型、作业发生次数多等特点。因此，推行机械化以减轻繁重的体力劳动非常必要。由于装卸作业的复杂性，装卸技术和相应的设备也呈现出多样化的特点，使用最为普遍的是各式各样的叉车、吊车以及散料装卸机械等。

（四）包装技术

包装技术是指使用包装设备并运用一定的包装方法，将包装材料附着于物流对象，使其更便于物流作业。包装材料的不断创新，往往导致新的包装形式与包装方法的出现。对于包装材料的要求包括：比重轻，机械适应性好；质量稳定，不易腐蚀和生锈，本身清洁；能大量生产，便于加工；价格低廉。常用的包装材料有纸与纸制品、纤维制品、塑料制品、金属制品以及防震材料等。包装还涉及防震、防潮、防水、防锈、防虫和防鼠等技术。

（五）集装箱化技术

集装箱化是指采用各种不同的方法和器具，把经过包装或未经包装的物流对象整齐地汇集成一个便于装卸搬运的作业单元，这个作业单元在整个物流过程中保持一定的形状。以集装单元来组织物料的装卸搬运、库存、运输等物流活动的作业方式称为集装箱化作业。

集装箱化技术就是物流管理硬技术（设备、器具等）与软技术（为完成装卸搬运、储存、运输等作业采用的一系列方法、程序和制度等）的有机结合。整个物流过程中，装卸和搬运出现的频率大于其他作业环节，所需要的时间长，劳动强度大，占物流费用比重大。而集装箱本身就成为包装物和运输器具，采用集装箱化技术可以使物流的储运单元与机械等装卸搬运手段的标准互相一致，从而把装卸搬运劳动强度降低到最低限度，便于实现机械化作业，提高作业效率，降低物流费用，实现物料搬运的机械化和标准化，减少转载作业，极大地提高运输效率。

（六）物流信息技术

物流信息技术是物流现代化极为重要的领域之一，计算机网络技术的应用使物流信息技术达到新的水平。物流信息技术是物流现代化的重要标志。物流信息技术也是物流技术中发展较快的领域，从数据采集的条码系统、仓储管理系统到办公自动化系统，各种终端设备等的硬件、软件都在日新月异地发展并得到了广泛应用。

三、电子商务物流的主要信息技术

电子商务平台下的物流技术得到充分和广泛的运用，不仅可以帮助企业摆脱复杂的贸易谈判，而且可以为企业提供优质的物流服务，使企业更加专注于自产自销，并把物流独立开来,形成高速增长的独立企业。无论对于生产型企业还是零售型企业来说,都可以集中有限的资源开拓自身业务。物流技术可以更好地为电子商务打下坚实的基础,促进经济的高速增长。电子商务物流的主要信息技术包括:

(一)条码技术

1. 条码的定义

条码是利用光电扫描阅读设备识读并实现数据输入计算机的一种特殊代码,是由一组按特定规则排列的条、空及其对应字符组成的表示一定信息的符号。条码中的条、空分别由深浅不同且满足一定光学对比度要求的两种颜色(通常为黑、白色)表示。条为深色,空呈浅色。一组条、空和相应的字符代表相同的信息。前者用于机器识读,后者供人直接识读或通过键盘向计算机输入数据使用。这种用条、空组成的数据编码很容易译成二进制和十进制数,这些条和空可以有各种不同的组合方法,从而构成不同的图形符号,即各种符号体系,也称码制,适用于不同的场合。

2. 条码的作用

条码技术是在计算机的应用实践中产生和发展起来的一种自动识别技术,为我们提供了一种对物流中的货物进行标识和描述的方法。条码是实现 POS 系统(销售时点管理系统)、EDI、电子商务、供应链管理的技术基础,是物流管理现代化、提高企业管理水平和竞争能力的重要技术手段。

应用条码的主要目的是及时而准确地获取信息,实现对客户的需求做出快速反应。通过条码获取货品信息比人工抄写或键盘输入的速度要快得多,准确率也非常高,极大地加快了货品的流通速度,减少配送过程中的差错。

3. 条码识别系统的组成

为了阅读出条码所代表的信息,需要一套条码识别系统,它由条码扫描器、放大整形电路、译码接口电路和计算机系统等部分组成。

4. 条码的分类

(1)按码制分类

最常用的条码是 UPC 码和 EAN 码。

①UPC 码。UPC 码是美国统一代码委员会制定的一种商品用条码,主要用于美国和加拿大地区。UPC 码是一种长度固定的连续型数字式码制,其字符集为数字 0～9。UPC 码有两种类型,即 UPC-A 码和 UPC-E 码。

②EAN 码。EAN 码是欧洲经济共同体各国按照 UPC 码的标准制定的欧洲物品编码,与 UPC 码兼容,而且两者具有共同的符号体系。EAN 码的字符编号结构与 UPC 码相同,也是长度固定的、连续型的数字式码制,主要应用于商标识别。EAN 码有标准版(EAN-13)和缩短版(EAN-8)两种,我国的通用商品条码与其等效。我们日常购买的商品包装上所印的条码一般都是 EAN 码。EAN 码是当今世界上广为应用的商品条码,已成为电子数据交换的基础。EAN 码的两种版本如图 4-2 所示。

图 4-2　EAN 码的标准版(EAN-13)(左)和缩短版(EAN-8)(右)

(2)按维数分类

①一维条码。普通的一维条码自问世以来,很快得到了普及和广泛应用。但是由于一维条码的信息容量很小,如商品上的条码仅能容纳 13 位阿拉伯数字,要想描述商品的更多信息只能依赖数据库的支持。离开了预先建立的数据库,条码就变成了无源之水、无本之木,因而一维条码的应用范围受到了一定的限制。

②二维条码。由于一维条码的使用有很多限制,因此,在 20 世纪 90 年代出现了二维条码。二维条码除了具有一维条码的优点外,同时还有信息量大、可靠性高、保密性、防伪性强等优点。

美国 SYMBOL 公司于 1991 年正式推出名为 PDF417 的二维条码,简称 PDF417 条码,即"便携式数据文件",如图 4-3 所示。PDF417 条码是一种高密度、高信息含量的便携式数据文件,是实现证件及卡片等大容量、高可靠性信息自动存储、携带并可用机器自动识读的理想手段。

图 4-3 PDF417 条码

(二)GIS 技术

1. GIS 的概念

GIS(Geographic Information System,地理信息系统)是在计算机软、硬件系统支持下,对整个或部分地球表层(包括大气层)空间中的有关地理分布数据进行采集、储存、管理、运算、分析、显示和描述的技术系统。GIS 是多种学科交叉的产物,它以地理空间数据为基础,采用地理模型分析方法,适时地提供多种空间的和动态的地理信息,是一种为地理研究和地理决策服务的计算机技术系统。

2. GIS 的组成

(1)硬件。硬件是操作 GIS 所需的计算机。GIS 软件可以在很多类型的硬件上运行,从中央计算机、服务器到桌面计算机,从单机到网络环境均可。

(2)软件。GIS 软件提供所需的存储、分析和显示地理信息的功能和工具。GIS 的主要软件有:输入和处理地理信息的工具;数据库管理系统(DBMS);支持地理查询、分析和视觉化的工具;容易使用这些工具的图形化界面(GUI)。

(3)数据。一个 GIS 系统中最重要的部分就是数据,精确的、可用的数据可以影响查询和分析的结果。地理数据和相关的表格数据可以自己采集或者从商业数据提供者处购买。GIS 将空间数据和其他数据源的数据集成在一起,而且可以使用那些被大多数公司用来组织和保存数据的数据库管理系统来管理空间数据。

(4)人员。人员是 GIS 中重要的组成部分。GIS 技术如果没有人来管理系统和制订计划,将没有什么价值。GIS 的用户范围包括设计和维护系统的技术专家,以及那些使用该系统并完成他们每天工作的人员。

(5)模型。成功的 GIS 系统具有良好的设计计划和自己的事务规律,这些规律对每一个应用来说是具体的操作实践和业务模型,而且往往是独特的。

(三)北斗卫星导航系统

北斗卫星导航系统(BeiDou Navigation Satellite System,简称 BDS)是中国着眼于国家安全和经济社会发展需要,自主建设运行的全球卫星导航系统,是为全球用户提供全天候、全天时、高精度的定位、导航和授时服务的国家重要时空基础设施,也是继美国的 GPS、欧洲的 GLONASS 之后的第三个成熟的卫星导航系统。

基于北斗系统的导航服务已被电子商务、物流、移动智能终端制造、位置服务等厂商采用,广泛进入中国大众消费、共享经济和民生领域,应用的新模式、新业态、新经济不断涌现,深刻改变着人们的生产和生活方式。

北斗卫星导航系统在物流领域可以应用于汽车自定位、跟踪调度、铁路运输管理、军事物流等。北斗卫星导航系统在物流中的应用逐步普及后,可通过互联网实现信息共享,实现三方应用。车辆使用方、运输公司、接货方对物流中的车、货位置及运行情况等都能了如指掌,信息透明准确,利于三方协调好商务关系,从而获得最佳的物流流程方案,取得较大的经济效益。

(四)射频识别技术

1. 射频识别技术的概念

射频识别技术(Radio Frequency IDentification,RFID)也称为电子标签,是一种非接触式的自动识别技术,它通过射频信号自动识别目标对象来获取相关数据。识别工作无须人工干预,可工作于各种恶劣环境。短距离射频产品不怕油渍、灰尘污染等恶劣的环境,可以替代条码,例如,用在工厂的流水线上跟踪物体。长距离射频产品多用于交通上,识别距离可达几十米,如自动识别车辆身份等。

2. 射频识别技术的组成

射频识别技术主要由三部分构成:

(1)标签(Tag):由耦合元件及芯片组成,每个标签具有唯一的电子编码,附着在物体上标识目标对象。

(2)阅读器(Reader):读取(有时还可以写入)标签信息的设备,可设计为手持式或固定式。

(3)天线(Antenna):在标签和阅读器间传递射频信号。

3. 射频识别技术的优、劣势

(1)优势

RFID 技术类似于条形码技术,但条形码技术是将条形码信息依附在物品上,通过扫描枪对物品上的条形码进行扫描,从而获得物品的信息,而 RFID 技术将 RFID 标签依附在物品上,通过射频信号将标签中的信息读取到 RFID 阅读器中,从而获得物品的特有信息。相较于传统的条形码,RFID 技术的优点如下:

①扫描快速:RFID 辨识器可同时辨识读取多个 RFID 标签,相比之下,每次只能有一个条形码受到扫描。

②可穿透性和无屏障阅读:在被覆盖的情况下,RFID 能够穿透纸张、木材和塑料等非金属或非透明的材质,并能够进行穿透性通信。而条形码扫描机必须在近距离而且没有物体阻挡的情况下,才可以辨读条形码。"无人零售店"之所以能做到无人收银,也主要是利用了 RFID 技术的这一特点。

③数据的记忆容量大：一维条形码的容量是 30 个字符左右，二维条形码可储存 2～3 000 个字符，RFID 则可储存数兆字符，而且随着记忆载体的发展，其数据容量还有不断扩大的趋势。

④体积小、形状多样：RFID 在读取上并不受尺寸大小与形状限制，不需为了读取精确度而配合纸张的固定尺寸和印刷品质，不像条形码容易产生形变和破损等问题而导致无法识别。此外，RFID 标签可向小型化与多样形态发展，以应用于不同产品。

(2) 劣势

RFID 技术虽然有很多优势，但 RFID 标签还无法取代条形码，主要体现在以下几个方面：

①成本偏高：企业需要将打印出来的 RFID 标签粘贴到每一件需要识别的商品上，同时需要配备相关的识别设备（如通道机、手持设备）等，还需要与原有的 ERP 系统进行整合，业务流程会较之前复杂，前期投入的成本略高。

②技术标准难以统一：各国在主流 RFID 的技术标准推广方面因影响力和利益关系等因素互相牵制，标准难以实现统一。

③读取准确率不过关：在阅读器作用域内多个标签同时向阅读器发送数据或者一个阅读器在另一个阅读器的作用域内时，信号间发生相互干扰，会导致阅读器接收到错误数据，即无法完整地识别出标签，或者识别出错误的标签。因此，多目标识别既是 RFID 的最大优势，也是急需解决的技术难点。

（五）智能技术

智能技术（Intellectual Technology）是利用计算机科学、脑科学、认知科学等方面的知识对物流信息进行分析和处理的技术，物流中应用的主要是人工智能、商业智能、专家系统和智能交通系统等。（智能技术将在本书项目九物联网内容中详细介绍。）

实践任务

分组调查京东和天猫等各大电商平台采用的物流技术。具体步骤与要求如下：

第 1 步，登录京东和天猫等平台，通过购物体验其物流运作流程。

第 2 步，进一步收集相关资料，分析主要网上商城采用的物流运作技术。

第 3 步，撰写电子商务物流技术的相关报告。

素质拓展

RFID 手持终端在仓储物流中的应用

近年来，随着中国经济的快速增长，特别是电子商务的迅猛发展，与仓储物流相关的年总支出占 GDP 的比重越来越大，人们在享受仓储物流给生产、生活带来的便捷的同时，也越来越多地体会到仓储物流管理的重要性。如何有效地降低库存水平、提高仓储物流管理的效率和效益是摆在众人面前的一个紧迫的问题。通过引进 RFID 手持终端等移动计算新技术、新手段对现有的仓储物流管理进行改善，解决现有管理模式上的种种弊病，其意义是深远的，既能有效解决人力资源的浪费，又能加快物资的流转速度、提高效率，有效地满足现代仓储物流管理的需求。

一、仓储物流系统对RFID手持终端的需求

随着计算机信息技术的高速发展,我国许多地区、企业、部队等的仓储管理已由原始的纸质单据加人员手工作业方式过渡到了以大型数据库为核心、仓储管理系统为中心、机械化或半机械化作业为主、一维和二维条码识别技术为辅的作业管理模式。但是随着近几年电子商务等领域的异军突起,仓储和流通环节的物资数量呈爆发性增长,物资的流通速度也愈来愈快,很显然,以往的仓储管理模式已经不能满足发展的需要,特别是单纯的以条形码识别为主的技术已经显示出一定的局限性。

目前各个仓储单位或企业对仓储管理的需求集中在以下几方面:

(1)货物的精准管理。

(2)物资的快速出入库。

(3)盘库的速度及准确程度。

(4)人员操作的简单性及准确性。

(5)数据的快速收集和整理。

因此,如何利用更新的技术手段提高仓储管理的效率正越来越受到人们的重视。

二、RFID手持终端在仓储管理中的功能及作用

RFID手持终端是一种将RFID射频识别技术与数据终端集成一体化的无线便携设备,具有大容量存储、超长使用时间、多种通信及扩展接口、硬件模块可以根据不同的需要进行选配、软件可以根据用户需求全面定制等特点,广泛应用于仓储管理中的入库清点、物资上架、盘库点仓、物资出库、检索查询等环节。它解决了物资查找费时费力的问题,实现快速清点库存,缩短库管人员清点盘库时间;解决了入库、出库耗时且容易出现物资及数量错误的情况。智能终端自身携带RFID标签读取识别模块以及强大的处理和存储功能,利用无线网络环境,配合后台的仓储管理软件,实现精确统计物资数量、存放位置,精准管理每件物资的入库、出库流程,仓储管理的信息化、科学化、精准化。

(资料来源:RFID世界网)

思政园地

京东实施青流计划践行绿色发展理念

京东在2017年发起绿色供应链行动——青流计划,长期在全国近30个城市推广使用"青流箱",并在全国范围内长期开展"闲置纸箱回收计划",同时实现在包装、仓储、运输等多个环节低碳环保、节能降耗。2019年,京东物流联合宝洁、联合利华、中国包装测试中心等成立中国电商物流行业包装标准联盟,并发布了国内首个电商包装测试标准。保护环境是国家长期稳定发展的根本利益和基本目标之一。京东通过对废旧纸箱的回收、再利用、实施绿色包装、建立环保包装标准等举措,对建设节约型社会,实现物流可持续发展提供了强大的助力,同时有利于带动一大批消费者和商家增强节约资源和保护环境的意识,有利于企业扩大自身影响力,增强投资吸引力和经济竞争力。

项目四　掌握电子商务物流服务

项目综述

本项目主要通过相应的任务实施和知识平台帮助大家熟悉电子商务物流的概念、模式与技术,了解电子商务企业供应链管理的主要内容与方法,具备物流相关技术的操作技能。

一、物流是物品从供应地向接收地的实体流动过程。根据实际需要,将运输、储存、装卸、搬运、包装、流通加工、配送、回收、信息处理等基本功能实施有机结合。

二、物流系统的基本功能要素主要包括运输、包装、装卸搬运、仓储、流通加工、配送、物流信息管理。

三、电子商务物流是主要服务于电子商务的各类物流活动,具有时效性强、服务空间广、供应链条长等特点。

四、电子商务物流模式主要有企业自营物流模式、物流联盟模式、第三方物流模式、第四方物流模式、物流一体化模式与云仓储和云物流模式等。

五、供应链是生产及流通过程中,为了将产品或服务交付给最终用户,由上游与下游企业共同建立的需求链状网。供应链管理是对供应链涉及的全部活动进行计划、组织、协调与控制。供应链管理包括计划、采购、制造、配送、退货五大基本内容。

六、物流技术是指物流活动中所采用的自然科学与社会科学方面的理论、方法,以及设施、设备、装置与工艺的总称。物流技术可概括为物流硬技术和物流软技术两个方面:物流硬技术是指组织物资实物流动所涉及的各种机械设备、运输工具、站场设施及服务于物流的电子计算机、通信网络设备等方面的技术;物流软技术是指组成高效率的物流系统而使用的系统工程技术、价值工程技术、配送技术等。

七、物流信息技术包括计算机技术、网络技术、信息分类编码技术、条码技术、射频识别技术、电子数据交换技术、北斗卫星导航系统、地理信息系统、智能技术等。

项目知识训练

一、单选题

1. BDS 是指(　　)。
A. 北斗卫星导航系统　　　　　　　B. 射频识别技术
C. 电子数据交换技术　　　　　　　D. 地理信息系统

2. 射频识别技术表示为(　　)。
A. GIS　　　　B. EDI　　　　C. GPS　　　　D. RFID

3. LBS 是指(　　)。
A. 北斗卫星导航系统　　　　　　　B. 射频识别技术
C. 基于位置的服务　　　　　　　　D. 地理信息系统

4. UPC 码是(　　)统一代码委员会制定的一种商品用条码。
A. 法国　　　　B. 美国　　　　C. 英国　　　　D. 德国

5. (　　)也被称为电子标签,是一种非接触式的自动识别技术,它通过射频信号自动识别目标对象来获取相关数据。

A. 北斗卫星导航系统　　　　　　　B. 射频识别技术

C. 基于位置的服务　　　　　　　　D. 地理信息系统

6.(　　)是利用光电扫描阅读设备识读并实现数据输入计算机的一种特殊代码,是由一组按特定规则排列的条、空及其对应字符组成的表示一定信息的符号。

A. 二维码　　　　B. 条码　　　　C. IP 地址　　　　D. 电子标签

7. 物流技术是指物流活动中所采用的自然科学与(　　)方面的理论、方法,以及设施、设备、装置与工艺的总称。

A. 人文科学　　　B. 社会科学　　　C. 天文科学　　　D. 仿真科学

8.(　　)是指企业在物流方面通过签署合同形成优势互补、要素双向或多向流动、相互信任、共担风险、共享收益的物流伙伴关系。

A. 企业自营物流模式　　　　　　　B. 第三方物流模式

C. 第四方物流模式　　　　　　　　D. 物流联盟模式

二、多选题

1. 电子商务物流模式主要包括(　　)。

A. 企业自营物流模式　　　　　　　B. 第三方物流模式

C. 第四方物流模式　　　　　　　　D. 物流一体化模式

2. 物流软技术是指组成高效率的物流系统而使用的(　　)。

A. 系统工程技术　　　　　　　　　B. 机械设备

C. 价值工程技术　　　　　　　　　D. 配送技术

3. 物流信息技术主要包括(　　)。

A. 条码技术　　　　　　　　　　　B. 射频识别技术

C. 北斗卫星导航系统　　　　　　　D. 地理信息系统

4. 供应链管理是对供应链涉及的全部活动进行(　　)。

A. 计划　　　　　B. 组织　　　　　C. 协调　　　　　D. 控制

三、问答题

1. 我国电子商务物流发展的主要趋势有哪些?

2. 以出口 B2C 电商为例,介绍出口电商主要采用的物流模式。

3. 电子商务物流的先进技术有哪些?

4. 什么是供应链?供应链管理包括哪些内容?

项目拓展训练

京东和苏宁的电子商务物流体系都做得非常好,特别是这两大巨头都将物流业务独立出来成立了京东物流和苏宁物流,请对这两家企业物流体系的构成要素、理念、模式以及具体应用了哪些先进的物流管理技术进行详细的调研,并进行对比分析,学习其运营之道。

项目五

熟悉电子商务金融服务

项目描述

电子商务金融服务主要涉及电子商务中资金的网上流转和互联网金融服务,是电子商务系统中重要的环节之一,包括网上银行服务、电子支付工具、移动支付、网络证券、网上基金投资、网上保险业务及互联网金融创新业务等内容。

项目目标

本项目通过相关知识的学习,配以相应的实践任务,学生可以在掌握互联网金融相关知识的基础上,熟练地办理网上银行业务,使用网上支付及移动支付工具,了解网络证券投资及网络保险的一般业务运作,理解电子商务资金流的流转程式及其原理。

通过本项目的学习,培养学生爱岗敬业的职业操守。

任务一 熟悉网上银行的业务与应用

学习目标

【知识目标】 掌握网上银行的概念和特点,熟悉网上银行的基本业务。
【技能目标】 熟悉网上银行操作,熟练使用网上银行的各种应用。
【思政目标】 培养学生细致严谨的工作作风和责任意识。

情景导入

小王开了一家汽车美容养护店,平时要存、取款、办理转账、缴费等银行业务,因此经常要跑银行排队办理各类业务,费时费力。随着互联网的普及,身边的人都开通了自己的网上银行,除了现金外,其他业务都可以通过网络办理,甚至申请贷款和投资理财网上银行也能快速办理。爱学习的小王最近也用上了网上银行,兴奋之余,感受颇深,网上银行实在是便捷、高效、省时省力。网上银行除了具有常见的账户余额查询、自助缴费、交易记录查询和转账功能外,还有贷款、投资理财等高附加值的产品,以满足不同客户的需要。

知识平台

一、网上银行简介

网上银行又称网络银行、在线银行,是指银行利用 Internet 向客户提供开户、销户、查询、对账、行内转账、跨行转账、信贷、网上证券、投资理财等服务项目,使客户可以足不出户就能够安全便捷地管理活期和定期存款、支票、信用卡及个人投资等。可以说,网上银行是在 Internet 上的数字银行柜台。网上银行不受时间、空间限制,能够在任何时间、任何地点,以任何方式为客户提供金融服务,因此又被称为"3A 银行"。

网上银行包含两个层次的含义:一个是机构的概念,指通过信息网络开办业务的银行,如阿里巴巴集团下的网商银行;另一个是业务的概念,指银行通过信息网络提供的金融服务,包括传统银行业务和因信息技术应用带来的新兴业务。在日常生活和工作中,一般提及网上银行,更多的是第二层次的概念,即网上银行业务的概念。网上银行业务不仅仅是传统银行将产品简单地搬到网上,其服务方式和内涵也发生了很大的变化,而且由于信息技术的应用产生了全新的业务品种。

二、网上银行的业务特点

网上银行的业务特点可以概括为以下几个方面:

（一）3A 服务

网上银行突破了时间、空间和形式的限制，用户可以在任何时间（Anytime，可以是任意一天的任何时间，没有上下班和节假日的限制）、任何地点（Anywhere，可以是家中、办公室或者旅途中，不必再到银行营业网点排队等待），以任意的方式（Anyway，可以通过笔记本电脑、手机、平板电脑、智能电视等连接上网进入网上银行）获得网上银行提供的服务。

（二）全方位的电子化运营与管理

在网上银行中，传统商业银行使用的票证被全面电子化，如电子支票、电子汇票等，同时，全面使用电子钱包、电子现金等电子货币；银行的业务文件和办公文件完全改为电子化文件、电子化票据，签名也采用数字化签名；票据和文件的签发、传送改由计算机和网络完成，往来结算由电子结算系统完成，客户不必到银行去，只要可以登录网上银行，就可以获得全面的服务。电子化办公大大提高了操作速度，降低了成本，提高了服务的准确性和精确度，减少或消灭了错误，提高了服务质量，大众资金的广域交易也可以在瞬间完成。在这个基础上，银行逐步从地理性扩张的粗放式经营转变为依靠科技和网络的集约化经营。

（三）更优服务，良好体验

传统商业银行依靠单纯的地理性规模扩张，转账、核算的相对低成本优势已经减弱，因此必须要转换为提供个性化、人性化和人际化服务，以求生存和进一步发展。在网上银行中，个性化服务包括使用界面的个性化，比如，可以根据个人喜好更换页面色彩等，更主要的是包括网上业务咨询和个人理财业务这些面向客户个人设计的服务。人性化服务是指银行通过电子邮件、在线调查等方式积极和客户联系并获取反馈意见，按照客户要求及时改进服务内容和服务方式，同时在网上银行使用界面上做到易学易用。人际化服务是指通过网络提供客户与银行、客户与客户之间的交流，扩展客户获得服务的途径，处理和客户的关系，变被动服务为主动服务。

（四）标准化服务

网上银行通过标准化的接口提供服务，这些网站一般使用 ASP、CGI、PHP 等动态网页和数据库技术，用户端的使用界面可以个性化设计，但是所有的用户都使用相同的后台程序和数据库。标准化的设计不仅可以照顾到用户的使用习惯，降低学习成本，使用户可以很快适应各种界面的网上服务，而且更重要的是，可以方便数据的统计和分析，便于银行提供更好的服务。

三、网上银行的业务种类

一般的网上银行业务可分为个人网上银行业务和企业网上银行业务两大块。

（一）个人网上银行业务

(1)账户服务。个人网上银行可以提供信息查询、资金转账、代缴费、个人账户管理等账户服务。此外，还可以对遗失的银行卡进行挂失。

(2)资金划拨业务。多数个人网上银行可以为用户提供银证转账、银证通业务。例如，银证通可以在个人证券账户之间进行资金的划拨、提取、查询等操作。此外，个人网上银行还可以为第三方支付提供接口，开展关联业务。银行通过和第三方支付平台的合作扩大了自己的业务范围,可以更好地满足客户的资金融通需求。

(3)信用卡服务。信用卡服务是指信用卡的在线申请、查询、还款、挂失等相关服务。信用卡查询指查询各类信用卡余额、消费积分的信息等。信用卡还款是指通过用户信用卡账户与存款账户(或第三方支付账户)之间的资金划转,对信用卡透支额进行还款。信用卡丢失时,可立即通过网上银行进行临时挂失,以保证资金安全。

(4)网上支付。网上支付是电子商务中资金流实现网络流转的内在要求,银行的网上支付包括:一是银行内开展的支付业务,例如代收代缴业务;二是实现对特约商户的网上支付交易;三是可以关联第三方支付。

(5)个人信贷业务。除了信用卡服务外,个人网上银行还针对个人信用客户提供各种信贷业务,例如,房贷、车贷、消费贷等灵活多样的信贷业务,以及灵活多样的还款方式。

(6)投资理财业务。利用网上银行,客户可以方便地进行投资理财,不同风险承受能力的客户都能找到适合自己的理财或投资产品。风险和收益是成正比的,如固定期限理财业务,风险小,收益固定,但收益率相对较低;而股票、基金、贵金属、外汇业务和商品期货的收益率较高,但风险也较大。在网上银行,用户可以根据自己的风险偏好和资金情况选择投资理财产品。银行主要通过手续费和价差来获取收入,而且网上银行投资系统大大降低了银行的运营成本,提升了投资效率。投资理财业务是个人网上银行业务中重要的内容之一。

(7)资讯等其他服务。网上银行还可提供银行服务信息、最新市场行情以及金融资讯。例如,可查询利率资讯(各种存期的人民币、外币储蓄存款利率、贷款利率和历史利率资料)、外汇资讯(查询实时汇率、专家汇市点评、金融知识问答、操作指南和模拟交易)、市场行情(股票、记账式国债、开放式基金等投资产品的市场行情)以及提供其他服务,包括理财计算器(可以计算存款利率、贷款月还款金额)、更改网上银行密码、更新个人资料等多项服务。

(二)企业网上银行业务

企业网上银行是指银行通过互联网或专线网络,为企业客户提供账户查询、转账结算、在线支付等金融服务的渠道,适用对象为在银行开立账户、信誉良好的企业客户,包括企业、行政事业单位、社会团体等。企业网上银行提供的服务和个人网上银行相比更加适合企业日常运营中的资金和财务管理,为企业的财务人员带来了很多便利。用户无须往返于公司和银行之间,就可完成通知存款开立、通知/取消通知存款、账户信息查询、通知存款支取和开立/支取指令查询等功能。目前网上银行能为中小企业、集团企业、金融机构、社会团体和行政事业单位提供以下服务:

(1)账户管理。账户管理是指客户通过网上银行进行账户信息查询、下载、维护等账户服务。客户可以随时查看总(母)公司及分(子)公司各类账户的余额及明细,掌握和监控企业内部的资金情况,还可以通过"电子回单"功能在线自助查询或打印往来客户的电子补充回单。

(2)收付款。收款业务是收费企业客户通过网上银行以批量方式主动收取签约个人或者其他已授权企业用户各类应缴费用的一项业务。该业务收费方式灵活,可进行异地收款,缩短了资金周转周期,加快了资金的回笼速度。收款业务涉及企业和个人两部分,收费企业要对缴费企业(个人)进行扣款,必须先由银行、收费企业、缴费企业(个人)共同签订一个三方协议并建立扣款对应关系。付款业务包括网上汇款、证券登记公司资金清算、电子商务和外汇汇款等业务,类似于电子支付业务。

(3)投资理财。投资理财是为满足企业追求资金效益最大化和进行科学的财务管理需求而设计和开发的业务。投资理财目前包括基金、国债、通知存款及协定存款等业务。

(4)其他业务。以上三种业务均是大多数商业银行可提供的业务,每个银行都有自己的特色。此外,还有一些其他服务,如中国工商银行提供贵宾室业务,可以满足贵宾客户特殊财务需求,拥有自动收款、预约服务、余额提醒、企业财务室等功能。招商银行提供的大宗商品交易所支付中介业务(以下简称支付中介业务)也是一种特色业务,是指招商银行根据与大宗商品交易所及新兴场内交易市场(以下简称交易所)签署支付中介业务合作协议,与客户签署服务协议,约定为交易所及客户在交易所提供的平台上开展交易提供资金汇划服务,以及支付中介业务合作协议约定的资金管理业务。

四、银行卡

银行卡是市场经济发展的产物,也是货币信用发展的一种表现。银行卡既是传统的支付工具,又是网上支付的重要工具。

(一)银行卡的发展

银行卡最早诞生在 20 世纪 70 年代中期的美国,其中 Visa 和 MasterCard 是最大的两个国际银行卡组织,它们在全球各地积极推广其银行卡标准、ATM 和 POS(销售点终端)转账服务。Visa 和 MasterCard 的国际化,大大促进了全球性的 EFT(Electronic Funds Transfer)系统的发展。

我国银行卡的发行始于 20 世纪 80 年代中期,从 2002 年 1 月 10 日开始,包括中国工商银行、中国农业银行、中国银行、中国建设银行、交通银行等 80 余家银行在内的金融机构都陆续发行"银联"标识卡。2002 年 3 月 26 日,我国正式成立了自己的银行卡组织——中国银联。中国银联是全球最大的区域性银行卡组织之一,注册资本为 16.5 亿元人民币,公司总部设在上海,采用先进的信息技术与现代公司经营机制,建立和运营全国银行卡跨行信息交换网络,实现银行卡全国范围内的联网通用,推动我国银行卡产业的迅速发展,实现"一卡在手,走遍神州"乃至"走遍全球"的目标。2004 年 1 月 1 日后,"银联"标识卡成为全国范围内唯一使用的人民币银行卡,各类非"银联"标识卡只做地方专用卡,不能异地或跨行使用。

目前,我国主要的银行卡品牌见表 5-1。

表 5-1　　　　　　　　我国主要的银行卡品牌

发卡银行	品牌名称	发卡银行	品牌名称
中国工商银行	牡丹卡	招商银行	一卡通
中国银行	长城卡	华夏银行	华夏卡
中国农业银行	金穗卡	上海浦东发展银行	东方卡
中国建设银行	龙卡	广东发展银行	广发卡
交通银行	太平洋卡	深圳发展银行	发展卡
中信银行	中信卡	兴业银行	兴业顺通卡
中国光大银行	阳光卡	北京市商业银行	京卡
中国民生银行	民生卡	徽商银行	黄山卡

(二)银行卡的种类

一般情况下,银行卡按是否给予持卡人授信额度分为借记卡和信用卡。

（1）借记卡。借记卡具有转账、存取现金和消费功能，可以在网络、POS 消费或者通过 ATM 转账和提款，不能透支，卡内的金额按活期存款计付利息，消费或提款时资金直接从储蓄账户划出。借记卡按使用范围可以分为国内卡和国际卡。

（2）信用卡。信用卡是指发卡银行给予持卡人一定的信用额度，持卡人可在信用额度内先消费后还款的银行卡。它的特点是先消费后还款，享有免息缴款期（最长可达 56 天），并设有最低还款额，客户出现透支可自主分期还款。信用卡除了消费的功能外，还有预借现金的功能。申请信用卡的客户需要向银行交付一定数量的年费，各银行的规定不相同，但是多数银行规定在一个刷卡周期（一年）内刷卡消费 3 次或 5 次等即可免本年度年费。

此外，银行卡还可以按信息载体不同分为芯片卡与磁条卡（图 5-1）。随着技术的更新换代，为了适应支付的便捷性和安全性要求，磁条卡逐渐被智能卡所取代。智能卡一般指 IC 卡，IC 卡是以芯片作为介质的银行卡。磁条卡是采用磁性记录介质的银行卡。与磁条卡相比，芯片卡安全性高，卡内敏感数据难以被复制。芯片卡不仅具有普通磁条卡所有的金融功能，还具备电子现金账户，支持脱机小额支付，可以使用非接触界面，实现即刷即走的快速支付和智能卡手机支付。芯片卡与磁条卡的区别见表 5-2。

芯片卡　　　　　　　　磁条卡

图 5-1　芯片卡与磁条卡

表 5-2　　　　　　　　　　　芯片卡与磁条卡的区别

项目	芯片卡	磁条卡
安全性	采用复杂的验证和加密机制，有效防止信息被复制和篡改，防止克隆	安全性低于芯片卡，易于复制、克隆
实用性	除现金存取、转账汇款等常用功能外，还支持门禁、社保、交通等其他应用功能	只具有存取现金、转账汇款等银行卡常用功能
便捷性	具备电子现金、小额支付功能，支持闪付	—

五、网上银行的安全措施

网上银行客户存款被盗事件屡屡发生，给网上银行的安全带来了严峻的挑战。为了保障电子商务交易的资金安全，可采取以下几个措施：

（一）谨防钓鱼网站

要保证登录正确的银行网站，最好是在浏览器中直接输入银行网址或是通过正规的导航网站，而不是点击群聊信息或其他未经认证网站的相关链接，以减少误入钓鱼网站和假冒网站的机会，尤其是社交软件（微信、QQ 等）上分享的链接更要提高警惕；可以设置登录网银页的个性化欢迎语，这样也可以有效鉴别登录的网银页面的真假。其实真正由于银行安全漏洞而导致钱财失窃的是少数情况，更多的人是因为疏忽上了钓鱼网站的当才不幸中招。

当首次打开银行首页时,可以将正确的网址收藏起来,尽量避免在通过超链接进入的银行系统上进行操作。

(二)保护好账号和密码

保护好自己的数字证书,使用完网上银行硬介质后及时拔下,避免自己的资料泄露;银行卡的账号和密码是绝对私人所有,不要轻易告诉别人。此外,银行不会通过第三方来转告用户一些事情,当接到陌生的电话或者短信、邮件的时候需要小心核对。不要登录来源不明的网站,不要打开可疑邮件,不要在网吧、酒吧等公共场所内多人共用的计算机上登录网银账号、使用网上银行,不要登录一些技术不完善的支付平台。

(三)正确设置和使用密码

提高网上银行密码保密性的措施有:一是密码不要过于简单,可以使用字母和数字组合、大小写加上特殊字符来提高密码的安全性,另外不要使用常用的号码作为密码,例如不要使用生日、手机号码、身份证号码等作为密码;二是网银交易密码与登录密码和邮箱密码要分开;三是当发觉异常的时候要及时更换密码,也能起到保护网上银行安全的作用;四是不要在公共场所登录网上银行,确保交易环境安全。

(四)使用杀毒软件

在使用网上银行时要及时并且定期对电脑进行杀毒,防止木马病毒入侵;将电脑的防火墙设置为最高安全级别,及时升级杀毒软件,避免"网上银行大盗"的侵入。进行网上银行交易的计算机要安装正版杀毒软件并及时更新,确保病毒库升级到最新版本,同时确保各种主动防御和实时监控处于开启状态。不要在电脑上随意安装软件,尤其是从网上下载的软件。如果必须安装,须仔细阅读《用户协议》,看该软件发布者是否捆绑了其他软件。在使用网上银行、玩网络游戏时必须开启杀毒软件。

(五)使用 CA 证书

目前银行都推出了网上银行的移动证书(俗称 U 盾,如图 5-2 所示为招商银行 U 盾),在用户登录网上银行专业版时必须把 U 盾插入电脑 USB 接口,验证通过后才能登录网上银行进行业务操作。这样即使密码被盗,只要证书没有丢失,别人也无法操作你的网上银行。虽然现在个人手机银行很普遍,使用也很方便,

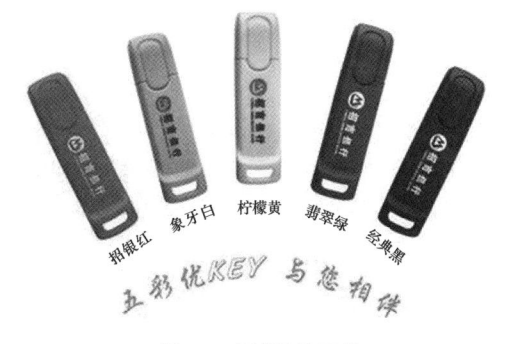

图 5-2 招商银行 U 盾

但是在企业(机构)或个人需要频繁处理银行业务时更多的是使用电脑连接专业版的网上银行进行业务操作。

(六)使用动态密码

当用户登录网上银行或对外转账时,银行会给用户预留的手机号码发送一个数字动态码,用户在动态密码卡上找到对应的动态密码(或是把收到的动态码输入到动态口令卡产生一个随机密码)输入到相应的密码框,验证通过后才可以进行相关的操作。还有一种是登录时除了输入密码外还需要通过银行发给用户的手机动态验证码验证登录,这样就有了双重保

电子商务概论

证。虽然多了一个步骤,但是却大大提高了网上银行的安全性。没有申请U盾的用户可以采取此安全措施来保证网上银行的安全。工商银行动态密码卡和动态口令卡如图5-3所示。

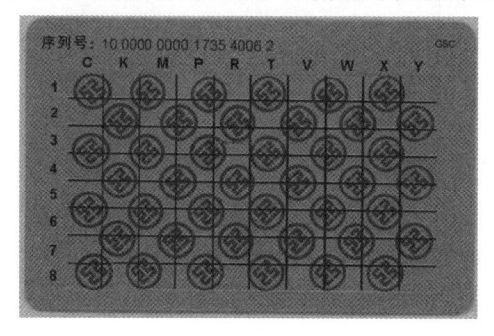

图5-3 工商银行动态密码卡和动态口令卡

(七)开通手机短信资金变更通知

很多银行为客户提供资金及业务变更的实时通知,便于客户及时掌握资金的变动情况,一旦发现异常能够及时和银行沟通,了解是否被盗用,并可以及时申请冻结账户,保护资金安全,降低损失。

需要注意的是,手机丢失也是一大隐患,使用者平时一定要设置锁屏密码和使用远程防盗功能,防止手机丢失后别人操作账户造成资金损失。

实践任务

自助开通网上银行,了解自己网上银行的业务种类及其使用方法,了解余额查询、转账、投资理财服务等应用。

素质拓展

中国银行手机银行

手机银行实际上是网上银行在手机端的实现,随着互联网和智能手机的普遍应用,手机银行成为银行竞相争夺的服务。手机银行一般是通过下载相关银行的APP安装在手机后实现的。下面是中国银行手机银行的服务特色、服务功能及注册使用的介绍。

一、服务特色

1. 功能省心

(1)手机理财——提供基金、黄金、外汇、第三方存管、B股银证转账、记账式国债、银期转账等投资理财服务。

(2)账户管理——提供账户查询、转账汇款、通知存款、定期存款、自助缴费、贷款查询、信用卡主动还款、自动还款设定和手机支付设定等服务。

(3)掌聚生活——提供话费充值、影院购票、手机购物等丰富的特色化增值服务,众多商户共享移动金融生活服务圈。

2. 使用舒心

(1)结合手机使用习惯与金融交易惯例,提供友好的交互页面,操作简便。

(2)享受转账汇款费率优惠,更有手机支付特惠惊喜。

3.安全放心

(1)动态口令牌护航:在国内率先采用国际通行的高等级安全认证工具——动态口令牌来保障中国银行手机银行使用安全。动态口令牌每60秒自动更新一个动态口令,一个口令在认证过程中只使用一次,下次认证时则更换使用另一个口令,用户不需要去记忆密码。其中手机号转账、行内转账、国内跨行转账、非关联信用卡还款、密码汇款、手机取款等6个对外任意转账功能更采用"手机交易码+动态口令"方式进行安全认证,有效增强使用安全。

(2)欢迎信息辨真伪:用户可预留个性化欢迎信息,登录即可见,真假网站,一辨即明。

(3)交易限额防风险:用户可自行设定中国银行手机银行各类交易限额,依据自己的风险承受能力做好风险控制。

二、服务功能

手机银行以其随时随地为客户提供服务为宗旨,其功能与传统基于桌面的网上银行相比毫不逊色,而其更为灵活和方便。中国银行手机银行服务功能如图5-4所示。

图5-4 中国银行手机银行服务功能

三、注册使用

1.开通手机银行的方法

(1)手机自助开通。

(2)网银自助开通。

(3)网点开通。用户可携带本人有效身份证件以及借记卡/信用卡/存折等任意一个到中国银行网点申请开通中国银行手机银行,申领动态口令牌。

2.登录使用

(1)手机银行WAP版登录。用户可以使用手机浏览器访问中国银行全球门户网站,输入注册手机银行的手机号码、密码和验证码即可登录。

(2)手机银行客户端登录。下载并安装中国银行手机银行APP,启动客户端。输入注册手机银行的手机号码、密码和验证码即可登录。使用客户端软件,用户可体验更加精美的页面设计和便捷的交互操作,目前推荐使用这种方式。

(3)微信公众号登录。目前多数银行也开通了微信公众号,用户注册认证后可以通过微信公众号登录微信银行。

(资料来源:中国银行官网)

任务二 电子支付工具的使用

学习目标

【知识目标】了解电子支付的产生与发展、电子支付常用工具的种类、电子支付在电子商务中的作用,熟悉第三方支付的内涵、优势,掌握第三方支付业务。
【技能目标】掌握第三方支付工具的使用,学会利用支付宝支付。
【思政目标】了解我国在支付技术上的领先优势,增强民族自信。

情景导入

小常是一个旅游爱好者,以前远行往往要带大量的现金,以满足各种支付场景需要:门票、礼品店、住宿费、车费等。虽说有的地方有了POS机可以刷卡支付,但是也有很多地方并不支持刷卡,需要用现金支付。带大量现金极不安全,也不方便。近几年,随着移动互联网的普及和支付技术的升级换代,现在出门只需带上银行卡和手机就能满足各种支付场景,极大地方便了旅游爱好者。

知识平台

一、电子支付简介

电子支付是指电子交易的当事人,包括消费者、厂商和金融机构,使用安全电子支付手段,通过网络进行的货币支付或资金流转。电子支付是电子商务系统的重要组成部分。与传统的支付方式相比,电子支付具有以下特征:

(1)电子支付是采用先进的技术,通过数字流转来完成信息传输的,其各种支付方式都是通过数字化的方式进行的;而传统的支付方式则是通过现金的流转、票据的转让及银行的汇兑等物理实体流转过程来完成的。

(2)电子支付的工作环境基于一个开放的系统平台(如互联网);而传统支付则是在较为封闭的系统中运作。

(3)电子支付使用的是先进的通信手段,如Internet、Extranet,而传统支付使用的则是传统的通信媒介(易丢失和损坏);电子支付对软、硬件设施的要求很高,一般要求有联网的计算机、防火墙、相关的软件及其他一些配套设施,而传统支付则没有这么高的要求。

(4)电子支付具有方便、快捷、高效、经济的优势。用户只要拥有一个能上网的终端,便可足不出户,在很短的时间内完成整个支付过程。电子支付的支付费用仅相当于传统支付的几十分之一,甚至几百分之一。

在电子商务中,支付是对准确性、安全性要求最高的业务过程。电子支付的资金流是一种业务过程,而非一种技术。

二、电子支付的类型

电子支付的类型按电子支付指令发起方式可分为以下几种：

1. 网上支付

网上支付是电子支付的一种主要形式。广义地讲，网上支付是以互联网为基础，利用银行所支持的某种数字金融工具，发生在购买者和销售者之间的金融交换，而实现从买者到金融机构、商家的在线货币支付、现金流转、资金清算、查询统计等过程，为电子商务和其他服务提供金融支持。

2. 电话支付

电话支付是电子支付的一种线下实现形式，是指消费者使用电话（固定电话、手机）或其他类似电话的终端设备，通过银行系统从个人银行账户里直接完成付款的方式。20世纪90年代，电话支付在支付领域里也曾有着较重要的地位，但随着互联网及支付技术的发展，电话支付方式已经过时，逐渐被淘汰。

3. 销售点终端支付

销售点终端（Point of Sales，POS）是一种多功能终端，把它安装在信用卡的特约商户和受理网点中与计算机联成网络，就能实现电子资金自动转账，它具有支持消费、预授权、余额查询和转账等功能，使用安全、快捷、可靠。

现在POS不仅可以支持银行卡刷卡，而且支持第三方支付，如扫码支付、刷脸支付等。多功能移动POS最近几年发展迅速，具有灵活性和适应性，能满足多场景支付的需要，例如货到付款、移动收款等零售场景。移动POS极大地方便了厂家收款和消费者付款。

4. 手机支付

手机支付就是允许移动用户使用其移动终端（通常是手机）对所消费的商品或服务进行账务支付的一种服务方式。如手机支付宝支付、微信支付、手机刷卡都属于手机支付。

5. 可穿戴智能设备支付

搭载NFC（Near Field Communication，近场通信）技术的可穿戴智能设备能提供便携性和更广泛的服务。可穿戴智能设备有着自身的优势：它不仅能更好地替代手机的部分功能，还方便携带，能适应更多的使用场景。如今，越来越多的这类产品开始加入了免接触式支付功能，使用移动支付可以节省更多的时间。如拉卡拉公司推出的智能手环、智能手表，目前已经在多个城市用于公共交通费用的支付，刷"手环"就能坐公交、地铁甚至购物。华为和小米也在积极布局可穿戴智能设备。

6. 生物识别支付

生物识别支付是利用人体生物特征的唯一性来进行支付的一种方式。例如，利用面部、指纹、声波和虹膜进行身份认证，完成支付。

三、电子支付方式

（一）电子现金

1. 电子现金的概念

电子现金（E-Cash）又称为数字现金，用一种加密的序列数来表示，它可以用来表现各种金额的币值，是以数字化形式存在的电子货币。出于安全上的考量，通常是使用智能IC

卡来储存电子现金,如校园一卡通、公交卡都属于此类。实体卡片式的电子现金卡只要去发卡单位申办即可。网络虚拟式的电子账户通常只要在网站上申办一组账号,再通过网络银行(或实体 ATM 转账)来储值或圈存,如网上商城的现金宝。电子现金能为小额线下或线上交易提供快捷与方便。

2. 电子现金支付方式的特性

电子现金在经济领域起着与普通现金相同的作用,对正常的经济运行至关重要。电子现金具备以下性质:

(1)便捷性。电子现金比传统的现金携带方便,具有支付快速、不用找零等特点。

(2)安全性。相比传统的现金,电子现金不易损坏、便于携带、不易丢失,并且可以挂失。虚拟的电子现金具有加密的手段,安全性好。

(3)不可重用性。电子现金消费后便被扣除,不能重复使用。

(4)不可伪造性。一是用户不能凭空制造有效的电子现金;二是用户从银行提取有效的电子现金后,也不能根据提取和支付电子现金的信息制造出有效的电子现金。

(5)可转让性。用户能将电子现金像普通现金一样,在用户之间任意转让,且不会被跟踪。

(6)可分性。电子现金不仅能作为整体使用,还能被分为更小的部分多次使用,只要各部分的面额之和与原电子现金面额相等,就可以进行任意金额的支付。

随着国家对智慧城市建设的支持,鼓励信息消费,电子现金的使用在未来会呈现不断增长的势头。

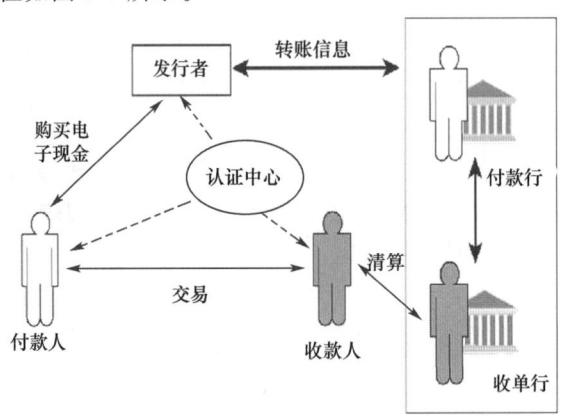

3. 电子现金交易流程

电子现金交易流程如图 5-5 所示。

图 5-5 电子现金交易流程

(二)电子支票

电子支票(Electronic Check)是客户向收款人签发的无条件的数字化支付指令,是传统支票的电子化。它可以通过互联网或无线接入设备来完成传统支票的所有功能。

电子支票的支付目前一般是通过专用网络、设备、软件及一套完整的用户识别、标准报文、数据验证等规范化协议完成数据传输,从而控制安全性。这种方式已经较为完善。电子支票支付发展的主要问题是今后将逐步过渡到公共互联网络上进行传输。目前的电子资金转账或网上银行服务方式,就是将传统的银行转账应用到公共网络上进行资金转账。

目前我国发行的电子支票较少,一般是和境外机构合作发行的境外电子旅行支票。例如，光大银行代售的电子旅行支票，是美国运通公司针对中国市场推出的全新型电子化预付产品，是专门为出国旅行、公干、留学的群体设计并发行的新型支付产品，可在境外美国运通特约商户和带有运通标识的自动提款机网络使用，目前主要有美元、欧元和英镑三个币种。光大银行可为客户提供电子旅行支票的出售、充值、销户及余额查询等服务，电子旅行支票境外使用、挂失、密码修改及相关售后服务由美国运通公司向客户提供。

（三）第三方支付

1. 第三方支付的内涵

所谓第三方支付（Third-Party Payment），是指具备一定实力和信誉保障的非银行机构，借助通信、计算机和信息安全技术，采用与各大银行签约的方式，在用户与银行支付结算系统间通过网联建立连接的电子支付模式。它通过与银行的商业合作，以银行的支付结算功能为基础，向政府、企事业单位、个人提供中立的、公正的、面向用户的个性化支付结算与增值服务。第三方支付已不仅仅局限于最初的互联网支付，而是成为线上线下全面覆盖，应用场景丰富的综合支付工具。

2. 网联的概念

网联是我国一家专门为非银行支付机构提供资金清算服务的清算机构，在全世界范围内也是独一无二的。一般而言，支付清算有代理行清算和集中清算两种模式。2018年6月30日前，第三方支付机构普遍利用在商业银行开设的大量备付金账户，直接进行代理行清算。在这种模式下，大型支付机构占有优势，而中小支付机构为了与银行建立"直连"，需要与商业银行一对一地洽谈、开发等，甚至部分支付机构还跟同一家银行的不同分行进行对接。这个过程费时费力、效率低下，且存在标准混乱、资源浪费等问题，对业务发展非常不利，也不利于维护良好的市场秩序。

网联的出现，直接宣告支付机构与银行"直连时代"从此终结。对于大型支付机构而言，网联上线抹平了其直连体系带来的优势。所有的支付预结算数据都会通过网联，有利于央行对第三方支付的监管，有效地防范金融风险。第三方支付网络支付清算体系如图5-6所示。

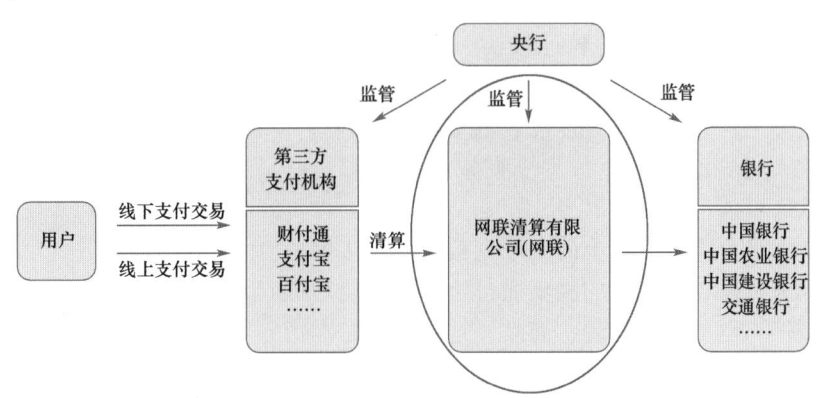

图 5-6 第三方支付网络支付清算体系

3. 第三方支付行业的发展

第三方支付出现的最初目的是解决在信用体系不健全的情形下电子商务小额支付的交易双方因银行卡不一致造成的款项转账不便问题。它降低了政府、企事业单位直连银行的开发成本，满足了企业专注发展在线业务的收付要求，避免了与被服务企业在业务上的竞争。第三方支付作为目前主要的网络交易手段和信用中介，实现第三方监管和技术保障的作用。采用第三方支付,可以安全实现从消费者、金融机构到商家的在线货币支付、现金流转、资金清算、查询统计等流程;为商家开展 B2B、B2C、C2C 等电子商务服务和其他增值服务提供完善的支持。第三方支付的发展势头迅猛。

4. 第三方支付流程

提供第三方结算电子支付服务的商家往往都会在自己的产品中加入一些具有自身特色的内容。但是总体来看,其支付流程都是付款人提出付款授权后,平台将付款人账户中的相应金额转移到收款人账户中,并要求其发货。有的支付平台会有担保业务,如支付宝。担保业务是将付款人将要支付的金额暂时存放于支付平台的账户中,等到付款人确认已经得到货物(或者服务)或在某段时间内没有提出拒绝付款的要求,支付平台才将款项转到收款人账户中。这样极大地保障了买家(消费者)的利益,是第三方支付主流的业务模式。

第三方平台结算支付模式的资金划拨是在平台内部进行的,此时划拨的是虚拟的资金。真正的实体资金划拨还需要通过后台系统实际支付结算层来完成,这对用户来说是不透明的。第三方平台结算支付的流程如图 5-7 所示。

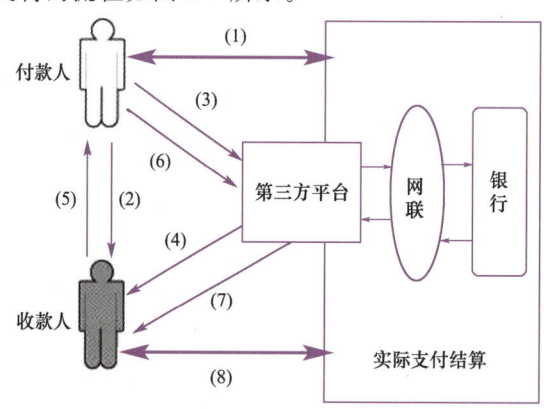

图 5-7 第三方平台结算支付的流程

(1)付款人将自己的银行账户通过网联与第三方平台关联。
(2)付款人购买商品(或服务)。
(3)付款人发出支付授权,第三方平台将付款人账户中的资金转移到自己的账户中保管。
(4)第三方平台告诉收款人已经收到货款,可以发货。
(5)收款人完成发货许诺(或完成服务)。
(6)付款人确认可以付款。
(7)第三方平台将临时保管的资金划拨到收款人账户。
(8)收款人可以将账户中的款项通过第三方平台以及网联结算平台相关联的银行账户兑换成实体货币,也可以用于购买商品。这一过程是在后台实际支付结算层完成的。

5. 第三方支付模式的优点

第三方支付平台属于第三方的服务中介机构,完成第三方担保支付的功能。它主要是面向开展电子商务业务的企业提供电子商务基础支撑与应用支撑服务,不直接从事具体的电子商务活动。第三方支付模式具有以下优点:

(1)第三方支付平台通过网联可以与众多银行开展合作。通过网联不用开发与各银行的接口,相比以前流程更为简单,从而大大方便了网上交易的进行。对于卖家来说,不用安装各个银行的认证软件,在一定程度上降低了费用,简化了操作;对于消费者来说,网上交易将不再受限于特定的银行卡,并且交易的信用度也更加有保障。

(2)第三方支付平台作为中介方,可以促成卖家和银行的合作。对于卖家来说,第三方支付平台可以降低企业的运营成本。对于银行来说,可以通过网联利用第三方的服务系统提供服务,帮助银行节省网关开发成本。

(3)第三方支付平台可以对交易双方的交易进行详细记录,从而防止交易双方对交易行为的抵赖以及为在后续交易中可能出现的纠纷问题提供相应的证据,并能通过一定的手段对交易双方的行为进行一定的约束,成为网上交易信用查询的窗口。

(4)第三方支付平台提供的支付担保业务可以在很大程度上保障付款人的利益。买方在收到货物满意后再通知第三方支付平台付款给卖家,如果不满意可以通知第三方支付平台拒绝付款给卖家,买方可以收回资金,最大限度地保障付款人(买方)的利益。

(5)通过网联可以有效防范第三方支付行业风险。过去大家通过支付宝、财付通去付款和转账的时候,采取的是单一第三方支付和单一银行直连的模式,这种"一对一"模式绕开了央行的清算系统,使央行无法掌握具体的交易信息,也无法得知资金的具体流向,这种交易模式让不法分子有了可乘之机,也给监管机构和金融机构带来了金融监管、货币政策实施及金融数据分析等方面的难题。网联可以获取具体的交易信息和资金流向,防范洗钱和挪用备付金等行为,有效防范第三方支付行业风险。

实践任务

快捷支付是较便捷、轻松的付款方式。用户在网上订购商品时,不需开通网银,直接通过输入卡面信息即可便捷、快速地完成支付。如将支付宝账户关联储蓄卡或者信用卡,只需输入支付宝的支付密码即可完成付款。开通并体验快捷支付,思考支付宝快捷支付是否存在安全隐患。

素质拓展

支付宝生活理财服务——生活因支付而改变

除了网络上的电子商务支付外,支付宝已经开始涉足个人家庭生活支付和理财领域。目前越来越多的城市已加入到支付宝生活支付领域。便捷的支付,免去银行排队等待的烦恼,个性化的提醒功能设置,愉快的支付体验正在被人们接受和认可。

除此之外,支付宝还和天弘基金合作推出了余额增值服务——余额宝。用户资金转入余额宝,用户不仅能够获得收益,而且余额宝内的资金还能随时用于网上购物、支付宝转账等支付功能。转入余额宝的资金在第二个工作日由基金公司进行份额确认,对已确认的份额会开始计算收益。余额宝提款到银行卡两小时左右到账,非常方便。网购时可以直接用余额宝的资金付款,可以说是购物、收益两不误。2012年5月11日,支付宝获得基金第三方支付牌照,正式涉足基金支付领域,有多家基金公司和支付宝签约,支付宝公司利用自己的客户资源及用户信用数据的优势将吸引更多的基金公司开展合作。

不仅如此,用户还能用支付宝购买保险、彩票以及开展其他金融业务。

(资料来源:支付宝官网)

任务三 体验移动支付

学习目标

【知识目标】 了解移动支付的含义及特点,理解移动支付的商业模式。
【技能目标】 掌握手机支付软件的设置,学会利用手机支付。
【思政目标】 了解技术的双面性,培养学生的资金安全风险意识。

情景导入

李阿姨经常要去超市、小区的便利店、菜市场买日常的生活用品,但拿钱包—付款—结账—找零非常不便,有时候还会收到假币,现钞上也经常会藏污纳垢。虽然可以刷卡,但是除了超市,很多地方还是没有普及。她听说现在可以手机支付,于是在手机上安装了微信和支付宝,现在出去只要带上手机扫一扫就能付款了。移动支付这个便捷的功能让李阿姨喜出望外。

知识平台

一、手机银行

1. 手机银行概述

手机银行也可称为移动银行(Mobile Banking),是利用移动通信网络及终端办理相关银行业务的简称。作为一种结合了货币电子化与移动通信的崭新服务,移动银行业务不仅可以使人们在任何时间、任何地点处理多种金融业务,而且极大地丰富了银行服务的内涵,使银行能以便利、高效而又较为安全的方式为客户提供传统和创新的服务。

2. 手机银行的实现方式

手机银行是网络银行的派生产品之一,它的优越性集中体现在便利性上,客户利用手机银行不论何时、何地均能及时进行交易,节省了 ATM 和银行窗口排队等候的时间。

手机银行主要的实现方式有 STK(Sim Tool Kit)、SMS(Short Message Service)、BREW(Binary Runtime Environment for Wireless)、WAP(Wireless Application Protocol)、WLAN(无线局域网)。其中,STK 方式需要将客户手机 SIM 卡换成存有指定银行业务程序的 STK 卡,缺点是通用性差、换卡成本高;SMS 方式即利用手机短消息办理银行业务,客户容易接入,缺点是复杂业务输入不便、交互性差;BREW 方式基于 CDMA 网络,并需要安装客户端软件,是目前手机银行的主要实现方式;WAP 方式即通过手机安装的浏览器访问银行网站,利用手机上网处理银行业务的在线服务,客户端无须安装软件,只需手机开通上网功能即可;WLAN 方式使手机变成了一个便携 PC,通过 WWW 方式直接访问网上银行,和传统 PC 应用银行业务没有本质区别,只是终端不同,现在的智能手机都支持这种业务。

从 4G(第四代移动通信)开始,随着智能手机的普及,目前各大银行都推出了基于智能手机 Android 系统和苹果 iOS 系统的手机客户端软件,用户在柜台开通(有的银行免开通)并下载安装注册即可使用手机银行的各种业务。手机银行业务主要包括:账户管理、转账汇款、支付、个人贷款、缴费充值、投资理财等。图 5-8 是建设银行手机银行个人业务主界面。

3. 手机银行的特点

(1)方便快捷。手机一个很大的特点是可随身携带,这就注定了手机银行的方便快捷性,只要有类似于非现金的银行类的需求都可以通过手机银行办理,而且它提供的是 7×24 小时服务。手机银行是最能体现网上银行 3A 服务特征的银行业务办理的一种渠道。

(2)功能丰富。只要网上银行能提供的服务和功能,目前手机银行都可以实现,包括大家熟悉的查询、转账、汇款、支付以及投资理财、信用卡等,功能非常丰富。

(3)安全性较高。客户使用手机银行可能最顾虑的就是安全性。手机银行本身是一个非常安全的产品,关键在于用户使用手机银行的安全意识。这里的安全可以从两个方面进行解释:一是手机实名制的推出使手机本身就具有

图 5-8 建设银行手机银行个人业务主界面

认证功能,这类似于网上的数字证书;二是用户在登录时除了要输入预先设定的密码外,还可选择输入用户手机动态密码(银行通过短信的方式发送随机密码到手机)。这就给用户提供了双重的安全保护。

(4)成本低。对于银行来说,手机银行系统的开发成本低,可移植性强,也减轻了银行柜台业务的压力。目前大多数银行都规定,通过手机银行转账免费,而且到账速度很快,对于用户来说,节省了时间成本以及转账的费用。

二、手机支付概述

1. 手机支付的概念

手机支付又称为移动支付(Mobile Payment),是指允许移动用户使用其移动终端(通常是手机)对所消费的商品或服务进行账务支付的一种服务方式。

2. 手机支付的发展

手机支付是支付方式发展的一种必然趋势,手机支付的推广和应用对于商户、服务提供

商和消费者都具有积极意义。对于商户而言,手机支付将为自身业务的开展提供没有空间和时间障碍的便捷支付体系,在加速支付效率、降低运营成本的同时也降低了目标用户群的消费门槛,有助于进一步构建多元化的营销模式,进一步提升整体营销效果。从服务提供商角度来看,在完成规模化推广并与传统以及移动互联网相关产业结合后,手机支付所具备的独特优势和广阔的发展前景将为服务提供商带来较大的经济效益。对于消费者来说,手机支付使得资金携带更加方便,消费过程更加便捷简单,消除了支付障碍之后,可以更好地尝试许多新的消费模式,同时配以适当的管理机制和技术管控,支付资金的安全性也会得到进一步提高。

三、手机支付的方式

到目前为止,手机支付方式可分为以下几种:

1. 手机话费支付

费用通过手机账单收取,用户在支付手机账单的同时支付了这一费用。在这种方式中,电信运营商为用户提供了信用,但这种代收费的方式仅限于电信运营商推出的增值服务,如下载手机铃声等有限业务,交易额度受限。

2. 绑定银行卡支付

费用从用户的银行账户(借记账户)或信用卡账户中扣除。在该方式中,手机只是一个简单的信息通道,将用户的银行账号或信用卡号与其手机号连接起来,如果更换手机号则需要到开户行进行变更。

3. 手机第三方账户支付

支付通过第三方账户完成,手机需要安装相应的第三方客户端软件且要保持在线联机状态,用户登录完成支付操作即可。例如,阿里巴巴推出的手机支付宝钱包就是这种方式,这属于第三方支付的范畴,只不过在手机客户端实现。

4. 无绑定手机支付

这种方式即手机银行卡支付,个人用户无须在银行开通手机支付功能即可实现各种带有银联标识的借记卡的支付(手机刷卡),其原理是消费者的手机植入与银行卡信息关联的芯片后,不用接触,只需轻轻一刷,就可以实现手机支付。例如,银联推出的手机非接触式支付,可以在支持这种业务的自动售货机上轻轻一划便实现安全的支付。除了可以刷卡购物以外,这个安装了芯片的手机还可以关联十几张银行卡,用户自由在手机上切换要使用的银行卡,并通过手机实现银行账户之间的转账。从安全角度考虑,该芯片与手机 SIM 卡相连通,采用了多重加密的技术,即使手机丢失,也可以保证银行账户的安全。

5. 手机刷卡器支付

国内较大的线下支付公司,联想控股成员企业拉卡拉支付股份有限公司发布拉卡拉手机刷卡器,全面进军个人移动支付市场。刷卡器插在智能手机的耳机插孔中,相应的智能手机中要安装客户端软件。支付时刷卡器将刷卡信息转为加密音频,通过耳机插孔传送到手机,手机安装对应的 APP 解密信息,并通过网络对信息进行传递实现刷卡,从而实现了刷卡器的通用性和跨平台性。类似的还有"乐刷""盒子支付"等。目前拉卡拉和银联合作,只要是银联的卡片，都可以在拉卡拉手机刷卡器上进行刷卡，实现了手机 POS 机功能，特别适合商户的移动收款业务，便捷且成本低。它支持查询、转账汇款、还贷款、网购支付、缴费充值和生活服务类业务。

6. 数字人民币支付

数字人民币是中国人民银行发行的法定数字货币，即数字货币电子支付（DC/EP，Digital Currency Electronic Payment）。它与纸钞和硬币等价，是具有价值特征和法偿性的可控匿名的支付工具。2020 年 8 月 12 日，商务部发布《商务部关于印发全面深化服务贸易创新发展试点总体方案的通知》，在"全面深化服务贸易创新发展试点任务、具体举措及责任分工"部分提出，在京津冀、长三角、粤港澳大湾区及中西部具备条件的试点地区开展数字人民币试点。由中国人民银行制定政策保障措施，先由深圳、成都、苏州、雄安新区等地及未来冬奥场景相关部门协助推进，后续视情况扩大到其他地区。2020 年 10 月 8 日，深圳市人民政府联合中国人民银行开展了数字人民币红包试点。用户在手机中安装数字人民币 APP 就可以实现"上滑"付款，"下滑"收款，数字人民币还可以离线付款。从试点试用效果来看，人们普遍体验较好，方便快捷。预计数字人民币在全国的推广使用将会很快到来。

四、移动支付市场概况

目前移动支付市场支付宝、财付通占据较大市场份额，依靠积累的庞大用户群体，市场地位稳固。而随着无现金社会建设的加速推进，生物识别支付或许将取代手机扫码支付，成为推动这一进程的核心动能。这也就是说未来的行业格局对各个参与者都意味着新的机遇与挑战。

CNNIC 发布的第 47 次《中国互联网络发展状况统计报告》显示，截至 2020 年 12 月，我国网络支付用户规模达 8.54 亿人，较 2020 年 3 月增长 8 636 万人，占网民整体的 86.4%；手机网络支付用户规模达 8.53 亿人，较 2020 年 3 月增长 8 744 万人，占手机网民的 86.5%。

（一）手机扫码时代，支付宝、财付通优势明显、格局稳固

第三方移动支付行业中，支付宝、财付通占据着市场优势。从市场竞争格局来看，移动支付行业各巨头深挖细分场景，在零售、交通、医疗、生活等场景拓展市场。其中支付宝和微信进入市场早，借助各自平台优势抢占了大量用户，之后又通过拓展线下场景，占据了大量市场份额。尽管已经拥有庞大的用户群体和丰富的支付场景，占据了市场优势，但它们仍在不断培养用户黏性、开拓新的支付场景以巩固行业地位。

社交为以微信、QQ 为入口的财付通带来经济效益。这也意味着财付通能够更好地辨别用户身份，对用户的人际和社交关系进行梳理。相比之下，支付宝的优势在于电商与金融业务的相关度更高，一方面围绕商业经营流程的痛点，帮商家实现精准营销；另一方面帮助商家和用户累积信用，更好地获得理财等金融服务。这对其市场份额趋稳、日活跃用户数增加都起到支撑作用。

（二）生物识别将取代手机扫码成下一个风口

生物识别是指利用人体固有的生物特征（如人脸、指纹、虹膜等）来完成个人身份的鉴定，理论上具有随身性、唯一性、稳定性和安全性的特点。尤其是在金融行业里的应用，生物识别已经深入开户、支付、取款、借贷等各个领域。

在当前的移动互联网时代，拿出手机"扫一扫"商户的二维码，已成为人们完成移动支付的习惯性动作。实际上，随着金融科技的进一步发展，支付手段也越来越丰富，生物识别技术在支付领域的应用前景也更为广阔。人脸识别、指纹识别、虹膜识别、静脉识别等新型生物识别方式将给支付带来更多可能性，如不用手机，直接进行刷脸认证。如此一来，对于用户来说，不必再记住复杂、烦琐的支付密码，直接降低了用户的使用成本和难度，提升支付的便捷性。

2017年9月，支付宝在杭州肯德基KPRO餐厅上线刷脸支付。这是支付宝刷脸支付在全球范围内的首次商用。根据现场体验，整个过程十分便捷，第一次使用需要在支付宝APP上开通此功能，开通后在自助点餐机上选好餐，进入支付页面，选择"支付宝刷脸付"，然后进行人脸识别，大约需要1~2秒，再输入与账号绑定的手机号，确认后即可支付。整个支付过程不到10秒。良好的支付体验预示着刷脸支付的应用前景广阔。

（三）无现金社会渐行渐近

随着支付技术的发展及创新应用，无现金（现钞、硬币）的社会将会真正到来。随着移动设备渗透率和生活场景覆盖率的日趋饱和，移动支付行业规模的进一步发展需要从新的发力点进行推动。从无现金社会的进程来看，前几年银行卡的普及让大家降低使用现金的频率，近几年开始进入扫码支付的阶段，大家用手机替代了钱包，而随着数字人民币的落地使用，人脸识别等生物识别技术会让大家摆脱手机等硬件的束缚，人走到哪里，账户就跟随到哪里。

目前生物识别支付中，指纹支付在支付宝支付中可以取代密码，刷脸支付已经过了测试阶段。支付宝称未来人们可以拥有一个和自己的身体融为一体的支付宝。支付宝方面表示，这些计划所需的云计算、计算机视觉、语音交互、自然语言处理、数据挖掘、机器人等关键技术，目前基本都在支付宝上有大规模应用，会在适当的时机推出。无现金社会发展趋势如图5-9所示。

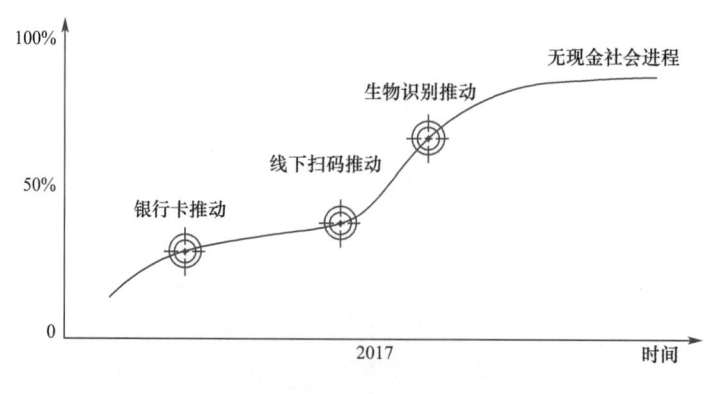

图5-9 无现金社会发展趋势

（四）智能可穿戴设备支付方兴未艾

客观地讲，在收银台结账时拿出手机、解锁、打开支付应用然后再扫一扫，让支付终端读取数据实现支付，并不是每个人都相信这种支付方式要比传统的拿出钱包刷卡或支付现金来得更加方便。但是，如果只是将我们的手腕靠近支付终端就能完成支付的话，显然要比以上方式都更加简单。

随着NFC（近场通信技术，一种能够在两台电子设备间实现通信的技术）的发展，毋庸置疑，它将可穿戴设备支付和非接触式支付变成现实。可穿戴设备的支付主要是指利用智能手环、智能手表来实现非接触式小额支付的一种支付方式，其应用前景非常广阔，例如，可用来乘坐公共交通工具、超市购物、交停车费用等各种线下应用场景。早在2015年国内的拉卡拉支付股份有限公司就推出了拉卡拉手环，该手环集运动、睡眠、健康的基础手环功能与支付金融功能于一体，重新定义了可穿戴设备。顺应大众"无钱包出行"的移动支付潮流，拉卡拉手环也从众多智能手环中脱颖而出，深受年轻人喜爱。目前拉卡拉手环（手表）已经在多个城市实现了快捷支付，用户只需抬起手腕对准机器轻轻一晃便可乘坐公交车，并在超市、剧院或更多的消费场所进行支付交易。

实践任务

微信支付属于第三方快捷支付的一种，腾讯公司拥有庞大的客户群体，因此会有越来越多的商家支持微信支付的功能。请为微信支付绑定银行卡并为自己的手机缴纳话费、为朋友发红包及转账。

素质拓展

深圳"尝鲜"，数字货币渐行渐近

2020年10月，深圳市政府联合央行开展数字人民币（央行数字货币）红包试点，深圳市罗湖区政府出资1 000万元，以抽签的形式，面向近50 000名市民发放数字人民币。首次亮相的数字人民币面值为200元，设计上与纸钞相似，上方左右两处印有"国徽"和"中国人民银行"的图样。继深圳近50 000名用户和3 000余家商户"尝鲜"后，数字人民币无疑未来将在更大范围内走进人们的生活。

据使用数字货币的消费者透露，使用数字货币支付消费与使用支付宝、微信差不多，只需在手机屏幕上把支付二维码展示给商家，用专门的POS机扫一下就能付款，非常快速便捷。目前来看，消费者可通过绑定的银行卡完成存款与数字人民币的兑换，实现向数字人民币APP里转款充值。据悉，数字人民币的支付更加具有包容性。通过手机中的近场通信功能，用户在网络离线状态下，也能让手机与POS机实现正常交易。

据了解，深圳市民对用数字人民币消费的接受度较高。"这次试点的工作还是比较顺利的，使用红包支付的比例较高，公众的热情超出了我们当时的预期。这也是常规化的一次测试，并不是一个完全公开的测试，比较高兴能看到这样高的热情。"中国人民银行数字货币研究所所长在"2020金融街论坛年会"上谈及深圳数字人民币试点情况时表示。

数字人民币并不会形成对纸钞和硬币的替代，后者仍将正常使用。数字人民币的发行不靠行政强制来实现，而将以市场化的方式来进行，根据老百姓的需要来使用，在可预见的将来，数字人民币和纸钞将长期并存。

也就是说，和现金一样，未来既要面向公众提供广泛的数字人民币服务，又要保证所有公众都可以方便地获得和使用数字货币。中国人民银行数字货币研究所所长指出，在数字人民币发行过程中，一方面所有的商业银行应该参与到流通服务中；另一方面，也要保证为包括贫困地区和数字弱势群体在内的所有老百姓，提供普惠性的、使用方便的数字化央行货币，避免数字鸿沟和金融排斥。"我们也一直在研发适合老年人和排斥使用智能终端这部分群体使用的数字人民币产品。"他说。

（资料来源：《经济日报》官方账号，2020年11月5日）

任务四 体验网上证券交易

学习目标

【知识目标】理解网上证券投资的相关知识，掌握网上证券交易流程。
【技能目标】掌握网上证券的开户流程及网上基金交易。
【思政目标】通过网络证券的学习，培养学生的投资理念，了解国家金融创新。

情景导入

小王是一家IT公司的项目经理，每月除了日常的开销外，工资还有大部分结余。俗话说得好："你不理财，财不理你。"小王经过比较，结合自身的风险偏好，决定选择股票、基金为投资品种。小王了解到现在买基金非常方便，通过电脑和手机就能进行基金投资，而且网上基金平台为客户提供了定制化的产品和服务。

知识平台

一、网上证券服务概述

（一）网上证券的含义

网上证券是电子商务条件下的证券业务的创新。网上证券服务是证券业以互联网为媒介为客户提供的在开放的互联网平台进行证券投资服务的一种新的商业模式。网上证券服务包括有偿证券投资资讯（国内外经济信息、政府政策、证券行情）、网上证券投资顾问、股票网上发行、买卖与推广等多种投资理财服务。网上证券交易是指投资者通过互联网进行证券买卖的一种方式，包括股票、基金、债券、权证等。网上证券交易系统一般都提供实时行情、金融资讯、下单、查询成交回报、银证转账及理财等一体化服务。

证券网上交易与传统交易的最大区别：证券网上交易中，投资者发出的交易指令在到达证券营业部之前，是通过公共网络（互联网）传输的，而传统的证券交易活动要去证券营业厅才能完成。目前有基于 PC 的证券交易和基于手机的证券交易,极大地方便了投资者随时、随地开展证券交易相关活动,也降低了证券公司的经营成本,提升了客户服务质量。

(二)网上证券交易的优势

网上证券交易对投资者来说方便、迅速、安全,可获得券商多种多样的网上服务。

(1)网上交易不受地域限制。只要能够连接上网,在任何一个地方都可以看到所需要的信息。用户只要在证券营业部申请开通网上委托功能,就可以在任何地方通过网络看到股市行情,并可以下单交易。

(2)行情数据免维护。网上交易的行情数据是由券商和电信局共同维护的,不需要投资者维护。所以用户在任何时候打开电脑都可以看到完整的行情走势,既不需要整天联系,也不需要做收盘作业,所有数据都准备好了。

(3)行情分析、下单委托、查询资料方便直观。网上交易为用户提供直观的图形走势,下单委托也十分方便,而且可以查询个人的股票、基金、成交情况等资料。

(4)互联网上资源丰富。互联网上提供给投资者的信息比比皆是,许多上市公司也在网上开辟了自己的站点,这些信息要比任何一家券商提供得都多,也更为客观准确。

(5)网上交易的安全性有保障。证券网上交易使用 SSL(安全套接层)128 位强加密算法,利用安全网关和并口隔离技术等安全保障措施,确保网上交易的安全,该安全体系已通过国家信息安全测评中心的安全认证。

(6)股票、基金、债券等自由讨论。网络上各种先进的交流方式同样也可以应用到股市沙龙中,让更为广泛的投资者进行多种形式的互动交流。

对证券商来说,网上证券能降低经营成本、提升服务水平、提高创新能力及竞争力。

(三)网上证券的交易过程

1.网上证券交易系统

如果纯粹从交易过程来看,证券网上交易与传统交易的不同仅仅是交易信息在客户与证券营业部之间的传递方式上,对证券营业部到交易所的交易方式不会产生任何影响。传统的交易方法包括投资者通过证券营业部柜台下单或通过电话委托等方式进行交易。而在网上交易中,投资者发出的交易指令在到达证券营业部之前,是通过公共网络(互联网)传输的。网上证券交易系统如图 5-10 所示。

图 5-10 网上证券交易系统

网上证券交易系统为客户提供网上股票等交易的实际环境,使得股民可以通过 Internet 进行方便快捷的在线交易、管理及其行情查询。业务涵盖股票买卖、行情查询、银证转账、账户余额查询、开户、销户、密码修改等方面。网上证券交易系统由几个不同的模块组成,主要任务是完成证券金融信息的收集、整理、发布以及交易等工作。

网上证券交易系统的主要交易功能有:登录、委托买入、委托卖出、委托撤单、委托查询、成交查询、资金明细查询、历史委托查询、当日委托查询等。

2. 网上证券开户和交易流程

目前网上证券开户有两种模式：一是携带有效身份证件及指定的银行卡到证券公司的营业网点开户获取证券账号；二是通过证券公司的网站直接开户，获取证券账号，在手机和电脑上都能操作。第二种开户方式绿色环保、省时省力、节省成本。

用户开户后可自行到证券公司网站下载交易软件，并安装到自己的电脑或手机中。

用户打开交易软件，输入证券账号、密码和验证码，登录交易系统（如图 5-11 所示为华安证券交易软件登录界面），在交易时间内即可开展股票、交易性基金（债券）等的在线交易。

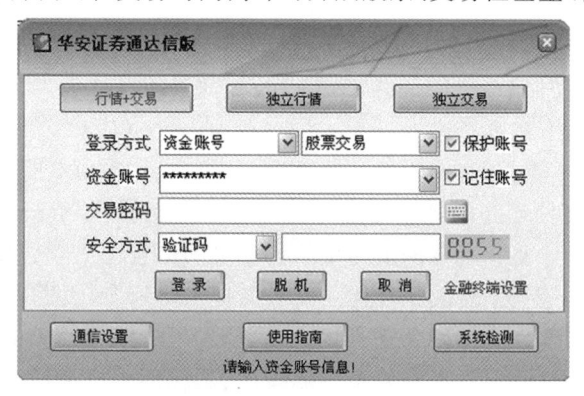

图 5-11 华安证券交易软件登录界面

二、网上基金

证券投资基金（Securities Investment Fund）是指通过公开发售基金份额募集资金，由基金托管人托管，由基金管理人管理和运作资金，为基金份额持有人的利益，以资产组合方式进行证券投资的一种利益共享、风险共担的集合投资方式。基金根据风险大小可以分为货币基金、债券基金和股票基金。互联网的普及与发展不仅方便了投资者，而且提高了投资者的投资效率，降低了基金公司的运营成本。

（一）网上基金概述

网上基金是指基金公司或第三方机构通过互联网开展基金的销售、投资、交易、咨询等相关业务活动。传统的基金营销和投资方式以银行柜台为主，渠道单一、信息不畅、成本较高。网上基金改变了传统的基金销售和投资模式。互联网拉近了基金公司和投资者的距离，降低了信息不对称带来的沟通成本，提高了投资者选择基金的自由度，提升了客户投资体验。网上基金得到了投资者的认可，人们不仅可以通过 PC 端，而且可以通过手机中的基金 APP 进行基金的投资等相关业务，更为高效和便捷。

（二）网上基金的运营模式

1. 基金公司网站直销模式

基金公司网站直销模式是指传统基金公司依靠互联网和信息技术建立门户网站，依托自建的基金网站提供基金销售、业务咨询、投资交易、知识问答和客户关系管理的平台。

基金公司网站直销模式的特点如下：

（1）跨时空。互联网的跨时空特性是基金公司网站建立的最初动机。基金公司建立自己的网站一方面可以树立自己的网络形象，更好地宣传自己；另一方面可以把自己的基金产品推广到全国甚至全球,能 7×24 小时不间断地为客户提供优质服务,人们只要接入互联网,就能登录基金公司的网站开展交易、咨询、获取信息。

(2)方便快捷。传统的基金公司主要依赖银行柜台交易间接地为客户提供服务,银行依靠自己的客户资源,在互联网不够发达的时候,以这种运作模式为主导,基金公司很难直接接触客户。互联网的普及为基金公司直接接触客户提供了便捷的途径,客户也能很方便地通过网络了解基金公司的产品,只需一张自己的银行卡和身份证就能方便快捷地在基金公司网站注册和开户,并能及时获取相关资讯。

(3)低成本。互联网大大降低了基金公司的运作成本,基金公司通过建立自己完善的网站作为营销平台,通过互联网营销工具精准营销,大大节省了公司的营销费用;基金公司还可以利用自己的网站为客户提供优秀的投资工具,建立良好的互动关系,节省客户维护成本;公司通过网络化的平台可以节省管理费用,提升管理效率和效益。对用户来说,通过基金公司网站直接购买基金产品,费用享有较低的折扣,一般基金公司都给出了 4 折以下的优惠,甚至有些产品可以免申购和赎回费,大大节约了成本。

(4)个性化。互联网时代,人们的消费模式也发生了巨大变化,呈现多样化、个性化、碎片化的特征。基金作为一种投资理财产品亦显现出个性化的特征,会受到人们收入、年龄、学历和风险偏好的影响,人们对基金产品的需求在不同的阶段也呈现出多层次和个性化的特点。基金公司依托自己的网站优化产品组合,根据人们的不同偏好为客户量身定做适合的基金产品组合,能最大限度地满足客户的个性化投资需求。

(5)交互性。交互性是指基金公司利用现代化的信息工具使得信息流能够双向互动,从而更好地为客户服务。例如,基金公司网站通过微信公众号使客户能够及时了解公司的动态,获得更为专业的投资咨询与建议,对基金公司和客户都是一种双赢的策略。

(6)创新性。互联网时代,需要具有互联网的思维和创新精神,基金公司只有从客户的角度出发,利用先进的信息技术优化内部结构,重构以客户为导向的流程,勇于进取,推陈出新,才能在竞争中取胜。基金公司网站是基金公司连接客户的桥梁,是维系客户的纽带,是公司创新和勇于进取的展示台。例如,广发基金公司和百度公司合作推出了大数据基金——广发百发大数据基金,一上线就吸引了众多投资者。

2. 第三方基金平台运作模式

第三方基金平台运作模式主要是指独立于基金公司之外由中国证监会批准的第三方基金平台进行基金产品的销售、投资、交易和管理的模式。其中较大的第三方基金平台有天天基金、数米基金、好买基金、天相投顾、众禄基金等。此外,还有电商企业金融服务类目下的基金业务,例如支付宝开展的基金业务,京东金融下的基金理财。天天基金网在第三方基金市场中占有较大的优势,其首页如图 5-12 所示。

随着互联网的普及,第三方基金平台最近几年发展非常迅速,尤其获得年轻投资者的青睐。第三方基金平台具有以下优势:

(1)品种丰富。由于基金公司都支持第三方基金平台销售自己的产品,因此第三方基金平台的基金产品非常丰富,给了客户较大的选择空间。在第三方基金平台中,不同风格的基金产品应有尽有,投资者可以根据市场情况和自己的投资需求,真正实现一站式购买多个基金公司的优质基金产品,基金的转换、申购也极其方便。

(2)优质、专业化的服务。第三方基金平台专注为客户提供基金的投资,对于普通大众

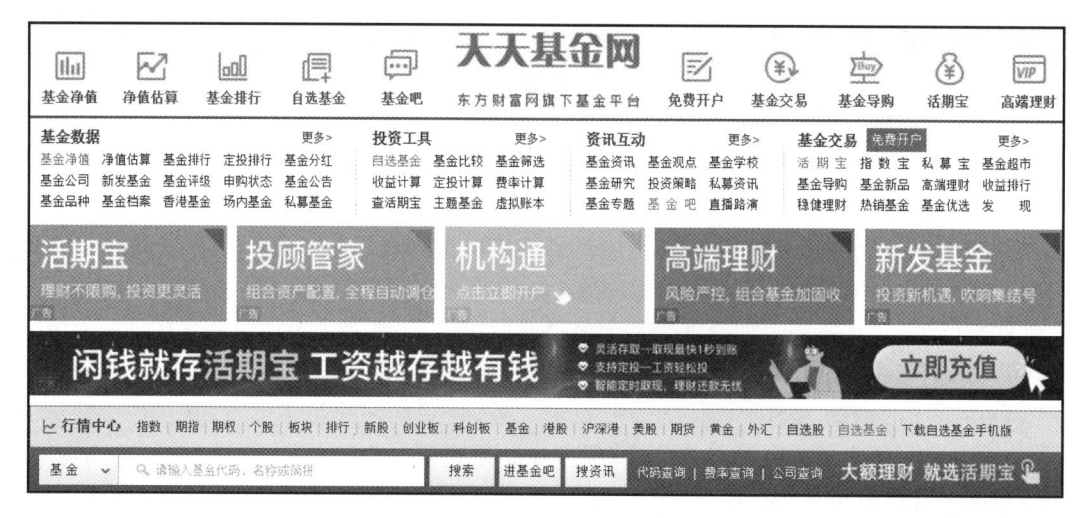

图 5-12　天天基金网首页

来说由于工作和时间的关系,他们对于专业的基金投资了解得不够,迫切需要基金专家提供服务。第三方基金平台提供专家咨询服务,为客户提供个性化的基金投资规划和建议。网上还提供互动社区,为投资者提供互动的场所,24 小时的在线客服为投资者答疑解难。

(3)丰富的财经资讯。信息是决策的基础。第三方基金平台依托自己的财经网站为客户提供及时丰富的财经资讯,让投资者能够实时了解全国乃至全球的财经信息,基金净值变化、基金年报和季报,及时把握投资动向,为自己的基金投资做出优化的决策。

(4)专业的投资工具。第三方基金平台为客户提供专业化的投资工具,满足了投资者理财投资的需求。例如,天天基金网为投资者提供的投资工具非常丰富,包括自选基金、基金比较、基金筛选、收益计算、定投计算、费率计算、查活期宝、查定期宝、虚拟账本等。

第三方基金平台一般都具有基金销售资格。它们的营利主要来源于以下几个方面:一是靠为基金公司销售基金而营利,这部分收益是由基金公司拨付的;二是基金申购费或者销售服务费的一部分;三是自己的网络广告收入,这主要依靠第三方平台的访问量和人气来决定,访问量越大,广告效果越好,收入也越多,这一点上各平台差异很大;四是第三方平台自营产品,随着第三方基金平台的专业水平和实力越来越强,它们也开始发行自己的基金和理财产品来获取收益,如天天基金网的活期宝。

3. 中介网站代销模式

中介网站代销模式是指通过传统的银行和券商代为销售基金和提供交易服务的一种模式。

(1)银行代销模式。这种模式开办得最早,早期的投资者更多的是通过银行来购买基金。银行有大量优质的客户,基金公司当然也愿意和银行合作。投资者通过银行购买基金的动机一般包括:一是觉得银行可靠,不会上当受骗,银行不会轻易倒闭。二是觉得方便,无论通过什么渠道购买基金,首要的条件是有银行账户,在银行购买基金可以省去网站注册和开通的烦琐流程。三是和银行合作的基金公司较多,产品较为丰富,可选余地较大。四是老客户的购买习惯。有些客户是每月通过定投的方式来购买基金,这类客户往往通过工资账户所在的银行直接扣款,省时省力,无须经常上网去操作,尤其对于不熟悉互联网操作的客户来说,这种方式是首选。

通过银行购买基金有两种方式：一是通过网上银行或手机银行购买；二是通过银行营业网点柜台购买。通过网上银行或手机银行购买基金的前提是熟悉网上银行和手机银行的操作，保证支付安全。PC 端和手机端的操作略有区别，对于 PC 端来说，一般开通网银后，登录网上银行就可以进行申购(认购)、赎回、转换、查看净值等相关的基金交易操作。而对于手机端，则需要用户下载并安装相应的银行 APP，验证登录后进行操作。工商银行网上银行购买基金流程如图 5-13 所示。通过银行营业网点柜台购买基金，只需要去银行理财柜台，由银行理财经理代为购买。这主要针对对网络操作不熟悉和担心网络风险的客户。随着人们对互联网理财的认可，更多的用户是选择网上银行自主操作。

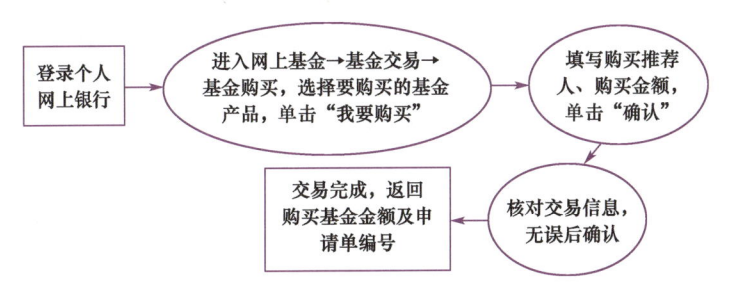

图 5-13　工商银行网上银行购买基金流程

（2）证券机构代销模式。证券机构代销模式是指拥有证券账户的用户通过证券账户购买开放式基金的方式。其前提是必须拥有证券账户。证券机构代销模式的优势是费用较银行低，而且更为专业，能为投资者提供个性化服务。目前证券机构一般都拿到了基金销售牌照，销售的基金品种也较多，方便了拥有证券账户的投资者购买基金。

实践任务

2013 年 9 月华泰证券率先推出了网上自助开户，开户无须到营业部柜台办理。证券账户网上开户全程只需 5 分钟，此举极大地方便了用户，简化了开户的手续，用户自助开户后就可以进行证券投资。证券自助开户得到了越来越多的证券公司的支持。如图 5-14 所示为网上证券开户的基本流程，同学们可以登录华泰证券网站进行自助开户。

图 5-14　网上证券开户的基本流程

素质拓展

智能定投比普通定投更聪明么？大数据告诉你答案

基金定投的全称是"定期定额投资"，无论市场上涨还是下跌，客户只需投入同等金额，就可以在净值低的时候多持有份额，在净值高的时候少持有份额，通过长时间的投入，总的持有成本会降低，并产生高于基准的超额利润。但普通定投并非完美无缺，弊病是没有考虑市场行情变化的因素，这对投资者获取收益会形成一定的局限。如果在基金定投中加入智能成分,根据不同的市场环境,对定投金额进行相应幅度的调整,那么投资收益会高于普通定投。

智能定投主要在"定额"这两个字上做文章,有多种模式,其中使用较为广泛的是根据扣款日的指数与实际所确定的比较基准的关系来确定当期的定投金额。

虽然各家使用的比较方法、基准有差异,但这些智能定投的模式总体可以理解为"根据点位来定投",目标是实现指数较低时,扣款金额增加;指数走高时,扣款金额减少。

"根据点位来定投"的原理是"均线偏离法"。这种方法的实质就是投资者预先选定一个指数作为参考指数,如上证综指、上证180、深证成指、沪深300等,然后设定一条基准均线,比如90日、120日、250日均线等。在这种方法下,对扣款日前一天的指数与所选择的指数均线进行比较,来确定所属的扣款区间。

这种从逻辑角度显得更聪明的智能定投,收益率能跑赢普通定投吗?让大数据来告诉我们答案。

我们以广发行业领先A(270025)为例进行为期5年的数据测算:从2015年1月起至2019年12月,每月末进行定投,基础定投金额为1 000元,采用250日均线,并将规则确定为均线偏离度为10%时,级差为20%,即定投增减金额为200元;均线偏离度为20%、30%、40%时,定投增减金额分别为400元、600元和800元。

从定投成本来看,普通定投每月分别投入1 000元,5年总计投入60 000元;而智能定投根据均线情况略有增减,高位减少投资金额,低位增加投资金额,总共投入51 400元。截至2019年12月末,普通定投累积现值为139 561元,智能定投累积现值为131 957元。由于定投成本不同,所以应该比较定投收益率。

测算的数据显示,2015年至2019年的5年期间,普通定投账户累积收益率为132.60%,智能定投账户累积收益率为156.72%。由此可见,智能定投在5年期间累积收益率更高。从胜率来看,在这60期定投过程中,智能定投累积收益率始终比普通定投要高,胜率达到100%,这在一定程度上证明长期下来智能定投收益率高于普通定投收益率。

(资料来源:根据天天基金网资料整理)

任务五 熟悉网上保险业务

学习目标

【知识目标】 理解网上保险的概念及商业模式。
【技能目标】 掌握网上保险的基本业务操作。
【思政目标】 通过网络保险知识的学习,养成安全保障意识。

> **情景导入**
>
> 小林喜欢网购，也是一个旅游爱好者，其保险意识非常强，购物的时候会买运费险，每次旅游他也都会买保险，例如旅游意外险、飞机延误险、酒店退订险等，多一份保险，多一份保障。这些保险可以在第三方网站订购票务(酒店)的时候作为可选加购项，也可以在保险公司官网根据需要进行购买。

一、网上保险概述

保险电子商务也称网上保险或者网络保险，指保险公司或保险中介机构以互联网和电子商务技术为工具来支持保险经营管理活动的经济行为。

从狭义上讲，保险电子商务是指保险公司或新型的网上保险中介机构通过互联网为客户提供有关保险产品和服务的信息，并实现网上投保、承保等保险业务，直接完成保险产品的销售和服务，并由银行将保费划入保险公司的经营过程。从广义上讲，保险电子商务还包括保险公司内部基于互联网技术的经营管理活动，对公司员工和代理人的培训，以及保险公司之间，保险公司与公司股东、保险监管、税务、市场监督管理等个人和机构之间的信息交流活动。我们通常讲的是狭义的网上保险。

二、网上保险的优势

（一）有利于降低成本，提高经营效率

保险经营的是无形产品，不需实物转移，非常适合电子商务。网上保险的应用，可以大幅度降低交易成本。有研究表明：网络可以使整个保险价值链的成本降低60%以上。成本的减少会进而降低各险种的保险费率，从而让客户受益。电子商务摆脱了传统商业中介的束缚和制约，使保险公司在销售、理赔和产品管理等方面的效率得到极大的提高。

（二）有利于提高客户服务水平

电子商务不仅是保险公司的一个营销渠道，更是公司为客户提供服务的一个新的平台。电子商务开放性、交互性的特点，为服务创新提供了有利条件。保险公司可以在网上提供公司和产品的详细介绍、在线咨询等，而客户也可以实时了解自己所需要的保险信息，增加了选择的范围，比以往的业务员、代理人的服务无论在时间还是空间上都有了无限的扩大，可以大大降低客户在获取保险服务过程中的各种隐性成本，从保险公司得到更多的实惠，从而提高对公司的满意度。同时，网上提供的服务是保险公司直接监控的，具有规范化、统一化和标准化的特点，服务的内容都经过了公司的严格审查，防止了传统保险营销方式产生的许多弊端，能够改善服务质量、提高服务水平，树立起保险公司的良好形象。

（三）有利于公司的稳健经营

电子商务不仅会改变保险公司的营销和服务方式，而且会影响保险公司自身的组织结构和管理制度，最终反映到公司的经营效益上来。电子商务技术手段可以渗透到保险公司经营的关键环节和流程，能够有效地降低业务过程中的一些管理风险和道德风险。通过网

上保险,公司可以将客户资源掌握在自己手中,对公司的长期稳定发展具有重大的意义。电子商务网站还能将公司的保险信息透明化,解决公司与客户之间信息不对称的矛盾,也有利于公司树立诚信经营的企业形象。同时,公司还可以通过在线调查或提供在线咨询服务,及时了解保险市场的反馈信息,对客户潜在的保险需求进行深层次把握,从而有利于创新险种、拓展业务、提高经营效益。

三、网上保险的模式分析

(一)传统的保险公司与互联网"嫁接"的模式

这种模式是指一些传统的保险公司利用计算机网络技术对传统保险产业进行改造,全面提高企业的整体素质,实现保险行业传统服务模式的重大变革。它主要侧重于改进公司服务的内容和形式,以此支持保险营销队伍,开拓新的销售方式。此类网站拥有明确的业务和顾客资源,有母公司强有力的支持,但目前的业务还是要依赖传统部门完成。这种模式为传统保险公司提高管理水平、整合内部和外部资源、实现跨越式发展提供了前所未有的机遇。在国内,这种保险网站的代表有平安保险、太平洋保险等。

(二)纯线上模式——互联网保险

这种保险业务的开展完全通过线上平台完成,不设线下渠道和分支机构。这种模式依托互联网平台,利用大数据、云计算开展个性化保险服务,大大降低了其运营成本,例如众安保险、泰康在线、安心保险、易安保险等都属于此类。

(三)第三方保险商务平台模式

这类网站既不是网上保险公司,又不是网上保险经纪人,它们的定位是保险行业的技术服务提供者,是一个开放性保险商务平台。它们为保险公司、保险中介及相关机构或个人所共用,可容纳大多数的保险企业提供网上交易和清算服务。它们通过在互联网上建立交易平台、内容平台等,介绍行业内的信息和资讯,进行不同保险公司的比较,并给出建议和投资组合分析,让广大的投保人可以在保险公司中"货比三家"。这类大型保险中介网站的出现,将有效避免保险网站重复建设的弊病,实现集约化。慧择网就属于专业的第三方保险商务平台。

实践任务

登录第三方保险商务平台慧择网,在外出旅游时,根据需要为自己买一份旅游意外险,描述你比较、选择、购买的过程和理由。

素质拓展

互联网保险红利渐行渐近

互联网保险蓬勃发展,动能从三方面汇聚。

第一,共享经济迅速崛起,衍生人与万物连接场景。共享经济是基于互联网等现代技术,将海量分散化的闲置资源进行整合共享,以科技赋能为核心的新经济形态。共享经济的快速发展,为大众带来更丰富的全新体验,创造着经济发展奇迹。

共享经济能够衍生许多值得保险嵌入的情景，以新鲜而且贴近日常生活的方式激发用户保险和风险管理需求，退货险、旅游意外险就是典型的需求。互联网共享经济为有价值商品，包括保险产品，拓展出巨大"享用"空间。

第二，客户"手""脚"投票，获得感倍增。互联网的发展，使得消费者进入用"手""脚"投票的时代。用户习惯互联网化的便捷操作已成为一个势不可挡的趋势。保险产品具有不同于一般商品的特征，客户体验贯穿在整个生命周期的各个方面，任何客户通过互联网触达的信息都是标准化的，客户在互联网上可以看到真正来自官方、专业、权威的产品介绍。同时，互联网客户的投保、承保流程很简便，轻点鼠标或动动手指便完成了以前需要依靠线下才能频繁交互的动作，通过网上第三方支付体系的支撑，便捷性和安全性也有了保证。最重要的是，由于互联网具有触达客户成本低的天然优势，可以持续为客户提供增值服务与关怀。互联网保险赋予了客户独立人格化的属性，提供了诚信、便捷、有价值的服务，实现了"我的保险我做主""寻得最好保障和关怀"。

第三，创新驱动，保险业"赶潮"在路上。在银行保险业，保险主体最具活力、最能洞察市场机会，最不因循守旧。"互联网＋"和现代信息技术的推广应用，大数据、云计算、移动互联网、人工智能等新技术在保险业的应用，使更多新产品和新服务应运而生。互联网保险正在形成其独特的经营逻辑：一是丰富产品，供给发力。互联网保险借助网络技术，体现了产品信息透明、场景化销售及大数据精算定价三个全新趋势，尤其场景化销售的应用使保险产品日益丰富。线上保险产品正趋于条款通俗化、权责明晰化、运行透明化。二是降低成本，培育市场。互联网轻资产、低成本的优势，减少了线下交互的环节，有效降低了保险产品设计、产品宣传、销售、核保核赔过程中的成本。三是服务流畅，提质增效。互联网保险重塑保险服务生态链，从产品设计、定价承保、生态分销、精准理赔、增值需求、技术保障等六大环节，让优质保险服务落地。

（资料来源：中国保险网）

任务六 了解互联网金融创新业务

学习目标

【知识目标】 掌握互联网金融业务的具体内容，熟悉众筹、大数据金融的基本概念，了解互联网金融面临的风险。

【技能目标】 熟悉众筹、大数据金融的业务运作。

【思政目标】 学会识别网络贷款陷阱、金融诈骗，保护自身财产安全。

> **情景导入**
>
> 小张是一个网店经营者，经常需要资金周转。如果去银行贷款，虽然利率比较低，但是审批速度慢、条件也比较多，而且不一定能贷到款。他试着去支付宝平台的"借呗"中申请贷款，贷款当天就批下来了，而且借款期限、还款方式可以自由选择，比较方便灵活。"借呗"是支付宝基于大数据进行金融产品创新的例子，风险相对可控，满足了用户的资金需求。

知识平台

随着互联网的应用和普及，传统金融机构纷纷建立了自己的互联网业务平台，开始提升自己的竞争能力。在"互联网＋"的背景下，新型的电子商务企业更是对金融领域充满期待。依靠互联网创新的能力，这些企业推出了互联网金融的创新业务，主要包括众筹、大数据金融等。

一、众筹

（一）众筹的内涵

众筹意为大众筹资或群众筹资，是指用团购＋预购的形式，向网友募集项目资金的模式。众筹的本意是利用互联网和SNS（社交网络服务）传播的特性，让创业企业、艺术家或个人对公众展示他们的创意及项目，争取大家的关注和支持，进而获得所需要的资金援助。众筹平台的运作模式大同小异——需要资金的个人或团队将项目策划交给众筹平台，经过相关审核后，便可以在平台上建立属于自己的页面，用来向公众介绍项目情况。众筹的规则有三个：一是每个项目必须设定筹资目标和筹资天数；二是在设定天数内，达到目标金额即成功，发起人即可获得资金，项目筹资失败则已获资金全部退还支持者；三是众筹不是捐款，所有支持者一定要设有相应的回报。众筹平台会从募资成功的项目中抽取一定比例的服务费用。

（二）众筹的主要模式

目前，众筹主要有四种模式，分别是股权众筹、债权众筹、奖励众筹和公益众筹，如图5-15所示。在我国，股权众筹模式的典型平台有天使汇、原始会、大家投等；债权众筹模式根据借款人（发起人）的性质可分为自然人借贷和企业借贷，目前我国尚未出现真正意义上的债权众筹平台；奖励众筹模式是我国众筹行业最主要的发展模式，典型平台有京东众筹、众筹网、淘宝众筹等；公益众筹模式在我国尚未形成代表性平台，主要以公益项目的形式分布在权益类众筹平台中。

自2013年年中以来，以创投圈、天使汇为代表的一批针对种子期、天使期的创业服务平台，以一种"众投"的模式进入人们的视野，并很好地承接了对众筹本意的理解，但是因为项目优劣评判困难、回报率极为不确定，目前仅仅停留在少量天使投资人、投资机构中，涉及金

- 天使汇
- 原始会
- 大家投

- 京东众筹
- 众筹网
- 淘宝众筹

国内尚未出现真正意义上的债权众筹平台

国内尚未形成代表性平台，主要以公益项目的形式分布在权益类众筹平台中

债权众筹　　股权众筹　　公益众筹　　奖励众筹

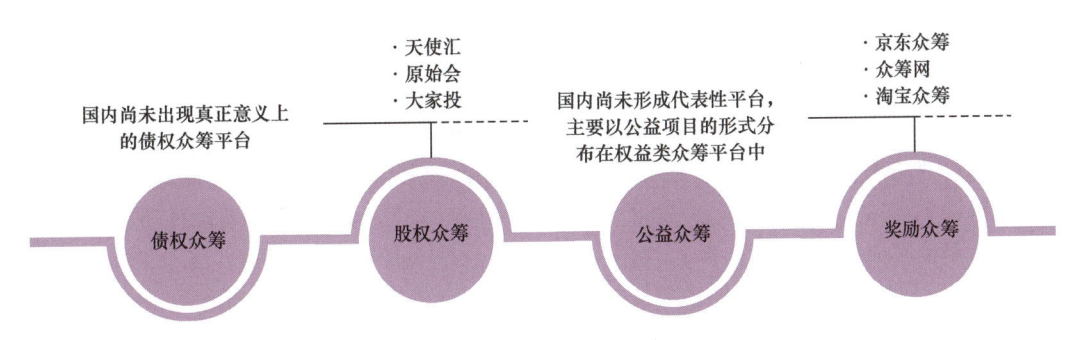

图 5-15　众筹模式

额也相对较小。国内对公开募资的规定及特别容易踩到非法集资的红线使得众筹的股权制发展缓慢，很难在国内做大做强，短期内对金融业和企业融资的影响非常有限。

从行业发展来看，目前众筹网站的发展要避免出现运营模式和内容上的千篇一律。这就要求众筹网站的运营要体现出自身的差异化，凸显出自身的垂直化特征。众筹也亟待出台行业规范，加强监管，才能走向良性发展之路。

二、大数据金融

（一）大数据金融的内涵

大数据金融是指集合海量非结构化数据，通过对其进行实时分析，可以为互联网金融机构提供客户全方位信息，通过分析和挖掘客户的交易和消费信息掌握客户的消费习惯，并准确预测客户行为，使金融机构和金融服务平台在营销和风控方面有的放矢。基于大数据的金融服务主要指拥有海量数据的电子商务企业开展的金融服务。大数据的关键是从大量数据中快速获取有用信息，或者是从大数据资产中快速变现。因此，大数据的信息处理往往以云计算为基础。

（二）大数据金融的未来发展趋势

通过对消费大数据、消费信贷大数据进行分析可以确定授信额度，进行风险防控。例如，阿里巴巴的蚂蚁金服针对个人消费者的"花呗"、京东的"白条"都是基于大数据的分析推出的消费信贷产品。

对于行业来说，大数据风控至关重要，这也是企业实力强弱的重要指标之一。未来大数据金融将成为传统金融产业发展的基础，成为当前互联网金融行业转型发展的重要指标之一。企业通过建立强大的信用数据库，对数据进行归类、整合、分析、报告及建议，做好投资风险防控，一方面将有效地对投资人提供持续优质的投资方案，另一方面将会为企业自身发展提供强有力的保障。

实践任务

了解支付宝个人理财产品的种类及运作模式。

> **素质拓展**

互联网金融门户

互联网金融门户是指利用互联网进行金融产品的销售以及为金融产品销售提供第三方服务的平台。它的核心是"搜索＋比价"的模式，采用金融产品垂直比价的方式，将各家金融机构的产品放在平台上，用户通过对比挑选合适的金融产品。互联网金融门户多元化创新发展，形成了提供高端理财投资服务和理财产品的第三方理财机构，提供保险产品咨询、比价、购买服务的保险门户网站等。这种模式的中间平台既不负责金融产品的实际销售，又不承担任何不良的风险，同时资金也完全不通过中间平台。目前在互联网金融门户领域针对信贷、理财、保险等细分行业分别有融360、91金融、天天基金网、和讯网、好贷网、格上理财、大童网、网贷之家等。

互联网金融门户最大的价值就在于它的渠道。互联网金融分流了银行业、信托业、保险业的客户，加剧了上述行业的竞争。随着利率市场化的逐步到来，以及互联网金融时代的来临，对于资金的需求方来说，只要能够在一定的时间内，在可接受的成本范围内，具体的钱是来自银行，抑或是信托基金等，已经不是那么重要。融资方到了融360、好贷网等时，无须逐一地浏览商品介绍及详细地比较参数、价格，而是将其需求提出，反向进行搜索比较。因此，当融360、天天基金网、好贷网等互联网金融渠道发展到一定阶段，拥有一定的品牌及积累了相当大的流量，就成了各大金融机构、小贷、信托、基金的重要渠道，也就掌握了互联网金融时代的入口，成为引领金融产品销售的风向标。

> **思政园地**

五部委出手为大学生网贷套上"紧箍咒"

近年来，部分大学生深陷网贷陷阱的新闻层出不穷，各类大小网贷平台应运而生，越来越多触目惊心的网贷套路被曝光，大学生网贷屡屡引发争议，成为公众关注的热门话题。2021年3月17日，银保监会办公厅、中央网信办秘书局、教育部办公厅、公安部办公厅、人民银行办公厅联合印发了《关于进一步规范大学生互联网消费贷款监督管理工作的通知》，将进一步规范大学生互联网消费贷款监督管理，切实维护大学生合法权益。

> **项目综述**

本项目主要通过相应的任务实施和知识平台帮助大家熟悉电子商务金融服务的内容，掌握电子商务金融服务的基本技能。

一、网上银行即网络银行，有两个层次的含义：一个是机构的概念，指通过信息网络开办业务的银行,如阿里巴巴集团下的网商银行;另一个是业务的概念,指银行通过信息网络提供的金融服务,包括传统银行业务和因信息技术应用带来的新兴业务。网上银行的业务特点有:3A服务;全方位的电子化运营与管理;更优服务,良好体验;标准化服务。

二、电子支付是指电子交易的当事人,包括消费者、厂商和金融机构,使用安全电子支付手段,通过网络进行的货币支付或资金流转。电子支付的特点包括:电子支付是采用先进数字化技术来完成资金流转的;电子支付的工作环境基于一个开放的系统平台(互联网);电子支付使用的是先进的通信系统及信息基础设施;电子支付具有方便、快捷、高效、经济的优势。电子支付方式包括电子现金、电子支票、第三方支付。

三、手机银行也可称为移动银行,它利用移动通信网络及终端办理相关银行业务。手机银行不仅可以使人们在任何时间、任何地点处理多种金融业务,而且极大地丰富了银行服务的内涵,使银行能以便利、高效而又较为安全的方式为客户提供传统和创新的服务。

四、手机支付又称为移动支付,是指允许移动用户使用其移动终端(通常是手机)对所消费的商品或服务进行账务支付的一种服务方式。移动支付能随时随地进行,是线下主要的支付方式。

五、网上证券是电子商务条件下的证券业务的创新。网上证券服务是证券业以互联网为媒介为客户提供的在开放的互联网平台进行证券投资服务的一种新的商业模式。网上基金是指基金公司或第三方机构通过互联网开展基金的销售、投资、交易、咨询等相关业务活动。

六、互联网金融创新业务的内容包括众筹、大数据金融等。其中,众筹意为大众筹资或群众筹资,是指用团购+预购的形式,向网友募集项目资金的模式。众筹主要有四种发展模式:股权众筹、债权众筹、奖励众筹和公益众筹。大数据金融是指集合海量非结构化数据,通过对其进行实时分析,可以为互联网金融机构提供客户全方位信息,通过分析和挖掘客户的交易和消费信息掌握客户的消费习惯,并准确预测客户行为,使金融机构和金融服务平台在营销和风控方面有的放矢。

项目知识训练

一、单选题

1. 用户通过手机银行获得银行服务,最常见的方式是(　　)。
   A. WAP连接　　　B. 网址访问　　　C. 第三方平台　　　D. 手机银行APP

2. (　　)是我国最大的第三方支付平台。
   A. 银联　　　　　B. 快钱　　　　　C. 财付通　　　　　D. 支付宝

3. 余额宝可以代替银行的活期储蓄,实现闲散资金的增值,是因为余额宝本质上是(　　)。
   A. 债券　　　　　B. 大额存单　　　C. 货币基金　　　　D. 贵金属

4.天天基金网属于( )模式。
A.直销　　　　　B.银行代销　　　　C.第三方代理　　　D.O2O

5."花呗""白条"属于( )。
A.融资产品　　　B.消费信贷产品　　C.投资产品　　　　D.数字现金

6.众筹意为大众筹资或群众筹资,是指用( )的形式,向网友募集项目资金的模式。
A.团购　　　　　B.预购　　　　　　C.团购＋预购　　　D.以上都不是

二、多选题

1.网上银行的3A服务是指( )。
A. Anytime　　　B. Anywhere　　　C. Anyone　　　　D. Anyway

2.传统商业银行依靠单纯的地理性规模扩张已经走到了尽头,因此必须要转换为通过互联网提供( )服务,以求生存和进一步发展。
A.个性化　　　　B.人性化　　　　　C.现代化　　　　　D.人际化

3.相比传统的磁条卡,金融IC卡的优越性包括( )。
A.安全性高　　　　　　　　　　　　B.实用性强
C.支持闪付,效率高　　　　　　　　D.便捷性好

4.大数据金融拥有巨大潜力是因为大数据能够( )。
A.及时分析和挖掘消费者的消费习惯
B.准确预测消费者行为
C.帮助金融机构及金融服务平台更好地进行风险控制
D.提供标准化的服务

三、问答题

1.为了保障电子商务交易的资金安全,可以采取哪些安全措施?
2.论述第三方支付平台的优势。
3.分析移动支付市场的现状及发展趋势。

项目拓展训练

小李学完本项目后,异常兴奋,电子商务金融服务切实为人们带来了便利,并且为用户带来了良好的体验和附加值。小李开始琢磨,每月的工资都发到了自己的建行卡中,如何提升资金的价值?请为小李(或自己)做一个网络理财规划。

项目六

走近移动电子商务

项目描述

移动电子商务是移动通信技术和电子商务技术相结合的产物,是现今电子商务的主要发展趋势和应用。近几年来,随着移动互联网和智能终端的普及以及应用模式的不断创新,移动电子商务呈爆发式增长态势,受到商家、客户及投资商的广泛关注。

项目目标

通过对移动电子商务的学习,学生可以认识移动电子商务运营及其商业模式;掌握移动电子商务的应用;学会利用移动电子商务开展商业运营服务。

通过本项目的学习,学生认识到互联网不是法外之地,也要遵守相关法律及网络礼仪,培养爱国精神。

任务一　认识移动电子商务

> **学习目标**
>
> 【知识目标】　掌握移动电子商务的基本知识,熟悉移动电子商务的应用。
> 【技能目标】　学会使用手机进行网络购物,体验移动电子商务的便捷。
> 【思政目标】　通过对本任务的学习,培养学生树立远大志向、勇于创新的精神。

> **情景导入**
>
> 　　小丽在一家超市工作,她感觉到现在的客流量远不如以前,而且基本以老年客户为主。随着移动互联网和智能手机的普及,移动电子商务应用开始为人们所熟知,很多人只需在自己的手机上动动手指就能完成购物的整个流程。现在超市也开通了自己的电商平台,消费者购物达到一定的金额后超市可以免费送货上门,而且手机支付既安全又快捷,网购平台成为中青年消费者的首选。

知识平台

一、移动互联网概述

　　移动互联网是移动通信技术和互联网技术融合的结果。在阐述这个概念之前,首先要知道移动通信的概念。移动通信狭义上是指移动终端通过移动通信网络进行通信,广义上是指移动终端通过各种无线网络进行通信。其次是对移动终端的理解,移动终端广义上包括智能手机、平板电脑、PDA(个人数字助理)、数据卡方式的笔记本电脑等多种类型,而狭义的移动终端是指智能手机。本书主要是指狭义的移动互联网,即智能手机通过移动通信网络访问互联网并使用互联网业务。随着4G的普及和5G的应用推出,移动互联网是未来几年内有创新活力和较具市场规模的领域。

二、移动电子商务的内涵

　　移动电子商务(M-Commerce)属于电子商务的范畴,是由电子商务(E-Commerce)的概念衍生而来的。二者最大的区别在于用户端的使用设备,传统电子商务以PC为主要界面,是有线的电子商务;而移动电子商务是使用智能手机、PDA通过移动互联网开展商务活动,是无线电子商务。移动电子商务真正实现了任何时间、任何地点进行各种商务活动,包括线上线下购物交易、在线商贸活动、金融活动及游戏娱乐等。它将移动互联网和短距离通信技术、射频识别技术、二维码等信息处理技术完美结合起来,优势愈发明显。

三、移动电子商务的特点及优势

（一）移动电子商务的特点

（1）便利性。移动终端更具便利性，无线接入、随身携带的特点使人们可以利用闲散时间来进行网上娱乐、处理日常事务和开展商务活动。例如，利用排队等待时间进行购物、支付货款、浏览新闻和收听在线音乐等。移动服务的便利性和消费者的良好体验可以带给消费者更加舒适的生活体验，进而提高顾客的忠诚度。

（2）身份可识别性。2010年9月1日，我国正式启动手机实名制工作，手机中的SIM卡的卡号是全球唯一的，每一个SIM卡对应一个确定的用户，这使得SIM卡成为移动用户天然的身份识别工具，利用可编程的SIM卡，还可以存储用户的银行账号、CA证书等用于标识用户身份的有效凭证，同时也是实现数字签名、加密算法、公钥认证等的必备安全手段。有了这些手段，就可以开展比传统Internet领域更为广泛的电子商务应用。

（3）用户的广泛性。我国已经成为移动互联网用户第一大国。如前所述，根据CNNIC的报告，截至2020年12月，我国手机网民规模为9.86亿人，庞大的用户群体为移动电子商务的发展奠定了群众基础。

（4）定位性。由于移动手机的位置能通过定位技术进行确定，因此移动电子商务可提供与位置相关的服务，例如，旅游景点移动广告、自我定位服务、手机导航等。这些移动电子商务的服务内容，根据其所处的环境不同，也都体现出移动电子商务的价值。

（5）个性化。办理手机业务需要身份信息，包括年龄、性别、生日、住所等基本信息，移动服务商可以建立客户信息数据库。商家可以通过手机中安装的APP收集消费者的位置信息、浏览记录、历史购物情况并为用户建立信息数据库，然后根据消费者的个性化需求和喜好定制服务，而选择以及提供服务的方式可由用户自己决定。

（6）支付的便捷性。移动支付完成移动电子商务资金流，用户可以随时随地完成各种交易所需要的电子支付业务。移动支付的分类方式多种多样，按照交易对象所处的位置可以分为远程支付、面对面支付、场所支付等。

（7）信息安全。移动电子商务与Internet电子商务一样，一般具有4个基本特征：数据保密性、数据完整性、不可否认性及交易方的认证与授权。移动电子商务的信息安全涉及的新技术包括加密技术、动态验证、数字签名、无线公钥基础设施和手机本身具有的生物识别技术等，这些新技术的使用能够满足电子商务对安全性方面的需求。

（8）开放性。移动电子商务比传统电子商务用户更多。移动电子商务接入方式无线化，使得任何人都更容易进入网络世界，从而使网络由桌面延伸到掌上，范围更广阔、更开放，同时也使网络虚拟功能更具现实性、可用性，因而更具有包容性。

（9）迅速性。手机能够随身携带，随时随地接入网络。在一些实时业务方面，例如股票交易、交通信息查询、紧急事件的处理等，移动电子商务有着传统电子商务无法比拟的优势。

（二）移动电子商务的优势

与传统电子商务相比，移动电子商务具有许多独特的优势，见表6-1。移动交易不受时间、地点的限制，这大大提高了交易效率，节省了客户的交易时间。同时手机身份固定，能够在为用户提供个性化的交易服务的同时，提供与用户位置相关的服务。移动电子商务使得商家与客户联系更加紧密,而且这种联系不再受到计算机或连接线的限制,使电子商务真正走向了个人。通过移动电子商务,用户可随时随地获取所需的服务、应用、信息及娱乐,这种良好的体验大大提高了用户的生活质量。商家在提供这种服务的同时也获得了相应的收入。

表 6-1　　　　　　　　　移动电子商务与传统电子商务的比较

分类	特点					
	移动性	用户规模	信用问题	信息获取速度	应用领域	商业模式基础
传统电子商务	无法实现移动	规模较小	信用体系不健全	获取较慢	局限在一些领域	固定
移动电子商务	随时随地	规模很大	具有信息认证基础	及时获取	广泛	灵活

四、移动互联网的应用领域

移动互联网的出现改变了人们在信息时代的生活方式,用户对于移动应用,特别是其中的互动、生活辅助应用的需求越来越大。移动互联网应用具有终端设备多样、可随身携带的特点,具体应用十分广泛。这些应用包括:

(1)移动支付业务。移动支付是允许用户使用其移动终端(通常是手机)对所消费的商品或服务进行账务支付的一种服务方式。移动支付主要分为近场支付和远程支付两种。所谓近场支付,就是用手机刷卡的方式坐公交、买东西等,非常便利。远程支付可以通过手机短信或登录 WAP 网站的方式实现。

(2)基于位置的服务。日常生活中约 80% 的信息与位置有关,这足以表明位置的重要性。这方面可以挖掘出许多应用,例如,基于位置的营销、基于位置的搜索。

(3)移动搜索。移动搜索是指以移动设备为终端对互联网的搜索。通过移动搜索,可以随时随地、高速、准确地获取信息资源。随着科技的高速发展,信息的迅速膨胀,智能手机已经成为传递信息的主要设备之一,移动通信和互联网融合的发展趋势决定了移动搜索是未来的发展方向。移动搜索很多时候是流量的入口,对技术创新和行业收入有很大的影响力,业界首先要改善移动搜索的用户体验,提高用户对移动搜索的忠诚度,才能在竞争中胜出。

(4)移动阅读。移动阅读是指人们拿着手机随时随地阅读由内容服务提供商提供的自己感兴趣的内容。人们普遍具有阅读报刊、书籍的习惯,现在很多的网站都开发出了适合手机阅读的电子书、电子杂志、手机报等。优质的内容和良好的体验是移动阅读运营成功的关键,可以预见未来移动阅读具有很大的市场空间。

(5)移动健康监控。移动健康监控是使用 IT 和移动通信技术实现对病人的远程动态监控,它可帮助政府、关爱机构等降低慢性病患者的治疗成本,改善患者的生活质量。例如,腕带式医疗设备能实现血压、心率、血氧饱和度、睡眠检测等移动健康监测,并可通过手机上传到诊疗中心,医生可以提供日常指导等。

(6)近场通信。近场通信可实现相互兼容装置间的无线数据传输,只需将它们放在靠近的地方(距离 10 cm 以内)。这一技术可用于零售购买、交通、个人识别和信用卡支付。近场通信业务可增加用户对业务提供商的忠诚度,对运营商的商业模式产生了很大的影响,比如零售业、银行和交通公司等。

（7）移动广告。智能手机和无线互联网的使用促进了移动广告业务的发展。打开手机中的各种 APP，视频和图片植入其中轮番播放，广告无处不在。

（8）移动社区。广义的移动社区包括移动即时通信（如手机 QQ、MSN 等）、移动 SNS（包括社交论坛、博客、分享等，如新浪博客、微博、微信等）。手机方便了人与人之间的互动与沟通，拉近了人与人之间的距离，也为商家进行产品推广提供了一个很好的渠道。

（9）移动娱乐。移动娱乐是包括移动音乐、移动电视、手机游戏等在内的能供人们休闲的娱乐形式。和以往单机内嵌式手机娱乐方式相比，这种娱乐方式有更强的在线参与感和互动性。目前发展较快的有彩铃业务、WAP 游戏、手机电视等。

（10）移动网站。智能手机成为人们生活、工作和学习的助手，越来越多的服务和应用需要互联网上的资源来提供。开发出适合手机浏览的网站，也是企业电子商务的重要战略之一。移动电子商务是一个新的商务环境，它受到用户、使用环境、移动设备与浏览器、互联网接入、网站结构与内容等因素的影响。因此，在建立移动电子商务网站的过程中，必须充分考虑这些因素并采用正确的开发策略，而不能简单地模仿传统电子商务网站。随着移动电子商务的发展，移动电子商务网站建设需求将会越来越多，很多服务商把建设移动电子商务网站作为今后发展电子商务的重要战略。

（11）移动购物。智能手机的便携性使得人们可以随时随地购物，不再局限于线上，可以把线上和线下完美对接起来。移动电子商务的便捷性、可认证性、灵活性预示着移动购物比传统购物更有活力。

（12）物联网。伴随着 5G 时代的到来，移动通信网络高速、稳定和低延时，万物互联的互联网时代真正到来，这将会催生很多的应用，如虚拟现实、车联网、智慧家庭，智能手机成为控制的中心。人们可以通过手机来控制家里的智能设备，比如开启和关闭空调，打开空气净化器，人可以通过手机和家中的机器人管家进行交互。

五、移动电子商务市场

（一）移动电子商务的用户规模

移动电子商务具有一些传统电子商务不可比拟的优势。如前所述，2021 年 2 月 3 日，CNNIC 发布的第 47 次《中国互联网络发展状况统计报告》显示，截至 2020 年 12 月，我国网民规模为 9.89 亿人，其中我国手机网民规模为 9.86 亿人，较 2020 年 3 月新增手机网民 8 885 万人，网民中使用手机上网的比例为 99.7%。台式电脑、笔记本电脑、平板电脑的使用率均出现下降，手机不断挤占其他个人上网设备的使用。以手机为中心的智能设备成为"万物互联"的基础，车联网、智能家电促进"住行"体验升级，构筑个性化、智能化应用场景。移动互联网服务场景不断丰富，移动终端规模加速提升，移动数据量持续扩大，为移动互联网产业创造了更多价值挖掘空间。

手机网络购物是移动电子商务最主要的应用之一。中国互联网络信息中心发布的数据显示，2011—2020 年，手机网络购物应用用户规模呈爆发式增长，如图 6-1 所示。手机网络购物应用用户规模经历两轮快速发展期：第一阶段是 2011—2018 年，主要由淘宝"双十一"、京东 618 等年度优惠活动驱动；第二阶段自 2018 年以来由直播、小程序等新型购物模式引爆消费者需求。截至 2020 年 6 月底，我国手机网络购物应用用户规模达约 7.47 亿人，手机网络购物应用使用率高达 79.7％。

图 6-1　2011—2020 年手机网络购物应用用户规模及使用率

资料来源：中国互联网络信息中心

移动互联网用户规模的迅速扩大为移动电子商务的发展奠定了坚实的用户基础，移动互联网用户都是移动电子商务的潜在使用者和消费者。庞大的移动互联网用户规模将推动移动电子商务的快速增长。传统电子商务的发展已经为移动电子商务的发展奠定了良好的基础。

（二）移动电子商务的市场规模

随着智能手机和 5G 及移动互联网的普及，中国移动电子商务用户的应用意识和消费习惯已经养成，移动电子商务服务成为移动互联网用户生活中普遍使用的服务，传统电商巨头纷纷布局移动电子商务，众多新型移动电子商务购物平台不断涌现。2020 年中国移动电子商务市场规模突破 8 万亿元，较 2019 年增长 19.7％。2013—2020 年，中国移动电子商务市场规模持续增长，如图 6-2 所示。

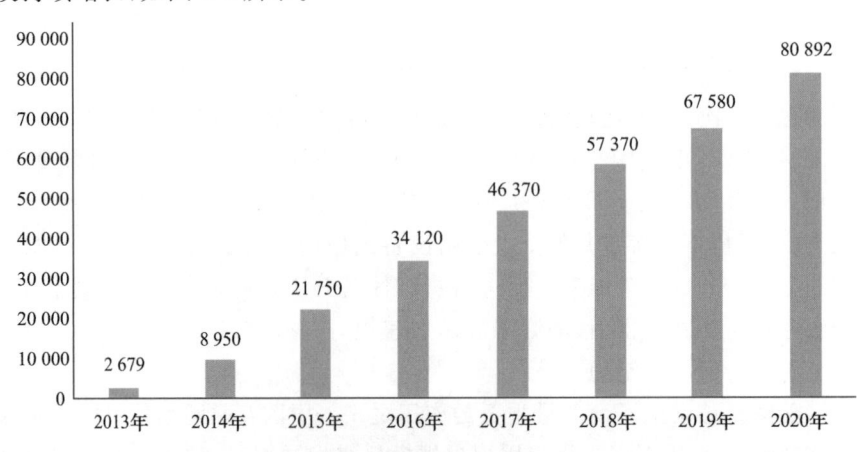

图 6-2　2013—2020 年中国移动电子商务市场规模

资料来源：中国互联网络信息中心

疫情影响下,直播电商的模式在2020年发展势头迅猛。直播电商领域的快速发展,促使各大电商平台均加大力度布局直播电商,品牌商家目光也纷纷投向直播电商。

六、移动电子商务的发展趋势

移动电子商务是移动互联网及电子商务两大领域的结合体。随着移动通信技术和信息应用技术的快速发展,移动电子商务为电子商务注入了新的发展活力,带来了新的发展机遇,极大地拓展了电子商务的发展空间。移动电子商务为用户带来了更为方便、快捷、准确、安全的信息化服务和交易体验,为商家提供了高效、准确、优质的信息服务,拉近了商家和客户的距离,增加了有效客户,降低了商家的交易成本。移动电子商务的发展趋势可以从价值链相关方需求的发展趋势、移动电子商务应用的发展趋势以及移动支付和创新模式四个方面加以分析。

(一)价值链相关方需求的发展趋势

1. 用户需求的发展趋势

随着移动新技术和应用的不断发展,市场竞争愈发激烈,用户对移动电子商务的需求比传统电子商务更高,主要体现在以下几个方面:

(1)信息服务的便利性,表现在用户希望随时随地获取有效的信息并进行交易,减少信息获取及交易的时间成本。

(2)用户服务感知,表现在希望得到有效的商家信息,避免垃圾信息骚扰。

(3)交易的安全性,保证移动电子商务中的交易安全,避免出现资金安全问题。

(4)用户信息的保密性,保证用户私有信息不被泄露,避免损失。

2. 商家需求的发展趋势

对移动电子商务产业链中的商家而言,获得更多的有效客户资源是其获利的根本,因而其需求的发展趋势主要表现在以下几个方面:

(1)用户信息获取的有效性。通过对消费者行为的分析,发掘潜在用户,感知用户需求。

(2)信息传递的及时性。商家对快速感知有效客户、接触客户、促成交易的时间要求也将提高。具体来说,包括信息传递的有效性和及时性,用户接触商家的难易程度,尽量缩短接触客户的距离,让用户方便快捷地找到商家。

(3)信息获取的精准性。移动电子商务时代商家竞争更为激烈,获客成本也逐步提高,商家只有利用各种工具(例如大数据)来获取精准的信息,才能有针对性地开展个性化营销服务,最终达成交易。

(4)交易的安全性。保证商家交易资金及交易过程的安全。

3. 移动电子商务运营商的发展趋势

作为移动电子商务的业务运营者,移动电子商务运营商将会通过为用户和商家提供高质量的信息服务、安全的支付手段、高效的物流配送、创新的服务模式及先进的技术、专业的运营方式等获取更多的用户,在整个价值链中巩固自己的地位,在合作中谋求自身的发展。依靠传统的手段获取流量越来越困难,必须回归到以人为本的发展根基上来,化繁为简,遵循移动互联网下人的发展规律。无论是传统的电子商务运营商还是新进入者都需要具备移动互联网思维。未来谁能敢于创新、以人为本、尊重客户、更好地为客户服务,谁将会在市场竞争中胜出。

(二)移动电子商务应用的发展趋势

我国移动互联网进入稳健发展期,行业整体向内容品质化、平台一体化和模式创新化方向发展。首先,各移动应用平台进一步深化内容品质提升,专注细分,寻求差异化竞争优势;其次,各类综合应用不断融合社交、信息服务、交通出行及民生服务等功能,打造一体化服务平台,扩大服务范围和影响力;最后,移动互联网行业从业务改造转向模式创新,引领智能社会发展,从智能制造到共享经济,移动互联网的海量数据及大数据技术的应用,为社会生产优化提供更多可能。

1. 4A 成为移动应用的基本特性

这里的 4A 是指 Anyone、Anytime、Anywhere、Any Service。Anyone 是指移动电子商务时代任何人都是电子商务的使用者;Anytime 是指不受时间限制,在任何时间都可以使用业务;Anywhere 是指不受空间限制,在任何地点都可以使用业务;Any Service 是指任何有效的应用。移动电子商务有别于传统电子商务的最大特点就是用户的移动性,这不但促使移动电子商务的应用要满足用户在任何时间、任何地点使用任何业务的需求,同时还要满足商户在任何时间、任何地点发布任何商品的需求。因此,4A 特性是移动电子商务应用的最基本特性。

2. 中小企业日益成为移动电子商务应用最活跃的群体

移动电子商务的发展将为中小企业的发展带来历史性的机遇,覆盖服装、玩具、礼品、IT、食品、旅游休闲、家具用品、机械电子等行业。移动电子商务应用不仅具有典型的 4A 特性,而且具有成本低、营销准确、服务个性化、见效快等应用特点,为中小企业的发展壮大提供了契机。

3. 基于位置的服务将会大放异彩

LBS(Location Based Service,基于位置的服务)的基础是智能手机的普及和移动互联网的广泛应用。随着移动互联网的成熟和电信资费的降低,手机成为人们生活和工作的好帮手,以及人们休闲娱乐的主要工具,手机中场景化的应用将更为丰富。未来 LBS 将会在生活服务、休闲娱乐、社交、广告等方面大放异彩。

4. 手机二维条码广泛应用

通过智能手机的拍照功能对二维条码进行扫描,可以快速获取条码中存储的信息。相对于传统的条形码,二维条码所包含的信息量更大、纠错能力更强、安全性更高,产品所适用的市场领域也更为宽广。二维条码可以放在网页上,也可以印刷在报纸、广告、图书、包装以及个人名片等多种载体上,用户通过手机摄像头扫描二维条码即可实现快速手机上网,扫一扫可以加好友、获取店铺地址、验证商品真伪、溯源等。同时,还可以方便地用手机识别和存储名片、自动输入短信、获取公共服务(如天气预报)、实现电子地图查询定位、手机阅读等多种功能。二维条码还可以为网络浏览、下载文件、收看在线视频、网上购物、网上支付等提供方便的入口。

5. 平台化趋势成为主流

移动电子商务的平台化趋势越来越明显,以前热衷开发各类 APP 应用的厂家开始认识到要么有实力搭建平台,要么有能力接入平台。更多的厂家认识到只有接入成熟的平台才是发展的上策。例如,很多厂家开始接入支付宝的应用中,微信也为厂家用户提供了小程序的应用,厂家只需把后台系统对接到相应的小程序中就能实现为客户提供服务的目标。这一方面能降低厂家独自开发平台的成本,另一方面也可以享有平台巨大的流量,便于推广。这对用户来说,购物过程也简化很多,体验更好,不用装太多的各类APP,减少了对手机资源的消耗。移动电子商务的平台化是一种必然趋势。

6. 场景化应用丰富多彩

5G代表的是高速、稳定、低延迟。5G是场景化应用的重要载体,随着5G的普及,各种场景化应用应运而生,多种多样。像智能充电桩的刷脸认证支付、室外空气质量监测数据获取、社区智慧生活、产品溯源、智慧工厂等都能在5G移动互联网支持下得以实现。

(三)移动支付

支付是任何业务都不可忽视的重要环节。在移动电子商务中,由于二维条码、RFID及空中圈存技术的引入,支付流程简化。用户通过一张手机SIM卡,既可以实现通信,又可以实现其他支付业务(如银行卡、公交卡),并且能够支持移动网络提供的在线支付金融服务。公交一卡通业务就是一种典型的SIM卡应用。目前推出的外置刷卡器(如乐刷、拉卡拉等)使随时随地刷卡购物成为可能,也为O2O业务提供了支付支持。随着技术的更新换代,扫码支付、刷脸支付、指纹支付都成为可能,在保证安全的同时支付的效率大幅提高。

在未来的移动电子商务应用中,用户仅凭移动终端既可快捷安全地完成小额支付,又可以实现像银行卡一样的大额转账及消费。为用户及商户提供快捷、安全、方便的移动支付将成为未来移动电子商务应用不可或缺的特征。

(四)创新模式

应用在移动电子商务发展中将会扮演越来越重要的角色。无论是电信运营商还是应用提供商,若想不断地吸引用户和商户,必须不断地进行创新,提供特色应用。

创新不一定需要全流程的改进,某一环节的创新也足以影响应用的成败,例如苹果智能手机营利模式的创新。从苹果的营利模式来看,主要分为两方面:一是依靠销售硬件终端来获得一次性的高于行业平均利润率的利润,这也是苹果的主要利润来源;二是依靠销售APP Store中的音乐和应用程序来获得重复性的持续利润。凭借优秀的产品获得高于行业平均利润率的利润及通过应用商店获得持续的重复利润,可谓是开创了手机行业营利模式的新时代。在未来的移动电子商务市场上,谁把握了应用,谁就是最终的主导者,应用创新将会无处不在。创新不仅停留在技术层面,还会渗透至商业模式、用户体验及整个产业链的方方面面。

实践任务

用手机下载微信客户端并安装,通过手机号直接注册、登录,通过微信与好友进行互动。除了与朋友互动沟通外,了解微信还有哪些功能,举例说明这些功能的价值。

> **素质拓展**

短视频直播的魅力：微视 VS 抖音

腾讯微视通过大量补贴，批量引入优质短视频内容原创者。这款 2013 年便已上线，曾被战略性放弃的产品重新得到了腾讯的重视。腾讯微视在重启运作并划归到 SNG 事业部之后，已经成为腾讯内部战略级推动的产品。而腾讯微视在界面设计和玩法上都与抖音相似。

已有快手为何还要微视？2017 年 3 月，腾讯领投快手新一轮 3.5 亿美元融资，快手正式成为腾讯系中的一员，拥有七亿用户的快手在短视频 APP 行业并没有坐稳头把交椅。数据显示，2018 年 2 月除夕期间，快手日活跃用户规模达 1.1 亿，抖音日活跃用户规模超 6 500 万，同为今日头条系的火山小视频、西瓜视频也拥有 5 700 万和 4 500 万的日活跃用户，而新增用户数据上，抖音的 4 200 万是快手的两倍以上。

腾讯公司 CEO 曾表示，游戏在腾讯营利中所占的比例在下降，而社交、效果广告将成为腾讯未来比较大的增长点，短视频将会探索其与社交网络的结合点，腾讯微视的战略地位由此可见。

抖音传承了今日头条优秀的基因，业内人士表示，抖音用户平均每天使用时间要高于今日头条 APP 的 74 分钟。从用户角度来看，今日头条和抖音成了腾讯最大的对手，这些用户原来都是把时间花在腾讯游戏、微信公众号上，现在改成了刷头条、玩抖音。抖音邀请支付宝等品牌官微入驻平台，这类账号拥有更强的自我营销欲望和内容制作能力，同时也更愿意和用户互动。抖音举办的年度营销峰会，900 位品牌主到场，抖音公开与品牌主交流如何合作，品牌怎样能玩转抖音。

由此看来，腾讯微视与抖音的竞争早已从短视频行业市场的竞争升级到腾讯与今日头条对用户时间、用户消费习惯的竞争。

任务二　了解移动电子商务的相关技术

> **学习目标**
>
> 【知识目标】理解移动电子商务相关技术的原理及使用。
> 【技能目标】掌握移动电子商务相关技术的应用。
> 【思政目标】培养学生尊重和保护知识产权的意识。

> **情景导入**
>
> 　　小李是一个技术控,虽然自己在银行工作,但是家里的电脑网络出现故障,他一般都能自己修好。移动互联网时代,手机不仅成了通信工具,更成为人们的生活和办公助手。智能手机除了能够无线联网获取信息和处理信息外,还有指纹识别功能、定位功能以及遥控功能,这些功能可以用于加密、支付、导航和控制。随着智能时代的到来,手机还有什么更为新鲜的功能呢?小李开始关注一些新技术在手机上的应用。

知识平台

　　移动电子商务是无线通信技术和智能信息技术(硬件和软件)相结合发展的产物,是各种技术推动的一种新型应用,移动电子商务的发展离不开技术的更新换代。移动电子商务技术包括基础技术和应用技术两类。

一、移动电子商务的基础技术

1. 无线应用协议

　　无线应用协议(Wireless Application Protocol,WAP)是由 Motorola、Nokia、Ericsson 等公司最早倡导和开发的,它的提出和发展基于在移动设备中接入互联网的需要。WAP 是开展移动电子商务的核心技术之一,它提供了一套开放、统一的技术平台,使用户可以通过移动设备很容易地访问和获取以统一的内容格式表示的互联网或企业内部网信息和各种服务。通过 WAP,手机可以随时随地、方便快捷地接入互联网,真正实现不受时间和地域约束的移动电子商务。

2. 移动 IP

　　移动 IP(Mobile IP)是由互联网工程任务小组(IETF)在 1996 年制定的一项开放标准。它的设计目标是能够使移动用户在移动自己位置的同时无须中断正在进行的互联网通信。移动 IP 现在有两个版本,分别为 Mobile IPv4(RFC 3344)和 Mobile IPv6(RFC 3775)。目前广泛使用的仍然是 Mobile IPv4。移动 IP 主要使用三种隧道技术(IP 的 IP 封装、IP 的最小封装和通用路由封装)来解决移动节点的移动性问题。

3. 蓝牙

　　蓝牙(Blue Tooth)是由 Ericsson、IBM、Intel、Nokia 和 Toshiba 等公司于 1998 年 5 月联合推出的一项短程无线连接标准。该标准旨在取代有线连接,实现数字设备间的无线互联,以确保大多数常见的计算机和通信设备之间可方便地进行通信。蓝牙作为一种低成本、低功率、小范围的无线通信技术,可以使移动电话、个人电脑、个人数字助理、便携式电脑、打印机及其他计算机设备在短距离内无须使用线缆进行通信。蓝牙支持 64 kb/s 实时话音传输和数据传输,传输距离为 10～100 m,其组网采用主从网络。

4. 无线局域网(WLAN)与 WiFi

　　无线局域网(Wireless Local Area Networks,WLAN)是利用射频(Radio Frequency,RF)技术取代旧式双绞铜线(Coaxial)所构成的局域网络。目前,WLAN 常见的标准有以下

三种:

(1)IEEE 802.11a:使用5 GHz频段,传输速度为54 Mbps。

(2)IEEE 802.11b:使用2.4 GHz频段,传输速度为11 Mbps。

(3)IEEE 802.11g:使用2.4 GHz频段,传输速度为54 Mbps,可兼容IEEE 802.11b。

WLAN必须有无线AP(Access Point),即无线接入点,又称无线局域网收发器,是无线网络的核心。目前笔记本电脑、PDA以及智能手机都带有无线模块,只要在AP覆盖的区域内,进行适当的设置,就能连接无线网络。WLAN以其灵活性、移动性、规划容易、易扩充、费用低等优点得到了广泛应用。但是比起有线网络,无线网络有易受干扰、距离有限等缺点。

WiFi(Wireless Fidelity,无线保真)技术是一个基于IEEE 802.11系列标准的无线网络通信技术的品牌,目的是改善基于IEEE 802.11标准的无线网络产品之间的互通性,由WiFi联盟(WiFi Alliance)所持有。简单来说,WiFi就是一种无线联网的技术,以前通过网线连接电脑,而现在则是通过无线电波来连接网络。

5.通用分组无线业务

通用分组无线业务(General Packet Radio Service,GPRS)是欧洲电信标准化组织(ETSI)在GSM系统的基础上制定的一套移动数据通信技术标准。它是利用"包交换"(Packet-Switched)的概念所发展出的一套无线传输方式。GPRS是2.5G移动通信系统主要的联网方式。GPRS具有数据传输率高、永远在线和仅按数据流量计费的特点,在2.5G中得到较广泛的应用。但是它传递的速率有限,随着4G的普及及5G的推出,这种上网方式会逐步退出。

6.第四代移动通信(4G)技术与第五代移动通信(5G)技术

(1)第四代移动通信技术。第四代移动通信技术集3G与WLAN于一体,并能够传输高质量视频图像。它的图像传输质量与高清晰度电视不相上下。4G系统能够以100 Mbps的速度下载数据,比拨号上网快2 000倍,上传的速度也能达到20 Mbps,并能够满足几乎所有用户对于无线服务的要求。

(2)第五代移动通信技术。移动通信网络联盟(NGMN)对5G的定义为:"5G是一个端对端的生态系统,可带来一个全面移动和联网的设备。通过由可持续商业模式开启的、具备连贯体验的现有和新型的用例,它增强了面向消费者、合作者的价值创造。"

5G网络并不会独立存在,它将会是多种技术的结合,包括2G、3G、LTE、LTE-A、WiFi、M2M等。换句话说,5G的设计初衷是支持多种不同的应用,如物联网、联网可穿戴设备、增强现实和沉浸式游戏。不同于4G,5G网络有能力处理大量的联网设备和流量类型。比如,当处理高清视频在线播放任务时,5G可提供超高的连接速度;而面对传感器网络时,它就只会提供低数据传输速率了。

二、移动电子商务的应用技术

1.智能手机与操作系统

除了上述的技术之外,移动电子商务的发展还和移动手机的功能密切相关,真正能开展移动商务活动的是智能手机。智能手机是指像个人电脑一样,具有独立的操作系统,可以由用户自行安装软件、游戏等第三方服务商提供的程序,通过此类程序来不断对手机的功能进行扩充,并可以通过移动通信网络来实现无线网络接入的这样一类手机的总称。目前主流的手机厂商(如华为、小米等)都推出了自己的智能手机终端,很多移动电子商务的应用与使用的手机相关。除此之外,它还与安装的软件相关,通常使用的操作系统有 Android、iOS 等,其中 Android 所占的市场份额最大,iOS 是苹果手机专用的操作系统,它们之间的应用软件互不兼容。因为可以安装第三方软件,所以智能手机有丰富的功能。目前除了手机制造商推出的应用平台(如华为的应用商店、苹果的 APP Store)外,更多的是第三方的开放平台(如 360 手机助手、腾讯的应用宝等),为手机提供了丰富的应用软件,极大地拓展了手机的功能,并带给用户良好的体验。

2. 手机二维码

手机二维码是二维码技术在手机上的应用。二维码是用特定的几何图形按一定的规律在平面(二维方向)上分布的黑白相间的矩形方阵记录数据符号信息的新一代条码技术,具有信息量大、纠错能力强、识读速度快、全方位识读等特点。

手机二维码的应用有两种:主读与被读。所谓主读,就是使用者主动读取二维码,一般是指手机安装扫码软件,其中比较知名的应用有易拍酷、快拍、我查查等。被读是指电子回执之类的应用,比如火车票、电影票、电子优惠券等。

3. 手机定位技术

手机定位技术是指利用定位技术或者基站定位技术对手机进行定位的一种技术。目前我国手机上主要使用的是我国的北斗卫星导航系统和美国的全球定位系统的定位方式。定位技术是利用手机上的定位模块将自己的位置信号发送到定位后台来实现手机定位。基站定位则是利用基站对手机距离的测算来确定手机的位置。后者在卫星信号不能覆盖的区域(例如室内),可以通过最近的基站或 WiFi 网络实现定位。二者虽然密度上差异较大,有时误差会超过一千米,但是互为补充。基于位置的服务(LBS)正是基于手机定位技术的应用。

4. 手机识别技术

手机中的识别技术主要是利用人体生物特征的唯一性原理来保证识别的安全性、唯一性。目前手机中的识别技术主要是指指纹识别、虹膜识别和面部识别三种,其中,指纹识别仍是主要应用。Synaptics 在 CES 2017 正式开幕之前宣布了一套新的综合性生物识别技术,将传统的指纹识别、面部识别整合在一起,可为智能手机、平板电脑、笔记本电脑带来更大的便利和更高的安全性。用户可以选择自己最喜欢或者使用最方便的方式解锁设备。相关生物识别技术公司也在朝这个方向发展。手机中的识别技术可以用来解锁设备、加密和解密等,极大地提升了用户体验。

实践任务

打开手机中微信或支付宝客户端的"扫一扫"功能,看看二维码可以应用到哪些场合。

素质拓展

5G 时代到来 原来生活可如此"智能"

通信技术演进从最开始的电报、电话到移动通信技术,从第一代移动通信技术到第四代移动通信技术,围绕的都是人与人之间的通信,可以说,"沟通便捷"促使着通信行业的发展进程。而在如今的网络直播、虚拟现实、4K 视频逐渐普及的大环境下,用户对于网络的要求也是越来越高，要满足用户不断增长的网络需求，一个带宽更高、时延更低、覆盖更广的移动网络必不可少，而5G正是一个能够满足这些需求的网络。

回顾过往，第一代是模拟技术，仅能提供质量不高的语音通话；第二代实现数字化语音通信，可提供清晰的数字语音通话和极慢数据传输业务的网络；第三代是我们所熟知的3G技术，以多媒体通信为特征，能同时提供语音和数据业务的通信系统；第四代是4G技术，其通信速率大大提高，可在线流畅观看1K高清视频节目；而到了第五代移动通信技术，则能够承载更多的设备连接、拥有更快的反应、传输更大的流量。

5G时代到来，4K视频甚至是8K视频将能够流畅实时播放；云技术将会更好地被利用，生活、工作、娱乐将都有"云"的身影；极高的网络速率也意味着硬盘将被云盘所取缔，随时随地可以将大文件上传到云端。

从4G开始，智能家居行业已经兴起，但只是处于初级阶段，4G不足以支撑"万物互联"，距离真正的"万物互联"还有很大的距离；而5G极大的流量将能为"万物互联"提供必要条件。自动驾驶汽车和虚拟现实这些智能技术在5G网络的支持下成为现实。

（资料来源：人民网）

任务三 理解移动电子商务的运营模式

学习目标

【知识目标】 理解移动电子商务模式的概念以及移动电子商务模式运行的机理。
【技能目标】 学会分析移动电子商务模式。
【思政目标】 网络中要保护好个人的隐私信息，防止被滥用。

情景导入

小李是一名"90后"，在一家银行工作，是一个移动电子商务的拥趸，经常用手机购物、充值缴费、下载应用软件、看直播、玩微信等。但是小李也有疑惑，移动电子商务到底是如何运行和营利的呢？于是小李开始了移动电子商务模式的探索之旅。

知识平台

一、移动电子商务模式的内涵

商务模式就是企业运营业务、创造利润的模式，主要是指企业如何在与其他实体的合作过程中创造价值并实现利润。移动电子商务模式是指在移动技术条件下,相关的经济实体通过一定的商务活动创造、实现价值并获得利润的方式。

二、移动电子商务的主要模式

为了更清楚地了解移动电子商务的运营,我们可以根据销售模式对移动电子商务进行分类,大致可以分为传统综合类电子商务模式(传统电商)、社交化电子商务模式(社交化电商)、内容电子商务模式(内容电商)、创新型电子商务模式(创新型电商),见表 6-2。

表 6-2　　　　　　　　　　　移动电子商务的主要模式

类型	举例
传统综合类电子商务模式(传统电商)	淘宝、京东、亚马逊、考拉海购
社交化电子商务模式(社交化电商)	拼多多、微商、云集
内容电子商务模式(内容电商)	抖音、小红书
创新型电子商务模式(创新型电商)	喜马拉雅、作业帮、知乎

(一)传统综合类电子商务模式

传统电子商务提供商通过在 PC 端的多年发展,已经具备开展移动电子商务所需的基础服务能力和运营经验,这是其主导移动电子商务服务的重要优势。但手机不仅仅是传统电子商务新开辟的用户入口,传统电子商务发展模式并不能简单复制到移动电子商务的发展之中,移动电子商务需要针对用户的个性化需求及电子商务发展的新趋势,开辟全新的发展理念和服务模式。

传统电子商务提供商依靠其在 PC 端电子商务运营、管理经验的积累,以及商品渠道、物流仓储的实力储备,尤其是多年来在广大网民中形成的品牌形象,仅将手机作为一个全新的用户接入通道,就能为自身带来源源不断的客户和订单。目前,在市场上具有传统优势的电子商务企业基本已实现了基于手机 APP 移动电子商务的应用,例如,淘宝、京东、美团、亚马逊等。

(二)社交化电子商务模式

社交化电子商务是基于人际关系网络,利用互联网社交工具,从事商品或服务销售的经营行为,是新型电子商务的重要表现形式之一。

社交化电子商务具备几个核心特征:一是具有导购的作用;二是用户之间或用户与企业之间有互动与分享,即具有社交化元素;三是口碑效应,通过分享、推荐、互动沟通,这种网络口碑传递面、渗透力、影响力极强,有着传统工具无法比拟的优势。

传统电商经过多年的发展已进入瓶颈期,难以获得精准的流量,随着微信、微博等社交类工具的普遍使用,社交化电商开始被人们重视起来,拼多多就是依靠社交网络沟通的这种属性,迅速崛起。此外,还有微商、云集、贝店等。看到社交化电商的成功,传统电商也开始布局和涉足,例如淘宝买菜就是和"十荟团"进行的一次合作的尝试,提供本地生活购买服务。

(三)内容电子商务模式

如前所述,内容电商是指在互联网信息碎片时代,透过优质的内容传播,进而引发兴趣和购买。其采取的手段通常为直播、短视频等。

内容电商是以消费者为中心,用优质的内容让消费者产生新的要求,如以"抖音短视频记录美好生活"为目标的抖音的电商就属于内容电商的范畴。

抖音起先是为手机用户提供短视频制作、发布、互动、关注等服务。抖音官方数据显示,截至 2020 年 12 月,抖音日活跃用户数超过 5 亿,日均视频搜索量突破 4 亿。带着巨大的流量,抖音切入内容电商,直播电商已成为抖音主要业务,抖音视频直播电商正如火如荼。抖音、快手等深耕短视频的服务商是利用优质的视频内容来传递"好物分享"的购物理念。

(四)创新型电子商务模式

创新型电子商务是在移动互联网发展过程中崛起的电子商务服务提供者,专注用户需求,对移动电子商务用户需求和服务的特点有较好的理解与把握,利用先进的信息技术为用户提供个性化的服务。

创新型电子商务交易的内容不是实物商品,而是无形的服务,符合消费升级的趋势,以教育、知识、医疗服务等内容为主。创新型电子商务充分利用智能手机的功能特点,不断寻求变革,满足人们的需求。例如,喜马拉雅抓住了人们的"耳朵",以"听"为主要方式来传递内容。还有知识问答式的知乎,专注汽车专业资讯及服务的懂车帝,医疗服务的好大夫等都是专注用户、创新驱动的典型。

这类模式以"专注+创新"为主要特色。模式本身具有区别于传统电子商务的特点,摆脱了传统电子商务发展的僵硬思路,专注用户需求,敢于创新服务模式。

实践任务

在手机上下载并安装抖音并申请自己的抖音号,尝试分享自己的短视频。了解抖音直播电商的运营流程。

素质拓展

分享经济下移动社交电商的崛起之路

当前,分享经济正在全球高速发展,成为经济增长的新亮点。在国内,分享经济由产业创新带动,自草根创业崛起,受政府多方支持,得以高速发展。

分享经济属于商业模式的创新,是通过社会海量、分散、闲置资源、平台化、协同化地集聚、复用与供需匹配,从而实现经济与社会价值创新的新形态,其中移动社交电商就是重要体现。互联网的本质就是要连接一切,而在移动互联网时代,不仅仅是人的简单聚集,更重要的是强调服务、信息以及内容的整合输出,移动社交电商正是基于市场的需求,所形成的持久的商业运营模式。

互联网首先是一个工具,极大提升人际网络发展及沟通效率和资源使用效率。其次互联网的思想本质是回归本源,让从业者提供极致产品和服务以及传播网络的正能量。纵观今天的互联网、零售和电商,有这样几个大的基本趋势,将深刻影响未来移动社交电商的发展:

(1)分享经济时代下,移动互联网带来的一个巨大机会是个体解放。典型代表如打车软件,释放了闲置车辆、闲置技能、闲置时间;微信公众号,释放了无数内容生产者。而在零售领域,从早期的微店、有赞、微盟,到现在的拼多多、云集微店、顺联动力,是一种根据行业基础和速度形成的进化,其商业模式相当于一个零售领域反向的共享经济,不提供流量,提供优质的商品集合,并共享给每一个有流量的个体,做个体的解放,帮助个体更容易成为零售商。

(2)中国的消费电商已进入深水区,全世界所有品牌在消费者面前平等竞争,优质商品将价值回归,这个趋势将持续深化。当电商成为一种标准化能力,深度挖掘用户需求、穷尽变化满足用户成了重要的流量聚集手段,即所谓的内容电商。具体体现为:流量的聚集不是以物而是以人群共性为基点,商品被推荐显示而不是被搜索。

(3)对品牌来说,移动社交电商提供了一种独特的、更低成本的教育用户、品牌营销方式:每个店主就是品牌的代言人,他们体验了商品,觉得商品不错,推荐分享出去。这种方式特别适合无法在大平台通过搜索获取流量的高性价比产品,通过小意见领袖宣导,是一种非常有效、低成本、精准的用户教育品牌营销方式。

中国分享经济正步入发展黄金期,分享经济下移动社交电商的崛起之路到目前为止还没有绝对的模式,很多平台也面临增长受限的挑战。但我们相信,移动社交电商的未来是美好的。

(资料来源:中国青年网)

任务四 体验移动电子商务的应用服务

学习目标

【知识目标】理解移动社交、基于位置的服务、移动购物、手机广告、移动个人信息管理、移动娱乐及移动办公自动化的内涵及原理。

【技能目标】学会使用与移动电子商务相关的应用服务。

【思政目标】了解《中华人民共和国广告法》《中华人民共和国个人信息保护法》等相关内容,做到知法、守法。

情景导入

小李是一个自驾游爱好者。出去旅游首先要规划旅游线路,查询住宿酒店、景点线路,这些在以往要借助传统的地图,但是现在只要在手机中安装了百度地图或者高德地图等,就能实现定位和智能导航的功能。更让他惊喜的是,与位置有关的服务非常贴心,很多酒店、商场和景点的信息通过第三方对接到地图中,地图数据更新也非常及时,小李感到省心不少。

知识平台

移动电子商务是伴随着智能手机和移动互联网的发展而发展起来的,随着技术的进一步发展,移动电子商务的应用也越来越丰富。目前看来其主要的应用可以分为以下几类:

一、移动社交

移动社交是指用户以手机、平板电脑等移动终端为载体,以在线识别用户及交换信息技术为基础,按照流量计费,通过移动网络来实现的社交应用功能。移动社交不包括打电话、发短信等通信业务。与传统的 PC 端社交相比,移动社交具有人机交互、实时场景等特点,能够让用户随时随地创造并分享内容,让网络最大限度地服务个人的现实生活。

移动社交应用主要有手机 QQ、微信、微博等。

二、基于位置的服务

(一)基于位置的服务的内涵

基于位置的服务(Location Based Service,LBS)是通过手机中的位置信息模块(如北斗卫星导航系统)和移动运营商的移动通信网络获取移动终端用户的位置信息(地理坐标或大地坐标),在地理信息系统(GIS)平台的支持下,为用户提供的与位置有关的服务。

(二)基于位置的服务的主要应用

手机中多数的应用需要用户允许获取地理位置信息才能提供个性化的服务,例如地图就是较为典型的 LBS 的应用之一。LBS 的主要应用见表 6-3。

表 6-3　　　　　　　　　　　LBS 的主要应用

类别	举例	功能
地图类	高德地图、百度地图	导航、无人驾驶
出行、旅游类	携程旅游	便捷出行
本地生活类	美团、58 同城、安居客	本地生活消费、服务
社交类	微信、微博	提供位置相关应用
安全类	电话手表、定位手环	儿童、老人安全守护、紧急呼叫

三、移动购物

借助移动设备(通常是智能手机),用户就能够随时随地进行网上购物,如订购鲜花、礼物、食品或快餐等。顾客利用智能手机等移动终端设备可以进行快速搜索、价格比较、使用购物车、订货等活动,还可以查看订单状态。CNNIC 发布的数据显示,截至 2020 年 12 月底,中国手机网络购物用户规模占网络购物用户规模的比例达 99.77%,较 2020 年 3 月底增长了 0.16%。智能手机的便利性和移动互联网的普及使得移动购物迅速普及。移动购物选择的平台也多样化,除了传统的阿里系、京东、亚马逊等,后起之秀也很多,如拼多多、抖音、小红书都纷纷切入提供购物全过程的服务。

四、手机广告

在某电影中,当主人公从一块啤酒广告牌旁边走过时,那块招牌认出了他的身份,还招呼他说:"嘿,约翰,看上去你想来一罐××啤酒啊!"在当时的电影中,这只是个科学幻想。但是,如今的通信技术已经使广告商向消费者随身携带的手机、掌上电脑和其他移动设备发送个性化商品信息成为可能。从手机诞生以来,垃圾短信和推销电话就一直是一个令人头疼的问题。但是,这并不是广告本身的错,而是投放手机广告的商家没有找对用户。如果手机广告不是像原始的广告那样"狂轰滥炸",而是投其所好,那么收到广告的用户也就不一定那么厌烦了。如果一个移动用户的兴趣爱好和个性是明确的,那么广告商就会考虑给每个或者某一类用户(细分市场)提供一种推动式或拉动式的手机广告服务。根据用户的终端性质、所处位置及其偏好,定向性地向其投放广告,往往会取得不错的效果。

五、移动个人信息管理

(一)移动个人信息管理的内涵

移动个人信息管理(PIM)业务是指客户将移动终端中的信息(通信录和日程安排等)以无线或有线方式与电脑或移动网络服务器保持一致,并能用多种终端和多种接入手段查询和管理信息的业务。

移动个人信息管理的内容通常是通信录、日程安排和记事簿等。以往的移动终端用户的个人信息管理是基于本机或 PC 与网络无关的行为,随着移动终端换机率的不断增长,有必要在移动网络上提供智能业务系统,最终用户可以通过空中信道将自己的 PIM 数据备份到网络服务器上,或从网络服务器获取 PIM 信息同步到移动终端,最终达到移动终端、网络服务器及 PC 的个人信息同步的目的。随着智能手机和 4G 的推出及普及,人们对于移动个人信息管理的需求也日趋强烈。基于移动网络的个人信息管理系统逐步成为各大主流品牌手机的标准配置,为运营商推出基于移动网络的个人信息服务提供了良好的发展机会。

目前 PIM 业务所支持的数据文件类型主要遵从 OMA Data Synchronization 规范中所支持的主要文件类型,包括通信录和日程。另外,还可以根据移动终端的支持程度提供 SMS(短信)、MMS(彩信)和文件的备份和恢复功能。个人信息管理侧重于统一管理移动终端的本地文件系统,并为用户的文件操作提供统一的界面和便捷的方式;数据同步侧重于提供移动终端和网络服务器端的数据文件的备份、恢复和同步。

(二)移动个人信息管理业务的功能及数据类型

移动个人信息管理业务为移动网络用户提供基本的数据业务功能,包括以下几个方面:

(1)支持个人信息在移动终端和网络服务器间传送:同步、备份、恢复,实现数据文件在终端和远程的统一管理。

(2)集中管理移动终端的各种数据文件,便于不同的终端应用软件管理数据。

(3)支持网络及本机数据挖掘,为用户提供个性化增值服务。

PIM 的业务数据类型包括:

(1)名片簿类:手机和 SIM/USIM 卡中通信录、名片簿和 vCard 格式。

(2)日程类:手机中的日程文件,包括 vCalendar 和 iCalendar 格式。

(3)信息类:多媒体及网络数据。

(4)其他多媒体文件类:支持 JPEG、PNG、MIDI、MP3 等。

(三)移动个人信息管理业务的优势

PIM 业务的优势体现在以下几个方面:

(1)便捷转网。PIM 能够将不同网络制式手机上的通信录方便地导入新手机;兼容多厂家、多型号。

(2)安全备份。当用户手机丢失、信息丢失或进行误删除时,可以快速调用存储在系统端的数据,实现数据的恢复。

(3)海量存储。系统端能够提供海量的存储空间,满足客户手机上数据量不断增长的需求。通信录备份到网络服务器以后,可以从终端删除,既节省终端空间,又便于查找。

(4)管理便利。多设备下个人信息集中、统一管理,同时,提供 Web 等多种接入管理方式,实现灵活便捷的信息管理。

(5)个性化服务。通过对用户手机中业务数据进行挖掘分析,为用户提供个性化服务,例如,华为手机就能为用户提供智能提醒服务。

六、移动娱乐

中国的移动互联网市场经过多年的发展,目前已经进入了发展的第二阶段,即由资讯时代逐渐过渡到娱乐阶段。移动娱乐业务种类繁多,包括移动游戏、移动音乐、移动视频、手机阅读等。移动娱乐有机会成为移动产业最大的收入来源之一。移动娱乐业务前景广阔,它将是运营商可提供的又一项有特色的移动增值业务,也是防止客户流失的有力武器之一。以移动游戏为代表的移动娱乐业务能够为运营商、服务提供商和内容提供商带来附加业务收入。

1. 移动游戏

手机游戏作为移动互联网典型的娱乐应用,凭借其良好的受众群体及相对成熟的商业模式,已经成为资本市场关注的焦点之一。2020 年 12 月,中国音像与数字出版协会游戏出版工作委员会与中国游戏产业研究院发布了《2020 年中国游戏产业报告》,2020 年中国游戏收入为 2 786.87 亿元,其中中国移动游戏市场实际销售收入达到 2 096.76 亿元,比 2019 年增加了 515.65 亿元,同比增长 32.61%。移动游戏收入占比达到 75.2%,显示出移动游戏成为主要的娱乐和消费方式之一。

在手机游戏中,除了简单的动作游戏以及棋牌类外,策略游戏成为主流。它通过精心的游戏设计,让人能够在游戏世界中扮演各种角色,找到自己的地位并能和游戏玩家进行协作或对抗,体验到与现实生活中不一样的趣味,给人带来极大的满足感,这是游戏吸引人的地方。但是近年来有些青少年玩游戏成瘾,耽搁了学业,甚至引发悲剧等社会问题已引起多方关注。国家层面开始实施手机游戏严格审查和分级管控制度。但这需要多方协作,联手实施有效的措施,才能切实地降低手机游戏的"副作用"。现今,净化游戏市场刻不容缓,对于游戏玩家来说,更是需要适度、自律,切勿沉溺游戏而荒废了学业和工作。

2. 移动音乐

移动音乐业务是指用户利用手机等移动终端,以 SMS、MMS、WAP、WWW 等多种接入方式获取以音乐为主题内容的相关业务的总称。移动音乐包括手机铃声、彩铃、手机音乐点播、音乐下载和在线收听等。

移动音乐在国外的发展较早,各国终端厂商、手机音乐软件开发商、移动运营商都看好该业务的发展。在中国,移动音乐推出相对较晚,但市场规模巨大。移动互联网给予了音乐行业新的业务模式与运营机制,以网易音乐、酷狗音乐、QQ音乐为代表的音乐播放器平台,以唱吧、全民K歌为代表的移动K歌平台,以唱吧直播间为代表的演艺直播平台,是提供互联网音乐服务的主要平台方。业务形态的垂直细分,加速了我国移动音乐行业的业务升级。

3. 移动视频

移动视频业务是指通过移动网络和移动终端为移动用户传送视频内容的新型移动业务,是当前和未来移动运营商、终端制造厂商以及内容提供商新的业务增长点。它的主要特点在于传送的内容是比文本、音乐更加高级的视频,并可以伴有音频信息,对无线通信网络的带宽要求较高。移动视频业务目前主要包括移动电视、移动内容点播、移动视频会议和移动视频监控等。

在中国,近几年由于智能手机的迅速普及,以及4G通信、CMMB(China Mobile Multimedia Broadcast,中国移动多媒体广播,也称手机电视)等网络基础设施服务的改善,各大移动运营商均加大了手机视频业务推广和促销的力度。此外,除了手机视频业务成为新一轮移动运营商的增值业务竞争要点,基于互联网的视频网站也纷纷推出手机视频客户端和服务,特别是优酷网等成为电信运营商的内容合作伙伴,在为自身拓展多元化营利来源的同时,也为用户提供了更丰富的视频内容和服务选择。

最近几年"手机直播"业务发展甚为迅猛,其以实时、互动和有趣的特点迅速获得用户的青睐。例如,国内的花椒和抖音等用户数都达到亿级。

4. 手机阅读

手机阅读是指移动运营商通过多样化的阅读形式向用户提供各类电子书内容,以在线和下载为主要阅读方式的自有增值业务。

手机阅读基于用户对各类题材内容的阅读需求,整合具备内容出版或发行资质的机构提供的各类内容,以移动终端(包括手机、手持阅读终端)为主要阅读载体平台,为用户提供各类电子书内容,包括图书、杂志、漫画等;用户可以在前端选择感兴趣的内容在线阅读,也可请求下载之后离线阅读。用户可以通过按次点播、包月两种方式订购业务。用户使用WAP、客户端、手持阅读终端和WWW四种方式所看到的内容保持一致,做到一点接入、多元展现,同时共享同一个人空间信息,最大限度地达到无缝阅读体验。

随着移动互联网应用的快速普及以及用户对手机阅读接受度的不断提升,移动阅读进入了快速发展阶段。手机阅读正在改变图书出版、发行的模式,庞大的用户群极大地提升了图书的销量,并使得一些经典好书畅销成为可能。手机阅读市场在巨大的需求导向下,市场前景可观,产业链上、下游均存在巨大的机会。

七、移动办公自动化

移动办公自动化(Office Automation,OA)是利用无线网络实现办公自动化的技术。它将原有OA系统上的公文、通信录、日程、文件管理、通知公告等功能迁移到手机上,让用户可以随时随地进行掌上办公,对于突发性事件和紧急性事件有极其高效和出色的支持,是管理者、市场人员等的贴心掌上办公产品。

移动 OA 是当今高速发展的通信业与 IT 业交融的产物,它将通信业在沟通上的便捷、用户上的规模,与 IT 业在软件应用上的成熟、业务内容上的丰富,完美地结合到了一起,使之成为继电脑无纸化办公、互联网远程化办公之后的新一代办公模式。移动办公体现出 3A 的特征,也可称为"3A 办公",即办公人员可在任何时间(Anytime)、任何地点(Anywhere)处理与业务相关的任何事情(Anything)。这种全新的办公模式,可以让办公人员摆脱时间和空间的束缚。信息可以随时随地通畅地交流,工作将更加轻松有效,整体运作更加协调。它不仅使办公变得随心、轻松,而且借助手机通信的便利性,使用户无论身处何种紧急的情况下,都能高效迅捷地开展工作,对于突发性事件的处理、应急性事件的部署有极为重要的意义。例如,腾讯的企业微信是移动办公较为典型的代表,其易用、便捷、低成本的优势深受企业欢迎。还有 WPS 的在线云文档服务也是常用的移动办公工具。

实践任务

安装高德地图,通过高德地图为自己的旅游做一次路线规划,了解高德地图提供的与位置相关的服务。

素质拓展

手机物联网

一、手机物联网的概念

随着智能手机网络功能的普及以及物联网技术的高速发展,手机作为一个全新的媒体形式引起了广泛关注。在物联网的物体识别、环境感知与无线通信等核心技术方面,手机无疑是基础计算平台之一,手机与物联网的融合将助推网络营销的高速发展,由此,手机物联网商业模式应运而生。智能手机和电子商务的结合,是手机物联网中一项重要功能,手机物联网应用正伴随着电子商务的潮流而大规模兴起。

所谓手机物联网,是指借助手机终端和各种传感器技术,在约定协议下,把任意物品利用(移动)互联网连接起来,进行信息交换和通信,以实现智能化识别、定位、跟踪监控和管理等功能的一种网络,最终实现从人与物的信息交换向物与物的信息交换转变。手机物联网商务则是指以手机物联网为载体进行的移动商务行为。随着 4G 的发展,移动互联网逐渐实现高带宽和高速移动的双突破。手机将可便捷实现互联网接入及联网的"人机交互""机机交互"。通过手机处理各种相关的生活服务,如家庭监控、家电控制、金融消费等,会给生活带来更多的便利,将成为未来的趋势和方向。随着手机的推广和手机网民的增加,手机用户将成为手机物联网的潜在用户,物联网手机将凭借其智能特性进入人们的生活。

二、手机物联网的应用

在美国,物联网在物流管理、交通监控、农业生产等领域已经有了相当的应用。在欧盟、日韩等地区,由于信息技术的基础良好,在物联网的发展上也已经走得很远了。欧盟、日韩都制定了各自的物联网发展相关规划,在应用方面也形成了一定的经验和积累。在日本,物联网在智能家居方面的应用较为成熟,如可以通过手机和网络查看家里冰箱内储存的食品，可以控制电饭煲自动下米做饭，可以提前打开室内的空调设备为房间调节温度等。

目前我国手机物联网已在智能交通、手机支付、远程医疗、智能安防、环境监控等领域实现了重大应用。在国内运营商中，中国电信首推物联网手机技术"翼机通"的应用。这一应用不仅为用户提供了传统的手机通信服务，而且可通过手机实现门禁、考勤、食堂消费、信息发布等多种服务。目前这一应用主要面向的领域是学校。中国电信在校园信息化方面的尝试和探索是非常值得肯定的，也是具有较大发展空间的。其发展优势主要有两个：一是多卡合一的功能，如"翼机通"将饭卡、学生证、借书证、门禁卡等多卡合而为一，通过持卡人权限控制，实现对校门、实验室等重要场所的安全管理；二是通过与图书管理系统结合，不用借书卡即可实现图书借阅、归还，还可享受短信查询、预约、到期提醒、续借等服务，极大地方便了学生和教职工的工作、学习和生活。

三、手机物联网的发展前景

手机物联网的服务有两大方向：面向消费层面和面向企业层面。面向消费层面要实现消费智能化终端，如手机支付、手机认证等；面向企业层面则需要促进工业信息化，如在库存管理、物流跟踪、手机商务应用软件方面等。例如，通过手机处理各种相关的生活服务，包括家庭监控、家电控制、金融消费等，这会给生活带来更多的便利，智慧生活将成为未来的趋势和方向。此外，还有智能手机和电子商务的结合，也是手机物联网的一项重要功能。例如，一些企业推出的"网上比价"就是手机和物联网的一个重要组合应用。去超市的消费者，只需要将智能手机对准条形码，智能手机就会自动拍摄，并将超市商品的价格和电子商务机构的网络价格进行比较，方便选购。

思政园地

《中华人民共和国个人信息保护法》实施

2021年8月20日，第十三届全国人大常委会第三十次会议表决通过《中华人民共和国个人信息保护法》，自2021年11月1日起施行。数字时代的《中华人民共和国个人信息保护法》是保障个人信息权益乃至宪法性权利的基本法。我国将个人信息受保护的权利提升至更高高度，其来源于《宪法》：国家尊重和保障人权，公民的人格尊严不受侵犯，公民的通信自由和通信秘密受法律保护。

项目综述

一、移动电子商务就是利用智能终端（尤其是手机）通过移动互联网进行的电子商务。移动电子商务的特点包括：便利性；身份可识别性；用户的广泛性；定位性；个性化；支付的便捷性；信息安全；开放性；迅速性。

二、移动互联网的应用领域有：移动支付业务；基于位置的服务；移动搜索；移动阅读；移动健康监控；近场通信；移动广告；移动社区；移动娱乐；移动网站；移动购物；物联网。

三、移动电子商务是无线通信技术和智能信息技术（硬件和软件）相结合发展的产物，是各种技术推动的一种新型应用，移动电子商务技术包括基础技术和应用技术两类。基础技术包括无线应用协议、移动IP、蓝牙、无线局域网与WiFi、通用分组无线业务以及第四代移动通信技术与第五代移动通信技术。应用技术包括智能手机与操作系统、手机二维码、手机定位技术和手机识别技术。

四、移动电子商务的模式是指在移动技术条件下，相关的经济实体通过一定的商务活动创造、实现价值并获得利润的方式。移动电子商务根据销售模式可以分为四类，分别为：传统综合类电子商务模式（传统电商）、社交化电子商务模式（社交化电商）、内容电子商务模式（内容电商）、创新型电子商务模式（创新型电商）。

五、移动电子商务应用服务主要包括：移动社交；基于位置的服务；移动购物；手机广告；移动个人信息管理；移动娱乐；移动办公自动化。

项目知识训练

一、单选题

1. 移动电子商务主要是指基于（　　）开展的商务活动。
A. PDA　　　　B. PC　　　　C. 智能手机　　　　D. 平板电脑

2. 移动电子商务具有天然的用户身份认证功能，是因为手机入网需要（　　）。
A. SIM卡　　　B. 实名制　　　C. GPS　　　　D. 用户名

3. 实现手机的非接触式刷卡支付是利用了手机的（　　）功能。
A. 蓝牙　　　　B. 无线网　　　C. 近场通信　　　D. 4G通信网

4. 手机中的识别技术主要是利用人体生物特征的（　　）原理来保证识别的稳定和安全。
A. 可识别性　　B. 唯一性　　　C. 可触摸性　　　D. 其他

二、多选题

1. 目前手机中的识别技术主要是指（　　）。
A. 人脸识别　　B. 虹膜识别　　C. 指纹识别　　　D. 其他

2. PIM业务的优势体现在（　　）。
A. 便捷转网　　B. 安全备份　　C. 海量存储　　　D. 管理便利

三、问答题

1. 简述移动电子商务的特点及优势。
2. 移动电子商务的主要应用服务有哪些？
3. 论述移动电子商务的主要模式，举例说明它们各自的特点。

项目拓展训练

了解自己手机中的热门APP应用，分析它们的商业模式。

项目七

把握电子商务安全技术

项目描述

电子商务安全是进行电子商务活动的前提,它涉及计算机网络安全和商务交易安全,二者相辅相成、缺一不可。把握电子商务安全技术要从网络安全技术、信息与交易安全技术入手,了解防火墙技术、虚拟专用网技术、入侵检测技术、信息加密技术以及数字认证、电子签名技术等内容。

项目目标

通过本项目的学习,学生可以对电子商务安全有一定的认识,对电子商务安全技术有系统了解;能够运用所学所练,解决网络系统安全、交易信息传输安全、信用安全、支付安全等一系列电子商务安全问题,有效规避网络风险,保障电子商务活动有序进行。

通过本项目的学习,深刻体会网络安全的重要性,同时要注意在电子商务运营或者交易过程中遵守法律法规,避免违法情况发生。

任务一　初探电子商务安全需求

学习目标

【知识目标】熟悉电子商务安全的概念和特点，了解电子商务安全需求。

【技能目标】了解近年来电子商务领域的重大安全事件，对电子商务安全需求有清晰的认识。

【思政目标】体会网络并非法外之地。

情景导入

珠海市公安机关侦破一宗横跨广东、黑龙江、四川、上海和浙江等5省（市）的特大利用黑客手段盗取支付宝资金系列案件，打掉一个非法买卖公民个人信息、制作扫描探测软件和实施网络套现的犯罪团伙，抓获关键犯罪嫌疑人6名，缴获作案计算机等工具一批。

该案是比较常见的支付账户盗窃案件，犯罪嫌疑人通过网络购买他人提供的账号、密码信息，使用扫描账号软件批量测试是否与支付机构支付账号、密码一致，比对成功后实施盗窃。至公安部门破获此案时，嫌疑人电脑硬盘中存储的公民个人信息达40多亿条，涉及支付宝、京东和PayPal等支付账户达1 000多万个，初步估算账户涉及资金近10亿元。

知识平台

一、电子商务安全的概念

随着互联网的飞速发展与广泛应用，电子商务的应用前景越来越广阔，然而它的安全问题也变得日益严重。在互联网环境下开展电子商务，客户、商家、银行等参与者都对自身安全能否得到保障存在担心。如何创造安全的电子商务应用环境，已经成为社会、企业和消费者共同关注的问题。

电子商务安全是一个多层次、多方位的系统的概念：广义上讲，它不仅与计算机系统结构有关，而且与电子商务应用的环境、操作人员素质和社会因素有关，包括电子商务系统的硬件安全、软件安全、运行安全及电子商务立法；狭义上讲，它是指电子商务信息的安全，主要包括信息的存储安全和信息的传输安全。因此，电子商务安全从整体上可分为两大部分：计算机网络安全和商务交易安全。

（一）计算机网络安全

计算机网络安全的内容包括计算机网络设备安全、计算机网络系统安全、数据库安全等。其特征是针对计算机网络本身可能存在的安全问题，实施网络安全增强方案，以保证计算机网络自身的安全为目标。

（二）商务交易安全

商务交易安全紧紧围绕传统商务在互联网络上应用时产生的各种安全问题，在计算机网络安全的基础上，保障以电子交易和电子支付为核心的电子商务的顺利进行，即实现电子商务的保密性、完整性、可鉴别性、不可伪造性和不可抵赖性等。

计算机网络安全与商务交易安全实际上是密不可分的，两者相辅相成、缺一不可。没有计算机网络安全作为基础，商务交易安全就犹如空中楼阁，无从谈起。没有商务交易安全保障，即使计算机网络再安全，仍然无法达到电子商务所特有的安全要求。

二、电子商务安全需求

电子商务安全需求也可称为电子商务安全要素。电子商务威胁的出现，导致对电子商务安全的需求。为真正实现一个安全电子商务系统，保证交易的安全可靠，需要电子商务做到具有有效性、机密性、完整性、可靠性和不可否认性。

（一）有效性

电子商务以电子信息取代纸张，保证电子形式贸易信息的有效是开展电子商务的前提。电子商务作为贸易的一种形式，交易的有效性是指商务活动中交易者身份是真实有效的，也就是要确定交易双方是真实存在的。其信息的有效性将直接关系到个人、企业或国家的经济利益和声誉。网上交易的双方可能素昧平生、相隔千里，进行成功交易的前提条件是要能确认对方的身份是否真实可信。因此，要对网络故障、操作错误、应用程序错误、硬件故障、系统软件错误及计算机病毒所产生的潜在威胁加以控制和预防；对于身份认证通常采用电子签名技术、数字证书来实现，以保证贸易数据在确定的时刻、确定的地点是真实有效的。

（二）机密性

信息的机密性是指交易过程中必须保证信息不会泄露给非授权的人或实体。电子商务的交易信息直接代表着个人、企业的商业机密。个人的信用卡号和密码在网上传送时如被他人截获，就可能被盗用；企业的订货和付款信息如被竞争对手获悉，该企业就可能贻误商机。电子商务建立在一个较为开放的网络环境中，商业保密就成为电子商务全面推广应用的重要前提。因此要预防非法的信息存取和信息在传输过程中被非法窃取，确保只有合法用户才能看到数据，防止泄密事件。信息的机密性一般通过数据加密技术来实现。

（三）完整性

信息的完整性是指数据在传输或存储过程中不会受到非法修改、删除或重放，以确保信息的顺序完整性和内容完整性。电子商务简化了传统的贸易过程，减少了人为的干预，但却需要维护商业信息的完整与一致，因为数据输入时的意外差错或欺诈行为以及数据传输过程中信息丢失、重复或传送的次序差异，都有可能导致贸易各方收到的信息不一致。信息的完整性将影响到贸易各方的交易与经营策略，保持这种完整性是电子商务应用的基础。数据完整性的保护通过安全散列函数（如数字摘要）与电子签名技术来实现。

（四）可靠性

电子商务系统的可靠性是指为防止计算机失效、程序错误、传输错误、硬件故障、系统软件错误、计算机病毒与自然灾害等所产生的潜在威胁，通过控制与预防等措施来确保系统安全可靠。电子商务系统的安全是保证数据传输与存储以及电子商务完整性的基础。系统的可靠性可以通过网络安全技术来实现。

（五）不可否认性

交易的不可否认性是指保证发送方不能否认自己发送了信息，同时接收方也不能否认自己接收的信息。在传统的纸面贸易方式中，贸易双方通过在交易合同、契约等书面文件上签名，或是通过盖上印章来鉴别贸易伙伴，以确定合同、契约、交易的可靠性，并能预防可能的否认行为的发生。在电子商务的应用环境中，通过手写签名与印章鉴别已不可能，就需要其他方法实现交易的不可否认。因此，电子商务交易的各方在进行数据信息传输时，必须带有自身特有的、无法被别人复制的信息，以防发送方否认曾经发送过的信息，或接收方否认曾经接收到的信息，确保在交易发生纠纷时可以拿出证据。交易的不可否认性是通过电子签名技术来实现的。

三、电子商务安全问题

（一）网络系统的安全问题

电子商务的"四流"中以信息流为核心，是最重要的，电子商务正是通过以信息流为纽带来带动资金流、物流和商流的完成。电子商务与传统商务最重要的区别就是以计算机网络来传递信息，促进信息流的完成。计算机网络的安全必将影响电子商务中信息流的传递，从而影响电子商务的开展。计算机网络存在以下安全威胁：

1. 物理实体的安全问题

物理实体的安全问题主要包括计算机、网络、通信设备等的机能失常，电源故障，由于电磁泄漏引起的信息失密、搭线窃听，自然灾害等带来的安全威胁。

2. 计算机软件系统的安全漏洞

不论采用什么操作系统，在默认安装的条件下都会存在一些安全问题，网络软件的漏洞和"后门"是进行网络攻击的首选目标。只有专门针对操作系统的安全性进行相关的、严格的安全配置，才能达到一定的安全程度。我们一定不要以为操作系统默认安装后，再配上很强的密码，系统就是安全的。

3. TCP/IP 的安全缺陷

网络服务一般都是通过各种各样的协议完成的，因此网络协议的安全性是网络安全的一个重要方面。如果网络通信协议存在安全上的缺陷，那么攻击者就有可能不必攻破密码体制即可获得所需要的信息或服务。值得注意的是，TCP/IP 最初是为内部网设计的，主要考虑网络互联互通的问题，没有考虑到安全威胁的问题。

4. 黑客的恶意攻击

以网络瘫痪为目标的袭击破坏性很大,造成危害的速度快,范围非常广,甚至黑客可以在袭击开始前就已经消失得无影无踪。

5. 计算机病毒的危害

计算机病毒是网络安全威胁的主要因素之一,目前全球出现的数万种病毒按照基本类型划分,可分为引导型病毒、可执行文件病毒、宏病毒、混合病毒、特洛伊木马和 Internet 语言病毒 6 种类型。

6. 安全产品使用不当

虽然不少网站采用了一些网络安全设备,但由于安全产品本身的问题或使用问题,这些新产品并没有起到应有的作用。很多厂商的安全新产品对配置人员的技术背景要求很高,超出对普通网管人员的技术要求,就算是厂商在最初给用户做了正确的安装、配置,但一旦系统改动,需要启动相关安全新产品的设置时,就很容易产生许多安全问题。

(二)交易信息传输的安全问题

所谓交易信息传输的安全问题,是指在进行网上交易的时候,因传输的信息失真或者信息被非法窃取、篡改和丢失,从而导致网上交易的一些不必要的损失。从技术上看,网上交易信息传输的安全问题主要包括以下几个方面:

1. 冒名窃取

为了获取重要的商业秘密、资源和信息,黑客常常采用冒名源 IP 地址来进行欺骗攻击。信息在传输过程中未采用相应的加密措施或加密强度不够,导致数据信息在网络上以明文或近乎明文的形式传送,入侵者在数据包经过的设备或线路上采用截获方法截获正在传送的信息,通过对窃取数据参数的分析比对,找到信息的格式和规律,进而得到传输信息的内容,最终会导致消费者消费信息、账号密码和企业商业机密等信息外泄。

2. 篡改数据

攻击者利用非法手段掌握了信息的格式和规律后,会通过各种手段和方法,将网络上传输的信息数据进行删除、修改、重发等,破坏数据的完整性和真实性,损害他人的经济利益,或者干扰对方的正确决策。

3. 信息丢失

交易中存在的信息丢失,主要是因为线路问题、安全措施不当或在不同的操作平台上转换操作不当导致的。

4. 信息破坏

计算机技术发展迅速,原有的病毒防范技术、加密技术、防火墙技术等始终存在被新技术攻击的可能性。计算机病毒的侵袭、黑客的非法入侵、线路窃听等很容易使重要的数据在传输过程中泄露,威胁电子商务的安全。另外,外界的干扰也会影响数据的真实性和完整性。

5. 信息伪造

在网上交易过程中,信息伪造可能来源于用户以合法身份进入系统后,在网上发布虚假的供求信息,或者以过期的信息冒充现在的信息,从而骗取对方的钱款或货物。

(三)电子商务的信用安全问题

信用基于买卖双方的信义。在传统贸易中,是由纸介质合同来约束双方行为,因此,是否有效执行合同就是信用的具体体现。在虚拟的电子商务交易中,在利益的驱动下,伪造、抵赖、逃债等问题时有发生。电子商务交易中存在的信用问题主要表现在以下几个方面:

1. 来自买方的信用问题

对于消费者来说,可能在网络上利用信用卡进行支付时恶意透支,或者使用伪造的信用卡来骗取买方的货物。

2. 来自卖方的信用问题

卖方不能按质、按量、按时寄送消费者购买的货物,或者不能完全根据合同内容执行,造成对买方权益的损害。

3. 买卖双方都存在的信用问题

电子商务交易是直接通过网络进行的,导致信用得不到保证,存在买方不付款、卖方不发货的抵赖行为。

(四)电子商务支付的安全问题

传统支付系统的安全问题是人人共知的,如可以伪造现金、可以伪造签名、可以拒付支票等。在电子商务环境下的网上支付进程中,同样会出现诸多安全问题,具体表现为以下几个方面:

(1)在通信线路上进行窃听,并滥用收集的数据。

(2)向经过授权的支付系统参与方发送伪造的消息,以破坏系统的正常运作来截获交换的财产(如商品、现金等)。

(3)不诚实的支付系统参与方,试图获取并滥用无权读取或使用的支付交易数据。

实践任务

请调查你所在学校网络中心现有的防火墙是硬件防火墙还是软件防火墙,记下该防火墙的相关信息。

素质拓展

国家事务计算机信息系统被非法入侵案

某年6月26日,深圳市多家重点国家政企单位联网系统遭到远程非法网络扫描攻击,攻击源头疑似来自河北秦皇岛。案发后,市局网警支队高度重视,立即组织警力指导全市重点单位加强网络安全防护工作,及时消除漏洞隐患。监测统计显示,该攻击源在24小时内对深圳市各重点单位进行了4 000余次非法网络扫描攻击,一旦漏洞被不法分子攻击入侵成功,随时威胁深圳市国家事务网站系统安全。

7月14日,深圳市公安局网络警察支队,出动10余名警力,远赴河北省秦皇岛市,在当地警方协助下抓获嫌疑人3人,缴获电脑9台、手机3部、黑客入侵软件3款,顺利侦破该案,确保了深圳市国家重点事务网站系统安全稳定。

任务二　掌握电子商务安全的相关技术

学习目标

【知识目标】了解电子商务安全领域涉及的技术以及每种技术的特征及适用情况。

【技能目标】掌握防火墙技术、虚拟专用网技术、入侵检测技术、信息加密技术以及电子签名技术的相关知识并能理解每种技术的运用场合。

【思政目标】通过学习电子商务安全的相关技术，体会网络犯罪的可追溯性，提高遵纪守法的意识。

情景导入

为提高商事登记效率和便利化程度，服务市场主体发展，激发市场活力，规范全程电子化商事登记程序，广州市市场监督管理局于2020年6月16日印发《广州市全程电子化商事登记实施办法》（以下简称《办法》）。

广州推进全程电子化商事登记已有一段时间，法律专家认为，难点在于电子签名的法律效力问题。《办法》对此有所明确，全程电子化商事登记电子签名的载体和形式应当符合《中华人民共和国电子签名法》的规定，由相关签署人使用电子认证服务机构、银行等依法发放的数字证书进行电子签名。法人和其他组织使用其机构数字证书进行电子签名；自然人和个体工商户使用个人数字证书进行电子签名。《办法》进一步明确，申请人在申请文件上加具电子签名，即视为其有效身份已经确认，申请文件中的全部内容已经申请人确认。电子签名与手写签名或者盖章具有同等法律效力，加具电子签名的电子文件与纸质形式文件具有同等法律效力。

（资料来源：广州市人民政府网站）

知识平台

一、电子商务网络安全技术

（一）防火墙技术

防火墙实现了一种在网络之间执行访问控制的策略。在逻辑上，防火墙是一个分离器、一个限制器，也是一个分析器，它只允许授权的数据通过，且本身也必须能够免于渗透，所以它能有效地监控内网和外网之间的任何活动，增强机构内部网络的安全性。防火墙技术越来越多地应用于专用网络与公用网络的互联环境中。

1. 防火墙的基本概念

防火墙是在一个被认为是安全和可信的内部网和一个被认为不那么安全和可信的外部

网(如Internet)之间提供的一个由软件和硬件设备共同组成的安全防御工具。它是不同网络(安全域)之间的唯一出入口,能根据企业的安全政策控制(允许、拒绝、监测)出入网络的信息流,且本身具有很高的抗攻击能力。它是提供信息安全服务,实现网络和信息安全的基础设施。

2. 防火墙的主要功能

(1)动态包过滤

防火墙能根据所设置的安全规则动态维护通过防火墙的所有通信的状态(连接),是基于连接的过滤。

(2)部署NAT(Network Address Translation,网络地址变换)

防火墙是部署NAT的理想位置,利用NAT技术,将有限的公有IP地址动态或静态地与内部的私有IP地址进行映射,用以保护内部网络并缓解互联网地址空间短缺的问题。

(3)控制不安全的服务

通过设置信任域与不信任域之间数据出入的策略,一个防火墙能极大地提高一个内部网络的安全性,并通过过滤不安全的服务而降低风险。防火墙还可以定义规则计划,使得系统在某一时间可以自动启用和关闭。

(4)集中的安全保护

通过以防火墙为中心的安全方案配置,一个子网的所有或大部分需要改动的软件以及附加的安全软件(如口令、加密、身份认证、审计等)能集中地放在防火墙系统中。与将网络安全问题分散到各个主机上相比,防火墙的集中安全管理更经济。

(5)加强对网络系统的访问控制

一个防火墙的主要功能是对整个网络的访问控制。比如,防火墙设置内部用户对外部网络特殊站点的访问控制策略,也可以屏蔽部分主机的特定服务,使得外部网络可以访问该主机的其他服务(如WWW服务),但无法访问该主机的特定服务(如Telnet服务)。

(6)网络连接的日志记录及使用统计

防火墙系统能提供符合规则报文的信息、系统管理信息、系统故障信息的日志记录。另外,防火墙系统也能够对正常的网络使用情况进行统计,通过对统计结果的分析,可以使网络资源得到更好的利用。

(7)报警功能

如防火墙具有邮件通知功能,可以将系统的警告通过邮件通知网络管理员。

3. 防火墙的基本类型

防火墙有很多种形式,有以软件形式运行在普通计算机之上的,也有以固件形式设计在路由器之中的,但总体分为三大类:分组过滤型防火墙、应用代理型防火墙以及状态检测防火墙。进一步细分还可包括电路中继型防火墙、复合型防火墙及加密路由型防火墙等。

(1)分组过滤型防火墙

分组过滤或包过滤(Packet Filtering)通常在路由器上实现,是一种通用、廉价、有效的安全手段,能较大程度地满足企业的安全要求。分组过滤作用在网络层和传输层,它根据分组包头源地址、目的地址和端口号、协议类型等标志确定是否允许数据包通过。只有满足过滤逻辑的数据包才被转发到相应的目的地出口端,其余数据包则从数据流中丢弃。

(2) 应用代理型防火墙

应用代理(Application Proxy)也叫应用网关(Application Gateway),它作用在应用层,其特点是完全"阻隔"了网络通信流,通过对每种应用服务编制专门的代理程序,实现监视和控制应用层的通信流。实际中的应用网关通常由一台专用服务器实现。

(3) 状态检测防火墙

网关防火墙的一个挑战就是吞吐量,开发状态检测功能是为了让规则能够运用到会话发起过程,从而在大幅提高安全防范能力的同时改进流量处理速度。同时,状态检测防火墙也摒弃了包过滤型防火墙仅考查数据包的 IP 地址等有限几个参数,而不关心数据包连接状态变化的缺点,在防火墙的核心部分建立状态连接表,并将进出网络的数据当成一个个的会话,利用状态表跟踪每一个会话状态,因此提供了完整的对传输层的控制能力。由于状态检测技术采用了一系列优化技术,使防火墙性能大幅度提升,因此能应用在各类网络环境中,尤其是一些规则复杂的大型网络中。

(二) 虚拟专用网技术

虚拟专用网(Virtual Private Network,VPN)指的是在公用网络上建立专用网络的技术。其之所以称为虚拟专用网,主要是因为整个 VPN 网络的任意两个节点之间的连接并没有传统专网所需的端到端的物理链路,而是架构在公用网络服务商所提供的网络平台,如 Internet、ATM(异步传输模式)、Frame Relay(帧中继)等之上的逻辑网络,用户数据在逻辑链路中传输。

VPN 主要采用四项技术来保证安全,这四项技术分别是隧道(Tunneling)技术、加解密(Encryption & Decryption)技术、密钥管理(Key Management)技术、使用者与设备身份认证(Authentication)技术。

1. 隧道技术

隧道技术是 VPN 的基本技术,类似于点对点连接技术,它在公用网建立一条数据通道(隧道),让数据包通过这条隧道传输。隧道是由隧道协议形成的,分为第二、三层隧道协议。

第二层隧道协议是先把各种网络协议封装到 PPP(点到点协议)中,再把整个数据包装入隧道协议中。这种双层封装方法形成的数据包靠第二层隧道协议进行传输。第二层隧道协议有 L2F(第二层转发协议)、PPTP(点对点隧道协议)、L2TP(二层隧道协议)等。L2TP 协议是 IETF 的标准,由 IETF 融合 PPTP 与 L2F 而形成。

第三层隧道协议是把各种网络协议直接装入隧道协议中,形成数据包进行传输。第三层隧道协议有 VTP(VLAN 中继协议)、IPSec(IP Security,Internet 连接协议)等。IPSec 是由一组 RFC 文档组成的,定义了一个系统来提供安全协议选择、安全算法,确定所使用密钥等服务,从而在 IP 层提供安全保障。

2. 加解密技术

加解密技术是数据通信中一项较成熟的技术,VPN 可直接利用现有技术。

3. 密钥管理技术

密钥管理技术的主要任务是在公用数据网上安全地传递密钥而不被窃取。现行密钥管理技术又分为 SKIP 与 ISAKMP 两种。SKIP 主要是利用 Diffie-Hellman 的演算法则,在网络上传输密钥;在 ISAKMP 中双方都有两把密钥,分别公用和私用。

4. 使用者与设备身份认证技术

使用者与设备身份认证技术最常用的是使用者名称与密码或卡片式认证等方式。

(三)入侵检测技术

入侵检测系统作为一种积极主动的网络安全防护技术,提供对内部网络攻击、外部网络攻击与误操作的实时保护,在网络系统体系受到危害之前做出响应。入侵检测系统能很好地弥补防火墙技术的不足,迄今为止,软件技术还不可能百分之百地保证系统中不存在安全漏洞,针对日益严重的网络安全问题和迫切的安全需求,网络安全模型与动态安全模型应运而生,入侵检测系统在网络安全技术中占有重要的地位。

入侵检测系统由控制台(Console)与传感器(Sensor)两部分组成,控制台起到中央管理作用,传感器则负责采集数据与分析数据并生成安全事件。入侵检测系统根据检测的对象可分为基于主机入侵检测系统(HIDS)与基于网络入侵检测系统(NIDS)。

1. 基于主机入侵检测系统

基于主机入侵检测通过全面监测主机的状态与用户操作,可以检测到主机、进程或用户的异常行为。在受保护主机上有专门的检测代理系统,通过对系统日志和审计记录不间断监视与分析来发现系统的攻击,及时发送警告信息和采取相应的措施来阻止攻击作用,其主要目的是在事件发生之后,能够提供足够分析来阻止进一步的攻击。

2. 基于网络入侵检测系统

基于网络入侵检测系统置于在网络中比较重要的位置,可以不间断地监测网络中各种数据包,并且可以对每一个数据包或者可疑数据包进行特征分析与研究。基于网络入侵检测系统可以使用原始网络数据包作为数据源,保护网络正常运行,如果这些数据包与产品内置某些规则相吻合,则入侵检测系统就会发出警报甚至直接切断网络连接来进行防御。目前入侵检测系统大部分产品是基于网络的。

二、CA 认证技术

CA(Certificate Authority)认证,是指电子商务认证授权机构认证。CA 是负责发放和管理数字证书的权威机构,并作为电子商务交易中受信任的第三方,承担公钥体系中公钥的合法性检验的相关责任。

(一)CA 认证

对 CA 认证的理解包括:

(1)CA 首先是一个独立于交易双方之外的第三方机构,并且这个第三方还必须是具有公开权威、得到官方授权的。

(2)CA 认证可以理解为一个授权过程,也就是说,这个独立的第三方可以向互联网主体授权。比如企业、个人、服务器、台式机,甚至是一个小的游戏软件、一个手机 APP,都可以从这个权威的第三方机构得到授权。

(3)授权的载体是数字证书,也就是说,CA 认证机构是通过给网络主体颁发数字证书的方式进行授权的。每个数字证书能唯一标识互联网环境下的相关主体,相当于我们生活中的居民身份证,只不过它是基于网络环境下的"电子身份证"。

(4)每个互联网主体的数字证书都是可验证的,并且是很容易验证的。这一点不同于普通的居民身份证。事实上,我们作为普通人,不借助专用的仪器设备,若要识别某人身份证的真伪还是很困难的。但是,如果要想验证某个互联网主体的数字证书的真伪,是非常方便的,只需验证数字证书颁发机构的数字签名即可。这个验证过程既方便又快捷,对方还无法伪造 CA 的数字证书。

综上,我们可以形象地说,其实 CA 就是一个向互联网主体颁发网络身份证,以证明其网络身份的"网络公安局"。

(二)数字证书

数字证书为实现网络主体安全通信提供了电子保证。在互联网、公司内部网或者公司外网中,均可使用数字证书来实现身份识别和电子信息加密。

数字证书的作用主要有两点:

(1)用数字证书可以识别网络主体的身份。

(2)用数字证书中的公钥和私钥,可以实现对相应信息的加密。

数字证书中含有一对密钥(公钥和私钥)。数字证书在用户公钥后附加了用户信息及 CA 的签名。公钥随证书公之于众,谁都可以使用。私钥只有网络主体自己知道。由公钥加密的信息只能由与之对应的私钥来解密。为确保只有某个人才能阅读自己的信件,发送者要用收件人的公钥加密信件,收件人便可用自己的私钥解密信件。同样,为证实发件人的身份,发送者要用自己的私钥对信件进行加密,这实际上就是数字签名。收件人可以用发送者的公钥对签名进行验证,以确认发送者的身份。

三、信息加密技术

在现代社会中,保证信息安全最重要的手段就是尽可能不用明文方式在线上传输信息,而使用加密技术对明文进行加密。

加密技术分为对称加密技术和非对称加密技术两种。

1. 对称加密技术

对称加密技术是指加密秘钥与解密密钥相同的加密技术,即加密一方与解密一方使用相同的密钥分别进行加密和解密。

对称加密的优点:算法过程简单,运算速度快。其缺点为:密钥的分发和管理不便。因为一方加密后,密钥必须传送给对方用于解密,而在密钥传递过程中,就有可能被黑客截获。

2. 非对称加密技术

非对称加密技术是指加密秘钥与解密密钥不相同的加密技术,即加密一方与解密一方使用并不相同的密钥进行加密和解密。

在非对称加密环境下:

(1)每一个人都拥有一对密钥,即公钥和私钥,公钥可以向其他人公开;而私钥则需要自己保存,不能向任何人透露。

(2)一个人的公钥和私钥互为加密和解密密钥,即用自己的公钥加密的信息,只能由自己的私钥进行解密;用自己的私钥加密的信息,只能由自己的公钥才能解密。

四、电子签名技术

（一）电子签名的定义

2004年8月28日，第十届全国人民代表大会常务委员会第十一次会议表决通过了《中华人民共和国电子签名法》（以下简称《电子签名法》），并于2005年4月1日起施行。这部法律被人们称为"我国首部真正意义上的信息化法律"。该法于2015年4月24日第十二届全国人民代表大会常务委员会第十四次会议修正。

该法对电子签名下的定义：电子签名，是指数据电文中以电子形式所含、所附用于识别签名人身份并表明签名人认可其中内容的数据。

（二）电子签名的性质

电子签名的性质可以从以下几个方面进行分析：

1. 无具象签名实体

电子签名是一串经过加密的数据，也就是说，电子签名并不具备手写签名的形象或者形式，有可能你肉眼都看不到，因为它只是一串电子数据。

2. 能识别签名人身份

电子签名必须能够准确识别签名人身份。电子签名与手写签名不同，它可以通过一系列技术手段，很容易地进行验证，能轻松识别该签名是否是当事人所签。

3. 认可相关内容

电子签名人一旦进行了电子签名，则表明签名人对文件中的内容是认可的，是同意文件内容。因为电子签名需要用到签名的私有密钥，而该密钥全世界只有签名人自己拥有，所以一旦当事人用电子签名签署了某文件，则可以推定该当事人认可了文件内容。

4. 无法否认或者抵赖

正因为电子签名具有独特的技术原理，所以能够保证电子签名人一旦进行了电子签名，就无法否认自己曾经的电子签名行为，更无法抵赖。

5. 验证原始信息是否被篡改

通过对发件人的电子签名进行解密，再利用摘要技术与发件人所发送的原始信息的摘要进行比对，就可以轻松知晓发件人所发的原始信息在线上传输时是否被篡改。

6. 具有与手写签名同等法律效力

基于以上5点，我们可以看出，电子签名具有与手写签名或者盖章同等的功能。我国《电子签名法》第十四条明确规定：可靠的电子签名与手写签名或者盖章具有同等的法律效力。

（三）基于PKI的电子签名

PKI(Public Key Infrastructure)即公钥基础设施，是非对称加密技术在电子商务领域中的应用。

1. PKI相关术语

PKI相关术语主要包括：

- CA认证机构：CA是PKI的核心，CA负责管理PKI结构下的所有用户的证书。
- 明文：尚未加密的信息。
- 密文：经过加密的信息。

- 公钥：随证书而来，是指某人拥有的可以公开的加密工具。
- 私钥：某人拥有的不能公开的加密工具（不仅不公开，而且全世界唯一）。
- 摘要：又称 hash 函数，是用于给一段信息按特定算法生成摘要的函数。（注意：此函数是单向的、不可逆的，也就是说，有一段明文，经过 hash 操作后，能得到一段摘要，但我们不能由该摘要反推出原来的明文。）
- 密钥对：公钥和私钥，统称为密钥，它们是成对出现的，即每个人都可以拥有一对自己的密钥（公钥和私钥）。
- 加密和解密规则：在 PKI 体系下，自己公钥加密的信息，只能用自己的私钥才能解开，反之，用自己私钥加密的信息，只能用自己的公钥才能解开。不同人的密钥之间，不能交叉加密和解密。

2. 电子签名的实现

基于 PKI 的电子签名被称作数字签名。这种技术完全符合《电子签名法》中对电子签名的各项要求，是目前真正具有实际意义并能够实现的、安全的电子签名技术。

电子签名就是发送人用自己的私钥对信息摘要进行加密后得到的结果。通过电子签名，可以防止用户对自己的行为进行抵赖。

比如，Alice 要给 Bob 写信，并且用电子签名的方式来证明此信是 Alice 写的，其实现过程如图 7-1 所示。

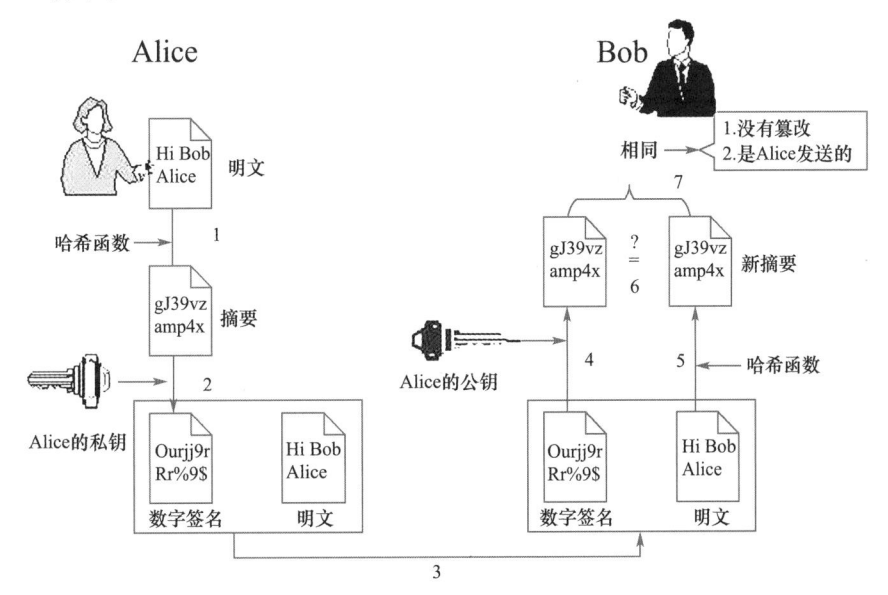

图 7-1 电子签名示意图

实践任务

请同学们到附近银行的营业窗口进行调研：你会发现大多数银行营业窗口在办理业务时都要求用户在电子屏幕上进行手写签名，以确认相关信息内容。这些在电子屏幕上的签名与本任务中所提到的电子签名是否是一回事？为什么？

素质拓展

恺撒密码

恺撒密码据传是公元前58年的古罗马恺撒大帝用来保护重要军情的加密系统。它是一种替代密码,通过将字母按顺序推后3位起到加密作用,如将字母A换作字母D,将字母B换作字母E。据说恺撒是率先使用加密函的古代将领之一,因此这种加密方法被称为恺撒密码。在密码学中,恺撒密码是一种简单且广为人知的加密技术。恺撒密码通常被作为其他更复杂的加密方法中的一个步骤。恺撒密码的原理在现代密码系统中还在应用。但是和所有利用字母表进行替换的加密技术一样,恺撒密码非常容易被破解,而且在实际应用中也无法保证通信安全。

任务三 电子商务安全管理

学习目标

【知识目标】面对电子商务安全风险,要建立信息安全体系与安全模型、构建完善的电子交易系统管理制度以及相对完善的电子商务安全的法律保障。

【技能目标】能够从微观和宏观两个角度思考和设计电子商务安全策略。

【思政目标】倘若"天下无贼",何必"严加防范",人人若能遵纪守法,则能避免社会浪费。

情景导入

据外媒报道,某年1月3日,网络安全研究人员披露了存在于英特尔、AMD和ARM架构的芯片中的两个安全漏洞,而这能够让黑客盗取几乎所有的现代计算设备中的敏感信息。第一个漏洞称为"熔断",其影响的是英特尔芯片,能让黑客绕过由用户运行的应用程序和计算机内存之间的硬件屏障,读取计算机内存数据,并窃取密码。第二个漏洞称为"幽灵",影响到英特尔、AMD和ARM架构的芯片,让黑客能够诱骗其他无错误的应用程序放弃机密信息,这几乎影响到了包括笔记本电脑、台式机、智能手机、平板电脑和互联网服务器在内的所有硬件设备。

此外,对于那些使用Mac电脑的用户来说,MacOS系统(macOS High Sierra)中所暗藏的巨大Bug无疑是让人寒心的。据美国科技资讯CNET报道,苹果某版macOS系统出现了严重的漏洞——用户所设置的密码都是无效的!而且只要输入"root"作为用户名就可以进入系统了!苹果也对这个漏洞进行了回应,除了道歉外,苹果还给出了这个漏洞的解决方案——发布了macOS紧急安全补丁。

知识平台

一、信息安全体系与安全模型

(一)信息安全体系建设的必要性

为保证电子商务安全,需要从整体上考虑信息安全体系的建设。信息安全要做成什么"模样"?信息安全建设应该考虑哪些方面?到底怎样才是全面而完整的信息安全?这些问题都需要通过安全体系的设计来回答。只有在整体的安全体系指导下,信息安全建设所需的技术、产品、人员和操作等才能真正发挥各自的效力。

设计安全体系的目的是指导信息安全建设工作,包括确定安全建设的目标、制定和实施安全解决方案、检验安全实施效果等。基于以上认识,我们可以得出这样的结论:一个真正适合信息安全现实发展状况的安全体系,绝不应该是将需求、过程和结果融为一体的大而全的东西,而只是一种能够清晰描述信息安全目标形态和构成要素的模型或者框架,在这个模型或框架中,信息安全的特点能够得以展现,技术和管理的关系也应该清晰明了。

(二)信息安全体系模型

信息安全体系模型即 P-POT-PDRR 模型(可以简称为 PPP 模型)。P-POT-PDRR 即 Policy(策略)、People(人)、Operation(操作)、Technology(技术)、Protection(保护)、Detection(检测)、Response(响应)和 Recovery(恢复)的首字母缩写。如图 7-2 所示,P-POT-PDRR 分为三个层次。

1. 模型最核心的部分是策略

策略在整个安全体系的设计、实施、维护和改进过程中都起着重要的指导作用,是一切信息安全实践活动的方针和指南。

图 7-2 P-POT-PDRR 模型

2. 模型的中间层为三个基本要素

模型的中间层体现了信息安全的三个基本要素,即人员、技术和操作。这构成了整个安全体系的骨架。从本质上讲,策略的全部内容就是对这三个要素的阐述,当然,这三个要素中,人是唯一具有能动性的,是第一位的。

3. 模型的最外层是四个环节

在模型的外围,是构成信息安全完整功能的 PDRR 四个环节,信息安全三要素在这四个环节中都有渗透,并最终表现出信息安全完整的目标形态。

概括来说,P-POT-PDRR 模型各层次间的关系为:在策略核心的指导下,三个要素紧密结合、协同作用,最终实现信息安全的四项功能,构成完整的信息安全体系。P-POT-PDRR 模型的核心思想在于:通过人员组织、安全技术以及运行操作三个支撑体系的综合作用,构成一个完整的信息安全管理体系。

大到宏观国家层面,小到一个企业内部,都需要按信息安全体系模型的思维来构建信息安全体系。

二、构建完善的电子交易系统管理制度

市场交易是由参与交易的双方在平等、自由、互利的基础上进行的基于价值的交换。网

上交易同样遵循上述原则。交易中有两个有机组成部分：一是交易双方信息沟通，二是交易双方进行等价交换。在网上交易中，其信息沟通是通过数字化的信息沟通渠道实现的，首要条件是交易双方必须拥有相应信息技术工具，才有可能利用基于信息技术的沟通渠道进行沟通。同时要保证能通过 Internet 进行交易，必须要求企业、组织和消费者连接到 Internet，否则无法实现交易。在网上进行交易，交易双方在空间上是分离的，为保证交易双方进行等价交换，必须提供相应货物配送手段和支付结算手段。货物配送仍然依赖传统物流渠道，对于支付结算既可以利用传统手段，又可以利用先进的网上支付手段。此外，为保证企业、组织和消费者能够利用数字化沟通渠道，保证交易顺利进行，需要有专门提供这方面服务的中间商参与，即电子商务服务商，那就必须有一个完善的制度。

（一）企业内部网络系统

当今时代是信息时代，而跨越时空的信息交流和传播是需要通过一定的媒介来实现的，计算机网络恰好充当了信息时代的"公路"。计算机网络是通过一定的媒体（如电线、光缆等）将单个计算机按照一定的拓扑结构连接起来的，在网络管理软件的统一协调管理下，实现资源共享的网络系统。

网络根据覆盖范围，一般可分为局域网（Local Area Network，LAN）和广域网（Wide Area Network，WAN）。由于不同计算机硬件不一样，为方便联网和信息共享，需要将 Internet 的联网技术应用到 LAN 中组建企业内部网（Intranet），它的组网方式与 Internet 一样，但使用范围局限在企业内部。为方便企业同业务紧密的合作伙伴进行信息资源共享，并保证交易安全，需要在 Internet 上通过防火墙来控制不相关的人员和非法人员进入企业网络系统，只有那些经过授权的成员才可以进入网络，一般将这种网络称为企业外部网（Extranet）。如果企业的信息可以对外界公开，那么企业可以直接连接到 Internet，实现信息资源最大限度开放和共享。

企业在组建电子商务系统时，应该考虑企业的经营对象是谁，如何采用不同的策略通过网络与这些客户进行联系。一般来说，可以将客户分为三个层次并采取相应的对策：对于特别重要的战略合作伙伴，企业允许他们进入企业的 Intranet 系统直接访问有关信息；对于与企业业务相关的合作企业，企业同他们共同建设 Extranet 实现企业之间的信息共享；对普通的大众市场客户，则可以直接连接到 Internet。由于 Internet 技术的开放、自由特性，在 Internet 上进行交易很容易受到外来的攻击，因此企业在建设电子商务系统时必须考虑到经营目标的需要，以及保障企业电子商务安全。否则，可能由于非法入侵而妨碍企业电子商务系统正常运转，甚至会出现致命的危险后果。

（二）企业管理信息系统

企业管理信息系统是功能完整的电子商务系统的重要组成部分，它的基础是企业内部信息化，即企业建设有内部管理信息系统。企业管理信息系统是一些相关部分的有机整体，在组织中发挥收集、处理、存储和传送信息的作用，以及支持组织进行决策和控制。企业管理信息系统中基本的系统软件是数据库管理系统（Database Management System，DBMS），它负责收集、整理和存储与企业经营相关的一切数据资料。

从不同角度，可以对信息系统进行不同的分类。根据功能不同，可以将信息系统划分为营销、制造、财务、会计和人力资源信息系统等。要使各职能部门的信息系统能够有效运转，必须实现各职能部门信息化。例如，要使网络营销信息系统有效运转，营销部门的信息化是最基础的要求。一般为营销部门服务的网络营销管理信息系统的主要功能包括：客户管理、订货管理、库存管理、往来账款管理、产品信息管理、销售人员管理以及市场有关信息收集与处理。

根据组织内部的不同层次,企业管理信息系统可划分为四种信息系统:操作层、知识层、管理层、战略层系统。操作层系统支持日常管理人员对基本经营活动和交易进行跟踪和记录,如销售、现金、工资、原材料进出、劳动等数据。系统的主要原则是记录日常交易活动、解决日常规范问题,如销售系统中今天销售多少、库存多少等基本问题。知识层系统支持知识和数据工作人员进行工作,帮助公司整理和提炼有用信息和知识。信息系统可以减少对纸张的依赖,提高信息处理的效率和效用,如销售统计人员分析和统计销售情况,供上级进行管理和决策使用,解决的主要是结构化问题。管理层系统是用来为中层经理的监督、控制、决策以及管理活动提供服务的,管理层提供的是中期报告而不是即时报告,主要用来管理业务进行如何、存在什么问题等,充分发挥组织内部效用,解决的主要是半结构化问题。战略层系统主要是注视外部环境和企业内部制定的规划的长期发展方向,关心现有组织能力能否适应外部环境变化,以及企业的长期发展和行业发展趋势问题,这些通常是非结构化问题。

(三)电子商务站点

电子商务站点是指在企业 Intranet 上建设的具有销售功能的,能连接到 Internet 上的 WWW 站点。电子商务站点起着承上启下的作用。一方面,它可以直接连接到 Internet,企业的顾客或者供应商可以直接通过网站了解企业信息,并直接通过网站与企业进行交易。另一方面,它将市场信息同企业内部管理信息系统连接在一起,将市场需求信息传送到企业管理信息系统,然后,企业根据市场的变化组织经营管理活动;它还可以将企业有关经营管理信息在网站上进行公布,使企业业务相关者和消费者可以通过网站直接了解企业经营管理情况。

企业电子商务系统是由企业内部网络系统、企业管理信息系统、电子商务站点三个部分有机组成的,企业内部网络系统是信息传输的媒介,企业管理信息系统是信息加工、处理的工具,电子商务站点是企业拓展网上市场的窗口。

(四)实物配送

进行网上交易时,如果用户与消费者通过 Internet 订货、付款后,不能及时送货上门,便不能实现满足消费者的需求。因此,一个完整的电子商务系统,如果没有高效的实物配送物流系统支撑,是难以维系交易顺利进行的。

(五)支付结算

支付结算是网上交易完整实现的很重要的一环,关系到购买者是否讲信用,能否按时支付,卖者能否按时收回资金,促进企业经营良性循环的问题。一个完整的网上交易,它的支付应是在网上进行的。但目前也存在只是在网上通过了解信息撮合交易,然后利用传统手段进行支付结算。在传统的交易中,个人购物时支付手段主要是现金,即一手交钱一手交货的交易方式,双方在交易过程中可以面对面地进行沟通和完成交易。网上交易是在网上完成的,交易时交货和付款在空间和时间上是分割的,消费者购买时一般必须先付款后送货,可以采用传统支付方式,亦可以采用网上支付方式。

三、完善电子交易安全的法律保障

我国于 2016 年 11 月 7 日发布,自 2017 年 6 月 1 日起施行的《中华人民共和国网络安全法》是网络环境下非常重要的一部法律。随后,于 2018 年 8 月 31 日中华人民共和国第十三届全国人民代表大会常务委员会第五次会议通过,自 2019 年 1 月 1 日起施行的《中华人民共和国电子商务法》则是我国电子商务领域的根本法。2020 年 5 月 28 日,第十三届全国人民代表大会第三次会议表决通过了《中华人民共和国民法典》，自2021年1月1日起施行。至此，我国电子商务领域中的法律已经比较完善。

（一）网络系统安全的法律保护

电子商务活动与传统商务相比最主要的特征是在网络环境下进行的，而网络是计算机和网络技术所构筑的虚拟环境。计算机和网络技术本身的缺陷加之外来因素的干扰，会使得网络环境呈现某种程度的脆弱性，出现一些不安全因素，前者如千年虫问题，后者如黑客攻击引起的网络瘫痪。

对于这个问题，首先要建立系统安全法律预防机制。企业内部应制定相应的管理体系，由专门的部门或人员负责实施。其次，应依法建立网络系统安全标准。当事人采用何种技术保证其网络的安全是其自由，但是该网络一旦涉及公共安全或者他人的合法利益，就应该保证网络系统安全必须达到一定的标准。

（二）网络信息安全的法律保护

电子商务的最大特征是信息数字化，一切交易信息都通过计算机网络传输并存储于计算机或服务器（包括终端和各种中介服务器）上。在这种环境下，我们所面临的问题主要包括：信息主体如何确定？信息内容是否真实完整？信息在网络传输中是否泄密？等等。

不论是个人隐私还是商业秘密，在网络中都可能被他人非法获知和利用。例如，某些网站收集用户资料进行非法买卖。个人在网络中享有不被窥视权、不被侵入权、不被干扰权、信息不被非法收集利用权等。网站对个人数据的收集要遵循目的特定化原则，公告或告知原则，当事人事先同意原则，合理、合法使用个人数据原则等。

（三）正确看待法律和技术在电子商务安全中的关系

对于交易的安全，应该从技术、法律和管理三个方面综合治理。技术是保护网络安全的基础，法律和管理是必备条件。只注重技术，而忽视法律，正如只有良好的刹车系统，却没有交通规则，后果可想而知！管理从一定角度来说，是法律规则的执行，因此，制定和完善网络安全的法律法规是极为重要的。从立法上看，应当充分把握网络发展的规律，在促进发展的基础上，保障网络安全。因为网络安全与促进交易这对矛盾，网络安全是相对的，促进交易是绝对的，二者统一于网络的发展进程中。

法律是在采用一定技术防范措施之上的保护，技术问题的解决也需要法律的参与，技术应该达到什么样的程度，合乎什么样的标准，法律上对它有何要求，这需要法律界和技术界联合起来去做这件事情。电子商务立法应该是由法律界、技术界和商务界等多方参与，共同设立规则。

微课 避风港原则

实践任务

请同学们通过观察和调研，尽可能多地列出电子商务领域的安全隐患，并简要说出应对该种安全隐患的对策和建议。

素质拓展

系统安全

系统安全是指在系统生命周期内应用系统安全工程和系统安全管理方法，辨识系统中的危险源，并采取有效的控制措施使其危险性最小，从而使系统在规定的性能、时间和成本范围内达到最佳的安全程度。系统安全是人们为解决复杂系统的安全性问题而开发、研究出来的安全理论、方法体系。系统安全的基本原则就是在一个新系统的构思阶段就必须考虑其安全性的问题,制定并执行安全工作规划(系统安全活动),并且把系统安全活动贯穿于整个系统生命周期,直到系统报废为止。

按照系统安全的观点,世界上不存在绝对安全的事物,任何人类活动中都潜伏着危险因素。能够造成事故的潜在危险因素称作危险源,它们是一些物的故障、人的失误、不良的环境因素等。某种危险源造成人员伤害或物质损失的可能性称作危险性,它可以用危险度来度量。

提到"系统安全"这样的字眼,相信多数人会条件反射地想到各种防火墙工具、防病毒软件等,并且会片面地认为只要在系统中有了它们,系统就会非常安全。其实,系统的安全单纯靠"防"是防不住的,还需要用户有足够的安全意识。

用户对系统进行操作的一举一动都可能在系统"暗角"留下访问痕迹,这些痕迹要是不及时清理的话,就很有可能会招来安全麻烦,甚至带来安全伤害;为了保证系统绝对安全,用户平时就应该着重细处,及时对系统"暗角"的各种隐私痕迹进行清理,以防止这些隐私带来安全威胁。

思政园地

在进行电子商务交易或者为企业运作电子商务时,切记不要存有侥幸心理,不要以为交易双方不见面,就可以对自己做过的事情进行抵赖,不承认,妄想逃避法律的管辖与制裁,事实上,这是不可能的。随着《中华人民共和国电子签名法》和《中华人民共和国电子商务法》的出台,电子商务环境越来越规范,越来越清朗,违法犯罪行为会越来越少。

项目综述

本项目主要通过相应的任务实施和知识平台帮助大家熟悉电子商务领域中的安全隐患和安全需求,进而系统学习电子商务相关的安全技术及安全管理的内容。

一、电子商务的安全需求主要是有效性、机密性、完整性、可靠性和不可否认性。

二、电子商务安全技术主要有防火墙技术、VPN 技术、入侵检测技术、CA 认证技术、信息加密技术和电子签名技术等。

三、电子商务安全管理包括建设信息安全体系与安全模型、构建完善的电子交易系统管理制度、完善电子交易安全的法律保障几方面内容。

项目知识训练

一、单选题

1. ( )不是电子商务安全需求的内容。
   A. 机密性　　　　B. 有效性　　　　C. 公开性　　　　D. 不可否认性
2. 加密的密钥与解密的密钥相同的加密技术是( )。
   A. 直接加密　　　B. 间接加密　　　C. 对称加密　　　D. 非对称加密
3. 加密的密钥与解密的密钥不同的加密技术是( )。
   A. 直接加密　　　B. 间接加密　　　C. 对称加密　　　D. 非对称加密
4. 处于P-POT-PDRR模型的最核心的内容是( )。
   A. People　　　　B. Policy　　　　C. Operation　　　D. Response
5. 在基于PKI的电子签名系统中,明文经过加密后变成密文的过程是( )。
   A. 解密　　　　　B. 加密　　　　　C. 签名　　　　　D. 认证
6. 下列关于电子签名的说法正确的是( )。
   A. 电子签名就是屏幕上的手写签名
   B. 电子签名是发送人用自己的公钥对信息进行加密的结果
   C. 电子签名是发送人用自己的公钥对信息的摘要进行加密的结果
   D. 电子签名是发送人用自己的私钥对所发信息的摘要进行加密的结果

二、多选题

1. 处于P-POT-PDRR模型的中间层的内容有( )。
   A. People　　　　B. Policy　　　　C. Operation　　　D. Technology
   E. Recovery
2. 处于P-POT-PDRR模型的最外层的内容有( )。
   A. Detection　　　B. Protection　　　C. Operation　　　D. Technology
   E. Recovery
3. 下列属于电子商务安全需求的内容有( )。
   A. 机密性　　　　B. 完整性　　　　C. 可靠性　　　　D. 不可否认性
   E. 公开性
4. 计算机网络存在的安全威胁包括( )。
   A. 物理实体的安全问题　　　　　　B. 计算机软件系统的安全漏洞
   C. TCP/IP的安全缺陷　　　　　　D. 黑客的恶意攻击
   E. 计算机病毒的危害

三、问答题

1. 简述信息加密技术的种类及每种类型的优缺点。
2. 简述防火墙的种类及特点。
3. 简述电子签名的功能。

项目拓展训练

如果你在运作一个电子商务企业,有营销网站,单位内部有企业内网,请系统列出企业存在哪些安全隐患,并提出你为企业设计的安全策略。

项目八

熟悉电子商务法律法规

项目描述

正因为网络环境下企业的生产经营模式与在传统环境下的市场运作模式不同,才导致在网络经济时代,会发生传统环境下所没有的各种纠纷。这些纠纷的解决需要有新的适应网络运营特征的法律出台。本项目就带领大家认识电子商务环境下的法律以及电子商务环境下的诚信体系构建问题。

项目目标

通过本项目的学习,学生能够清楚地了解和掌握电子商务法律与传统法律的区别,了解电子商务领域中涉及的相关法律问题,电子商务领域的诚信缺失的现状,以及构建电子商务诚信体系的策略。

通过本项目的学习,深刻体会我国电子商务领域立法过程,洞悉电子商务相关法律的出台,体会我国电子商务行业发展需要法律的保驾护航,体会国家的强大。

任务一　初识电子商务法律

学习目标

【知识目标】掌握电子商务法的概念、特征、性质和作用。
【技能目标】能够充分理解电子商务法与传统法律的相同点与不同点。
【思政目标】电子商务的发展需要法律护航,电子商务并非法外之地。

情景导入

2020年4月12日,家住天津南开区的刘女士在×××网上看到南京一名为"A专卖"的卖家出售一款A品牌的女包,其市场价格为700多元,她以516元拍得此包。

3天后,快递公司将包送了过来,可当刘女士签字验货时却发现,收到的包和网上照片中的包有很大区别,做工也很粗糙。刘女士立即和卖家取得联系,并通知×××网的支付平台取消交易。没想到刘女士在第二天却接到了卖家不肯退货的消息。紧接着,支付平台显示,已经支付了全款。刘女士为此非常气愤,明明通知取消交易,为什么还会将货款转到卖家的账户中?对此,×××网解释是他们已经看到了刘女士的确认信息。无奈之下,刘女士向×××网投诉,×××网的工作人员表示他们调查后再告知刘女士。一周后,刘女士再次和×××网联系,工作人员表示,他们已要求卖家退货,具体事宜还需和卖家沟通。联系卖家后,对方表示可以退货,但邮递费需买家自行负担,而且需将包寄回后才能退钱。刘女士觉得,如果将包寄给卖家,就意味着她什么证据都没有了,于是拒绝了卖家的要求,并再次向×××网投诉。×××网则一再表明,他们已起到约束和警告作用,其他的事只能她与卖家联系了。无奈之下,身心疲惫的刘女士再次和卖家联系,却发现,卖家"失踪"了。

刘女士认为,由于×××网支付平台的安全性和可靠性不完善,导致她至今无法解决此事,于是将×××网起诉到了南开法院。

知识平台

一、我国的电子商务立法

为了适应电子商务的发展,我国政府从1994年就开始着手解决电子商务的有关法律问题,目前我国已经出台了一系列有关电子商务的专门法律、行政法规、部门规章以及关于电子商务的司法解释。

1.《中华人民共和国数据安全法》

2021年6月10日,第十三届全国人民代表大会常务委员会第二十九次会议通过了《中华人民共和国数据安全法》,并于2021年9月1日起施行。这部法律是数据领域的基础性法律,也是国家安全领域的一部重要法律。

2.《中华人民共和国电子商务法》

由中华人民共和国第十三届全国人民代表大会常务委员会第五次会议于2018年8月31日通过,自2019年1月1日起施行的《中华人民共和国电子商务法》(以下简称《电子商务法》),是为保障电子商务各方主体合法权益、规范电子商务行为而制定的电子商务领域首部综合性法律。本法共七章八十九条,内容涉及电子商务经营主体、电子商务经营行为、电子商务合同签订、电子商务快递物流、电子支付、电子商务争议解决以及法律责任等领域。

3.《中华人民共和国电子签名法》

2004年8月28日,第十届全国人民代表大会常务委员会第十一次会议表决通过了《中华人民共和国电子签名法》,并于2005年4月1日起施行,后经2015年4月24日和2019年4月23日两次修正。这部法律首次赋予可靠的电子签名与手写签名或盖章同等的法律效力,并明确了电子认证服务的市场准入制度。它是我国第一部真正意义的电子商务法律,是我国电子商务发展的里程碑,它的颁布和实施极大地改善了我国电子商务的法制环境,促进了安全可信的电子交易环境的建立,从而大力推动了我国电子商务的发展。

4.《中华人民共和国网络安全法》

《中华人民共和国网络安全法》(以下简称《网络安全法》)由中华人民共和国第十二届全国人民代表大会常务委员会第二十四次会议于2016年11月7日通过,自2017年6月1日起施行。本法第四十条规定:"网络运营者应当对其收集的用户信息严格保密,并建立健全用户信息保护制度。"第四十一条规定:"网络运营者收集、使用个人信息,应当遵循合法、正当、必要的原则,公开收集、使用规则,明示收集、使用信息的目的、方式和范围,并经被收集者同意。"这些规定对商家收集和处理消费者个人信息提出了约束。本法第四十六条规定:"任何个人和组织应当对其使用网络的行为负责,不得设立用于实施诈骗,传授犯罪方法,制作或者销售违禁物品、管制物品等违法犯罪活动的网站、通讯群组,不得利用网络发布涉及实施诈骗,制作或者销售违禁物品、管制物品以及其他违法犯罪活动的信息。"本法还规定了违反相应条款应承担的法律责任及罚款。

5.《中华人民共和国刑法》

2020年12月26日,中华人民共和国第十三届全国人民代表大会常务委员会第二十四次会议通过《中华人民共和国刑法修正案(十一)》,自2021年3月1日起施行。本法第二百八十五条【非法侵入计算机信息系统罪;非法获取计算机信息系统数据、非法控制计算机信息系统罪;提供侵入、非法控制计算机信息系统程序、工具罪】规定:"违反国家规定,侵入国家事务、国防建设、尖端科学技术领域的计算机信息系统的,处三年以下有期徒刑或者拘役。"第二百八十六条【破坏计算机信息系统罪;网络服务渎职罪】规定:"违反国家规定,对计算机信息系统功能进行删除、修改、增加、干扰,造成计算机信息系统不能正常运行,后果严重的,处五年以下有期徒刑或者拘役;后果特别严重的,处五年以上有期徒刑。"

6.《中华人民共和国著作权法》

2020年11月11日,中华人民共和国第十三届全国人民代表大会常务委员会第二十三次会议通过《全国人民代表大会常务委员会关于修改〈中华人民共和国著作权法〉的决定》,自2021年6月1日起施行。本法第十条第十二款规定著作权包括信息网络传播权,即以有线或者无线方式向公众提供,使公众可以在其选定的时间和地点获得作品的权利。第三十九条第六款规定表演者对其表演享有的权利有许可他人通过信息网络向公众传播其表演,并获得报酬。第四十四条规定:"录音录像制作者对其制作的录音录像制品,享有许可他人复制、发行、出租、通过信息网络向公众传播并获得报酬的权利;权利的保护期为五十年,截止于该制品首次制作完成后第五十年的 12 月 31 日。被许可人复制、发行、通过信息网络向公众传播录音录像制品,应当同时取得著作权人、表演者许可,并支付报酬;被许可人出租录音录像制品,还应当取得表演者许可,并支付报酬。"

7.《中华人民共和国民法典》

2020 年 5 月 28 日,中华人民共和国第十三届全国人民代表大会第三次会议表决通过了《中华人民共和国民法典》(以下简称《民法典》),自 2021 年 1 月 1 日起施行。本法第四百六十九条规定:"当事人订立合同,可以采用书面形式、口头形式或者其他形式。书面形式是合同书、信件、电报、电传、传真等可以有形地表现所载内容的形式。以电子数据交换、电子邮件等方式能够有形地表现所载内容,并可以随时调取查用的数据电文,视为书面形式。"第四百九十一条规定:"当事人采用信件、数据电文等形式订立合同要求签订确认书的,签订确认书时合同成立。当事人一方通过互联网等信息网络发布的商品或者服务信息符合要约条件的,对方选择该商品或者服务并提交订单成功时合同成立,但是当事人另有约定的除外。"

8.《全国人民代表大会常务委员会关于加强网络信息保护的决定》

2012 年 12 月 28 日,第十一届全国人民代表大会常务委员会第三十次会议通过《全国人民代表大会常务委员会关于加强网络信息保护的决定》,此决定旨在保护网络信息安全,保障公民、法人和其他组织的合法权益,维护国家安全和社会公共利益。

9. 近年来颁布的涉及电子商务的行政法规

近几年,由国务院发布的涉及电子商务的行政法规主要包括:

(1)《中共中央国务院关于坚持农业农村优先发展做好"三农"工作的若干意见》(2019 年 1 月 3 日由国务院发布)。文件明确指出要实施数字乡村战略,深入推进"互联网＋农业"模式。

(2)《快递暂行条例》(2018 年 2 月 7 日国务院第 198 次常务会议通过,自 2018 年 5 月 1 日起施行,后根据 2019 年 3 月 2 日《国务院关于修改部分行政法规的规定》进行修订)。

(3)《信息网络传播权保护条例》(2006 年 5 月 10 日国务院第 135 次常务会议通过,后根据 2013 年 1 月 6 日《国务院关于修改＜信息网络传播权保护条例＞的决定》进行了修订,自 2013 年 3 月 1 日起施行)。

(4)《互联网信息服务管理办法》(2000 年 9 月 25 日,国务院令第 292 号公布并施行。2011 年 1 月 8 日,根据《国务院关于废止和修改部分行政法规的决定》进行了修订)。

(5)《中华人民共和国电信条例》(2000 年 9 月 25 日,中华人民共和国第 291 号国务院令发布并施行,后根据 2014 年 7 月 29 日、2016 年 2 月 6 日《国务院关于修改部分行政法规的决定》进行了两次修订)。

(6)《中华人民共和国计算机信息网络国际联网管理暂行规定》(1996 年 2 月 1 日,中华人民共和国国务院令第 195 号发布,后根据 1997 年 5 月 20 日《国务院关于修改＜中华人民共和国计算机信息网络国际联网管理暂行规定＞的决定》修正)。

(7)《中华人民共和国计算机信息系统安全保护条例》(1994 年 2 月 18 日,国务院令第 147 号发布并施行,后根据 2011 年 1 月 8 日《国务院关于废止和修改部分行政法规的决定》修正,自 2011 年 1 月 8 日起施行)。

10. 近年来颁布的涉及电子商务的部门规章

近几年来,涉及电子商务的部门规章主要有:

(1)《加快培育新型消费者实施方案》(2021年3月22日由发展改革委等28部门印发)。

(2)《网络直播营销行为规范》(2020年6月24日由中国广告协会发布,自2020年7月1日起实施)。

(3)《国务院办公厅关于以新业态新模式引领新型消费加快发展的意见》(2020年9月21日由国务院办公厅发布)。

(4)《关于跨境电子商务零售进出口商品有关监管事宜的公告》(2018年12月10日由海关总署发布,自2019年1月1日起施行)。

(5)《关于完善跨境电子商务零售进口税收政策的通知》(2018年11月29日由财政部、海关总署、税务总局联合发布,自2019年1月1日起执行)。

(6)《商务部 发展改革委 财政部 海关总署 税务总局 市场监管总局关于完善跨境电子商务零售进口监管有关工作的通知》(2018年11月28日由商务部、发展改革委、财政部、海关总署、税务总局、市场监管总局联合发布)。

(7)《关于调整跨境电商零售进口商品清单的公告》(2018年11月20日由财政部、发展改革委等十三部门联合发布,自2019年1月1日起实施)。

(8)《最高人民法院关于互联网法院审理案件若干问题的规定》(2018年9月3日由最高人民法院审判委员会第1747次会议通过,自2018年9月7日起施行)。

(9)《网络预约出租汽车监管信息交互平台运行管理办法》(交通运输部于2018年2月26日印发,自2018年3月1日起施行,有效期3年)。

(10)《医疗器械网络销售监督管理办法》(2017年12月20日经原国家食品药品监督管理总局公布,自2018年3月1日起施行)。

(11)《国务院办公厅关于推进电子商务与快递物流协同发展的意见》(国务院办公厅于2018年1月23日发布)。

(12)《网络餐饮服务食品安全监督管理办法》(2017年11月6日由原国家食品药品监督管理总局发布,自2018年1月1日起施行,后根据2020年10月23日《国家市场监督管理总局关于修改部分规章的决定》进行了修订)。

(13)《工商总局关于推行企业登记全程电子化工作的意见》(2017年4月10日由原国家工商总局发布)。

(14)《工商总局关于全面推进企业电子营业执照工作的意见》(2017年4月11日由原国家工商总局发布)。

(15)《网络购买商品七日无理由退货暂行办法》(2017年1月6日由原国家工商行政管理总局发布,自2017年3月15日起施行,后根据2020年10月23日《国家市场监督管理总局关于修改部分规章的决定》进行了修订)。

(16)《非银行支付机构网络支付业务管理办法》(由中国人民银行于2015年12月28日发布,自2016年7月1日起施行。)

二、电子商务法的概念

本书中所称"电子商务法"是一个概念范畴,是指电子商务领域的一系列涉及电子商务的法律、法规、部门规章等,而不是特指我国颁布的《中华人民共和国电子商务法》这一部特定的法律。

电子商务改变的仅仅是交易手段和交易方式,在本质上仍属于商事活动,传统法律的大部分规则(主要是商事法律规则,包括商事组织法和商事行为法)毫无疑问应该适用于电子商务。也就是说,电子商务首先应该遵循传统商法的一般规则。电子商务法不是试图去涉及所有的商业领域,重建一套商业运作规则,而是把重点放在探讨因交易手段和交易方式的改变而产生的特殊法律问题上。电子商务法主要应该研究商业行为在网络这个特殊环境下的特殊问题。例如,在线货物买卖交易、在线信息产品交易、在线服务、在线特殊交易以及由此引起的法律问题。

电子商务法的概念可以概括为:电子商务法是调整政府、企业和个人等主体以数据电文为交易手段,通过信息网络所产生的,因交易形式所引起的各种商事交易关系,以及与这种商事交易关系密切相关的社会关系、政府管理关系的法律规范的总称。

三、电子商务法的调整对象与适用范围

(一)电子商务法的调整对象

任何法律部门或法律领域,都以一定的社会关系为其调整对象。电子商务法作为新兴的商事法律制度概莫能外。电子商务法作为传统商法在计算机网络通信环境下的发展,是传统商事法新的表现形式,它必然以政府、企业和个人等主体以数据电文为交易手段,因交易形式所引起的各种商事关系以及与这种商事关系密切相关的社会关系、政府管理关系为调整对象。该种商事关系具有以下一些特点:

(1)它是以数据电文为交易手段的商事关系。换言之,凡是以口头或传统的书面形式所进行的商事关系,都不属于电子商务法的调整范围。

(2)该商事关系是由于交易手段的使用而引起的,一般不直接涉及交易方式的实质条款。因为交易手段只是交易行为构成中的表意方式部分,而并非法律行为中的意思本身,亦不充当交易标的物。

(3)该商事关系并不直接以交易的标的为其权利和义务内容,而是以交易的形式为其权利和义务内容,即因交易形式的应用而引起的权利和义务关系。诸如对电子签名的承认、对私有密钥的保管责任等,均属此类。

(二)电子商务法的适用范围

电子商务的突出特征是利用互联网构成的虚拟市场完成各种商业活动。这个虚拟市场构成了一个区别于传统商业环境的新环境,厂商和消费者的交易行为在这个新环境里发生了极大的变化。交易环境和交易手段的改变,产生了大量传统商事法律难以调整的新法律问题。它们都是电子商务法适用的范围,主要包括:

(1)电子商务网站建设及其相关法律问题。

(2)在线交易主体及市场准入问题。

(3)数据电文引起的电子签名和电子认证法律问题。

(4)电子商务中产品交付的特殊问题。

(5)网络拍卖、网上证券、网上保险、网络广告等特殊形态的电子商务规范问题。

(6)网上电子支付法律问题。

(7)在线不正当竞争与网上无形财产的保护问题。

(8)在线消费者权益保护问题。
(9)网上个人隐私保护问题。
(10)网上税收问题。
(11)在线交易法律适用和管辖冲突问题。
(12)电子商务中的安全问题。

四、电子商务法的性质与特征

(一)电子商务法的性质

1. 私法和公法的结合

电子商务法具有公法和私法相结合的性质。它是调和自由和安全两种价值冲突的产物。私法以意思自治为核心,电子商务法中的电子商务交易法体现了交易主体的意思自治,所以电子商务法具有私法的性质。但是,在互联网上进行交易又需要保证安全,安全则体现为国家的必要干预,而电子商务法中的电子商务安全法就是以国家的必要干预来实现交易安全的,所以电子商务法又具有公法的性质。

有关电子商务的法律规范既有强制性的,又有任意性的。任意性规范主要体现在电子商务交易法中,它给予交易主体以充分的选择权,体现了当事人的意思自治。而强制性规范表现为它要求当事人必须在法律规定的范围内为或不为一定的行为,违反这种规定就要受到国家强制力的制裁。因此,从这个意义上讲,电子商务法也具有私法和公法相结合的性质。

违反电子商务法的法律责任不但有民事责任,还有行政责任和刑事责任。各种计算机犯罪都可能给电子商务活动造成巨大损害。例如,我国刑法规定了计算机犯罪,给予通过计算机信息网络破坏电子商务活动的犯罪分子以有力的刑事制裁,这也是电子商务法融私法和公法于一身的一个表现。

2. 制定法

电子商务法的表现形式是制定法,大陆法系国家以制定法为其传统,以判例法为特点的英美法系也逐渐朝着制定法与判例法相结合的方向发展。联合国贸易法委员会制定的《电子商务示范法》就是以制定法的形式表现出来的,我国 2004 年 8 月颁布、2015 年 4 月修正的《电子签名法》也属于制定法的范畴。可见,以制定法的形式表现电子商务法已是大势所趋,制定法是电子商务法的又一特点。虽然电子商务法的存在形式是制定法,但这并不意味着电子商务法单指某一部法律,它是由一系列成文的法律、法规所组成的,是调整电子商务活动的法律规范的总称。

3. 具有国际性的国内法

电子商务是一种世界性的经济活动,它的法律框架也不应只局限在一国范围内,而应适用于国际经济往来,得到国际认可和遵守。一种成功的电子交易总是需要参与交易的个人、公司或政府之间签订一个合同,以明确彼此之间希望得到的利益,明确实施合同所必须承担的义务。只有当各国政府、各种公司和其他经济组织都认为电子商务与其目前进行的面对面的或纸上的交易具有同样的确定性时,全球电子商务才能发挥其全部潜能。所以,电子商务法具有国际性。

在这种情况下,各国先制定其关于电子商务的国内法显得尤为重要,它可以解决电子商务领域中的部分法律问题,使其国内电子商务活动做到有法可依,保护国内电子商务活动的顺利进行。各国在制定其电子商务法时应该参照联合国贸易法委员会的《电子商务示范法》，同时结合本国国情暂时制定出具有国际性的国内法，这样制定出来的电子商务法有利于将来和国际接轨，也有利于统一的国际电子商务法规的制定。

（二）电子商务法的特征

1. 技术性

电子商务是网络经济与现代高科技发展的产物，计算机技术、网络技术、通信技术、安全加密技术等技术手段与技术方法的应用使电子商务活动有别于传统商务活动，出现了传统民商法无法解决的技术问题。在已经出台的电子商务法中，许多法律规范都是直接或间接地由技术规范演变而来的，特别是电子签名和电子认证中的密钥技术、公钥技术、电子签名认证证书等均是一定技术规则的应用。实际上，网络本身的运作也需要一定的技术标准，各国或当事人若不遵守，就不可能在开放环境下进行电子商务交易。

2. 安全性

电子商务活动主体最担心的就是电子商务的安全问题。网络的开放性也使得它具有极大的脆弱性。计算机及网络技术的发展使各行各业对计算机信息系统具有极强的依赖性，与此同时，计算机黑客和计算机病毒也变得越来越猖獗，它们对计算机系统的侵入或攻击将给商家乃至整个社会造成极大的损失。电子商务法应以解决电子商务的安全问题为己任，通过对电子商务安全问题进行规定，有效地预防和打击各种网络犯罪，切实保证电子商务乃至整个计算机信息系统的安全运行。

3. 复合性

电子商务法的复合性来源于电子商务在技术手段上的复杂性和依赖性。参与电子商务交易的主体包括但不限于企业、政府和个人，这些主体之间进行交易需在网络服务商、银行金融机构、认证中心等的协助下才能完成，这就使电子商务的交易活动与传统交易相比，包含了多重的法律关系，使电子商务法的法律关系趋于复杂化。它必然要求多方位的法律以及多学科知识的应用。

4. 程序性

电子商务法中有许多程序性规范，主要解决交易形式的问题，一般不直接涉及交易的具体内容。从联合国贸易法委员会的《电子商务示范法》、新加坡的《电子交易法》以及我国的《电子商务法》《电子签名法》等法律来看，也都是以规定电子商务条件下的交易形式为主。在电子商务中，以数据信息作为交易内容的法律问题复杂多样，目前由许多不同的专门法律规范予以调整。电子商务法所调整的是当事人之间因交易形式的使用而引起的权利和义务关系，如数据电文是否有效、是否归属于某人，电子签名是否有效、是否与交易的性质相适应，电子认证服务机构的资格如何、它在证书的颁发与管理中应承担何种责任等问题。值得注意的是，随着电子商务法的发展，会有更多的实体内容加入，电子商务法将会朝着程序法和实体法相结合的方向发展。

5. 国际性

这是指电子商务法的调整对象具有跨地域、遍及全球的特点。互联网没有国界，几乎每一个国家都与互联网相连接，从电子邮件到互联网的全部功能，各个国家都有不同程度的利用。电子商务活动是一种世界范围内的商务活动，不应以一国或几国的法律来规范，应建立一个世界性的法律框架，使全世界的电子商务活动受到一个统一的法律规范的约束。所以电子商务法必须适应全球化的要求，与国际接轨，以此来满足解决电子商务法律问题的实际需要。

6. 开放性

电子商务法的技术性特征使电子商务始终处于不断发展变化之中,技术、手段、方法的应用也不断推陈出新。因此,以开放的态度对待任何技术手段与信息媒介,设立开放性的规范,让所有有利于电子商务发展的设想和技巧都能充分发挥作用已成为世界组织、国家和企业的共识。它具体表现在电子商务法的基本定义的开放、基本制度的开放以及电子商务法律结构的开放等方面。

五、电子商务法的作用

随着网络技术的飞速发展和电子商务的广泛应用,电子商务法在经济活动中发挥着越来越重要的作用,主要表现在以下几个方面:

1. 为电子商务的健康、快速发展创造一个良好的法律环境

电子商务作为一种新兴的商务模式,所蕴含的商机受到世界各国的普遍关注。如何为电子商务的发展创造一个良好的法制环境,并以此来规范电子商务交易各方在虚拟网络下进行交易,消除电子商务应用中的法律障碍,保证整个交易活动的有序进行,是电子商务法的根本任务。起草、制定、完善电子商务立法对全球电子商务健康、快速发展将起到极其重要的作用。

2. 保障网络交易安全

电子商务交易的安全不仅要靠技术保障措施,更重要的是要靠电子商务立法来规范。通过电子商务法来惩治黑客攻击、计算机犯罪等恶意行为,打击利用网络进行诈骗、侵权等故意行为,以有效防止各种违法行为的发生,保障电子商务活动在安全的交易环境和安全的交易网络中正常进行。

3. 为规范电子商务活动提供保障

电子商务法对网络交易过程、交易双方的权利和义务,都按照电子商务的特点做出了全新的规定,并对一些技术性问题加以规范,使电子商务活动可以按照法律规定的程序进行。电子商务法明确了交易双方的责任,使双方发生纠纷时可以按照有关规定加以解决,从而使电子商务活动有法可依、有据可查,保障了电子商务活动按照规范顺利进行。

4. 鼓励参与者利用现代信息技术促进交易活动

电子商务法平等、开放地对待基于书面文件的用户和基于数据电文的用户,充分发挥高科技手段在商务活动中的作用,为电子商务的普及创造了方便条件,同时也鼓励交易的参与者有效利用现代信息技术手段进行快速、方便、安全的交易,并以此促进经济增长和提高国际、国内贸易的效率。

实践任务

请分析本任务情景导入中案例的纠纷焦点是什么,并分析×××网在本案中充当何种角色,×××网是否应该对卖家的"失踪"承担责任。

素质拓展

消费者和卖家发生纠纷 电商不应推脱

某年3月30日,《人民日报》发文《消费维权,电商不可推责》,对之前热议的"作家张某(化名)维权事件"发表评论。

前不久,作家张某投诉×网,称一位朋友在×网全球购遭遇商家"售假",向×网客服和消费者协会投诉后都未得到合理的处理结果,引发网友热议。张某在文章中称,其师姐程女士在×网全球购买了美国 Comfort U 护腰枕,×网标价人民币 1 489 元,美国官网售价 109.95 美元。而商家实际发货的是一个标识为 Contour U 的护腰枕,美国官网售价 33.6 美元。×网全球购宣传"正品保证""假一罚十",但商家解释称为发错货,可以退货退款,但拒绝"假一罚十"。

《人民日报》在文章中指出,该电商平台规定,"第三方卖家销售的商品将由第三方卖家直接为您提供售后服务,建议您优先联系商家解决;如对商家处理结果有异议,您可以申请交易纠纷单"。这样的规定,仿佛电商平台只是"沟通者"角色。

事实上,电商平台不仅是"沟通者",而且同商场、超市、展销会的举办者、柜台出租者一样,是向商户收取场租费、推广费或者服务费等费用的利益相关方,都是经营者。它们不仅要遵守《中华人民共和国消费者权益保护法》有关网络交易平台的规定,而且应承担《中华人民共和国消费者权益保护法》规定的所有经营者义务。

任务二 了解电子商务领域涉及的法律问题

学习目标

- 【知识目标】掌握电子商务领域涉及的主要法律问题。
- 【技能目标】能够根据具体情境确定电子商务领域发生的纠纷类型,并能进行简要的分析和判断。
- 【思政目标】电子证据同样具有法律效力,请注意保存,并避免做伪证。

情景导入

手机短信辞职,是否具有法律效力

王某于 2017 年 3 月入职某电子科技有限公司,承担公司综合部软件开发管理工作,公司与王某依法签订了四年的劳动合同。2020 年 6 月 12 日,王某由于工作压力大,同时家中有事,于是以短信形式向公司人事经理提出离职。短信内容为:"某经理,您好!这段时间,身心疲惫,无论怎样努力,总是不尽如人意。为不影响后续的工作,在此向您提出离职。离职交接期间的工作,我会照常进行,请您及时储备合格的人选。感谢公司领导及您的培养。"在外地出差的人事经理接到短信后立即向公司领导做了汇报。公司会议决定同意王某的辞呈,同时要求人事经理及时发布招聘信息,加强候选人的甄选。同日,人事经理回复王某短信,告知公司同意其离职。巧逢周末双休,王某经仔细思量后反悔。于是,王某于 6 月 15 日(周一)又到公司上班,以其未提交书面辞职信,离职短信不具备法律效力为由要求继续履行劳动合同,否则要求公司给予经济补偿。公司以其离职短信证明王某已主动提出离职为由拒绝继续履行劳动合同,据此双方发生争执。

7月21日,王某一纸诉状,将公司起诉至劳动争议仲裁委员会,要求公司承担违法解除劳动合同赔偿金。庭审中公司出示了王某手机离职短信的证据,证明王某主动提出离职,公司不应支付经济赔偿,但王某以自己未提出书面解除劳动关系通知书为由,主张离职短信无效。劳动争议仲裁委员会未支持王某的申诉请求。王某不服,依法向人民法院提起了诉讼。

知识平台

电子商务发展过程中会涉及多种法律问题,这里我们仅列出一些主要的法律问题。

一、电子证据法律问题

我国关于证据规则的立法一般是开列一份可接受的证据清单,如我国《民事诉讼法》第63条规定,证据有下列几种:

(1)当事人的陈述。
(2)书证。
(3)物证。
(4)视听材料。
(5)电子数据。
(6)证人证言。
(7)鉴定意见。
(8)勘验笔录。

由于网络安全和电子商务风险等方面的原因,人们对电子证据在生成、存储、传递和提取过程中的可靠性、完整性提出了更高的要求。这种对电子证据可信度予以"高标准,严要求"的理念,足以表明电子证据不同于以往的证据规则,是一种全新的证据类型。

(一)电子证据可以作为诉讼证据

电子证据是存储于磁性介质之中,以电子数据形式存在的诉讼证据。反对电子证据作为诉讼证据的人认为,电子证据可能由于人为因素以及网络环境和技术限制等原因无法反映客观真实情况。但是其他传统类型的证据在真实性、可靠性方面也不是没有弊端的。例如,我国《刑事诉讼法》规定"证据必须经过查证属实,才能作为定案的依据";《民事诉讼法》规定"证据必须查证属实,才能作为认定事实的根据";《行政诉讼法》规定"以上证据经法庭审查属实,才能作为认定案件事实的根据"。这些规定表明任何证据都有其脆弱性,因此需要"查证属实"。依此逻辑,电子证据只要"查证属实",就可以与其他证据一样成为诉讼证据。

我国《电子签名法》第七条的规定也直接明确了数据电文可以作为证据使用。

电子商务概论

《公安机关办理刑事案件程序规定》第五十九条规定:"公安机关向有关单位和个人调取证据,应当经办案部门负责人批准,开具调取证据通知书。被调取单位、个人应当在通知书上盖章或者签名,拒绝盖章或者签名的,公安机关应当注明。必要时,应当采用录音或者录像等方式固定证据内容及取证过程。"第六十六条规定:"收集、调取电子数据,能够扣押电子数据原始存储介质的,应当扣押原始存储介质,并制作笔录,予以封存。确因客观原因无法扣押原始存储介质的,可以现场提取或者网络在线提取电子数据。无法扣押原始存储介质,也无法现场提取或者网络在线提取的,可以采取打印、拍照或者录音录像等方式固定相关证据,并在笔录中注明原因。收集、调取的电子数据,足以保证完整性,无删除、修改、增加等情形的,可以作为证据使用。经审查无法确定真伪,或者制作、取得的时间、地点、方式等有疑问,不能提供必要证明或者作出合理解释的,不能作为证据使用。"

(二)电子证据不同于传统的书证

传统的书证是有形物,除可长期保存外,还具有直观性、不易更改等特征,如合同书、票据、信函、证照等。而电子证据往往储存于计算机硬盘或其他类似载体内,它是无形的,以电子数据的形式存在,呈现出与传统书证不同的特征。

首先,电子证据保存的时限性、安全性面临考验,计算机和网络中的电子数据可能会遭到病毒、黑客的侵袭,误操作也可能轻易将其毁损、消除,而传统的书证则没有这些问题的困扰。

其次,电子证据无法直接阅读,其存取和传输依赖于现代信息技术服务体系的支撑,如果没有相应的信息技术设备,就难以看到证据所反映出来的事实,提取电子证据的复杂程度远远高于传统书证。

最后,虽然传统书证所记载的内容也容易被改变,在司法实践中亦曾发生过当事人从利己主义考虑,擅自更改、添加书证内容的现象,但是作为电子证据的电子数据因为储存在计算机中,致使各种数据信息的修正、更改或补充变得更加方便,即便经过加密的数据信息亦有解密的可能。从这一点可以看出,对电子证据可靠性的查证难度是传统书证无法比拟的。

综上,电子证据与传统书证的差异是显著的。事实上,电子证据的表现形式是多种多样的,不仅体现为文本形式,而且可以以图形、图像、动画、音频及视频等多媒体形式出现。这些暂且不论,电子证据以其对现代信息技术和安全防范措施的依赖,就已显示出不同于传统书证的独立特性。

(三)电子证据不宜归入视听材料的范畴

诉讼法学界相当一部分学者从电子证据的可视性、可读性出发,对视听材料做出了扩大解释,突破了视听材料关于录音带、录像带之类证据的局限,把计算机储存的数据和资料归于视听材料的范畴。但是,视听材料在证据法中的地位是有限的,它充其量是印证当事人陈述、书证、物证等其他证据的有力工具。也就是说,视听材料能否作为定案证据,还必须结合其他证据来考察。

(四)电子证据的收集、审查与保全

1.电子证据的收集

电子证据的收集必须合乎法律规定的程序,违反法定程序收集的证据,其虚假的可能性比合法收集的证据要大得多。

(1)手机短信形式电子证据的收集

在收集该类证据时,可以采取以下方法:一是在接收信息者未将短信删除的情况下,直接将此信息予以储存,并将手机封存,作为最终审判的证据材料;二是在与案件有关的短信被删除的情况下,可以通过通信运营商来调取短信内容。在收集时,可以通过通信运营商的储存信息将对应的通信的发送时间、双方手机号码及内容打印出来,并由在场的工作人员签字盖章证实出处,以供侦查和审判时使用。

(2)电子邮件形式电子证据的收集

电子邮件在民事诉讼中已经得到确认,如我国《民法典》规定合同的书面形式包括电子邮件形式。在刑事诉讼领域,司法机关的解释也有所体现,但对如何收集并未规定。收集时应首先了解电子邮件的特征,电子邮件区别于其他形式电子证据的特点是每个电子邮件使用者必有一个电子信箱,而每个电子信箱的用户名以及密码是唯一的,电子邮件的信头都有收发件人、网址及收发时间。

(3)网络聊天形式电子证据的收集

网络聊天是随网络技术的发展出现的一种即时双向沟通的通信方式,主要有两种:聊天室聊天和私聊。聊天室聊天是通过网站上开设的聊天室进行"一人对多人"的公聊,而私聊是指"一对一"的聊天。相对于电子邮件来讲,网络聊天存在的环境更加开放,电子证据收集起来更难。

2. 电子证据的审查

我国《电子签名法》第八条规定:"审查数据电文作为证据的真实性,应当考虑以下因素:(一)生成、储存或者传递数据电文方法的可靠性;(二)保持内容完整性方法的可靠性;(三)用以鉴别发件人方法的可靠性;(四)其他相关因素。"电子文件作为证据的证明力与其真实性、可靠性密不可分,对其审查应从以下几个方面入手:

(1)审查电子证据的来源

电子证据的来源主要有三种情况:一是司法机关在调查、侦查活动中取得的;二是机关、团体、企事业单位或个人为保护国家利益或自己单位的利益而专门收集的;三是公民个人在无意中收集到的。

(2)审查电子证据的技术因素

审查电子证据的技术因素主要包括以下方面:电子证据的生成,电子证据的存储,电子证据的传送,电子证据是否被删除过(指电子数据的内容),记录、储存、收集和提取电子证据的技术设备的性能及可靠程度,制作、收集和提取电子证据的人员的计算机技术水平和操作水平等。

(3)审查电子证据的关联性

这是法律对各类证据进行效力认定的一个主要方面。电子文件既然作为证据的一种,自然也要考虑这方面的问题。电子证据与其他类型证据在此方面存在的共性较多,可参看相关文献,这里不再赘述。

对于电子证据的审查,不能简单地通过书面审查方式进行,因为电子证据的高科技等特性决定了电子证据真实性问题最难解决。

3. 电子证据的保全

《民事诉讼法》第八十一条规定:"在证据可能灭失或者以后难以取得的情况下,诉讼参加人可以向人民法院申请保全证据,人民法院也可以主动采取保全措施。"那么,对电子证该如何保全呢？如何证明电子证据的真实性？要解决这些问题，应当在证据收集和运用技巧两方面下功夫，可以考虑采取以下方法：

(1) 网络证据保全公证

经严格按《中华人民共和国公证法》《公证程序规则》办理的证据保全公证，符合《民事诉讼法》第六十九条"经过法定程序公证证明的法律事实和文书，人民法院应当作为认定事实的根据，但有相反证据足以推翻公证证明的除外"规定中的"法定程序公证证明"，具有证据效力。电子证据保全公证证明了网络上原始的电子证据数据与通过纸媒介打印出来的资料的一致性。

将网络虚拟世界的电子数据资料通过公证书纸介质形式予以保全固定，使之更可视化、不易灭失、不易篡改，所出具的网络证据保全公证，在实践中得到了律师、行政机关、法官的肯定。

(2) 权利登记

虽然《著作权法》规定，作品著作权的取得和保护不以登记为前提，但应当考虑到，当侵权纠纷发生后，权利人往往难以证明其计算机程序的权属，因此在诉至法院时，法院在认定是否侵权时就会出现很多困难。及时进行计算机软件的程序登记，其他人可以通过计算机程序登记部门发布的计算机程序登记公告，了解到该计算机程序的著作权人和该计算机程序的主要性能、特征等。登记的计算机程序对外具有公告和公信的作用，同时更重要的是，登记证明文件是计算机程序版权有效或者登记申请文件中所述事实确定的初步证明。

经过登记和封存的源程序，在发生侵权诉讼时，如果对方当事人不能提供足够的、确实的反驳证据，法院就可以将登记情况作为认定案件事实的直接根据。

(3) 数字认证

我国自2001年以来，全国各地都在陆续开展数字证书认证服务，有政府主导的，也有市场化运作企业运营的。经过多年的发展，电子认证正在向普及化方向发展。例如，2020年11月26日，北京人力资源服务行业协会主办的"北京地区电子劳动合同应用推进会"在北京举办。北京数字认证股份有限公司同多家企业共同签署了《北京地区电子劳动合同诚信自律公约》，作为国内首批获得工信部《电子认证服务许可证》的合法、专业、权威的第三方电子认证机构，北京数字认证股份有限公司郑重承诺：严格遵守诚信原则，保障客户方电子劳动合同的生成、传递、储存等满足《电子签名法》等法律法规的要求，确保其完整、准确、不被篡改，切实保护劳动者权益。

(4) 网络服务供应者的证明

网络服务供应者对发送者所使用的电话号码、上网账号、上网计算机IP地址和代号、电子邮件的发送时间和历史记录等一系列电子证据出具证明，可以为证明侵权事实打下坚实的事实基础。

二、电子合同订立中的法律问题

(一) 电子合同的概念

电子合同系指由商品或服务的提供人通过计算机程序预先设定合同条款的一部分或全部以规定其与相对人之间的法律关系，是网络环境下的格式合同。设定电子合同条款一方的义务主要包括:根据公平原则拟订条款;合理提醒消费者注意免责或限制责任的条款;按照对方要求对格式条款进行说明解释。我们通常会看到软件提供商的格式条款,在点击"同意"或点选相关条款后,购买或安装才得以继续。

许多电子商务业务采用的电子合同都是电子格式合同。在互联网中,许多网站服务的前提是用户接受服务方的服务条款,用户只有在点击"我同意"后,才能接受进一步的服务,这就是电子格式合同的订立过程,而网站都声称,"点击"表明用户接受合同,该合同即告成立。这种"电子合同"就是网络环境下的格式合同。

电子合同较容易损害相对人的利益。合同的提供方通过加重相对人的责任,免除或减少自己的责任,不合理地分担风险责任等格式条款以谋求自身利益的最大化,从而损害了合同相对人的利益。这在实质上破坏了契约正义,有损于良好交易秩序。

(二)电子合同有效的原则

设置电子合同文本的一方应履行的义务有:

(1)根据公平原则拟定条款。

(2)根据公平原则,合同中的下列免责条款无效:造成对方人身伤害的;因故意或者重大过失造成对方财产损失的。

(3)合理提醒消费者注意免责条款或限制责任的条款。

(4)要求订约者在订约时以合理的方式提醒消费者。

(5)按照对方要求对格式条款进行说明。

《民法典》第四百九十八条规定:"对格式条款的理解发生争议的,应当按照通常理解予以解释。对格式条款有两种以上解释的,应当作出不利于提供格式条款一方的解释。格式条款和非格式条款不一致的,应当采用非格式条款。"

(三)点选条款和格式条款的无效

点选条款和格式条款的有效与否可以从是否违反法律的强制性规定和违反公平原则,结合案件的具体情形来判断。

《民法典》第四百九十七条和第五百零六条明确规定,有下列情形之一的,该格式条款无效:

(1)具有本法第一编第六章第三节规定的无效情形。

(2)造成对方人身损害的。

(3)因故意或者重大过失造成对方财产损失的。

(4)提供格式条款一方不合理地免除或者减轻其责任、加重对方责任、限制对方主要权利。

(5)提供格式条款一方排除对方主要权利。

三、第三方支付法律问题

第三方支付在消费者和银行之间架起一座桥梁,具有支付网关或者内部结算的作用,这种模式对现行金融制度有一定的突破。

(一)第三方支付服务的法律性质

国内的第三方支付平台采取的办法大多是试图确立自身是为用户提供网络代收代付的

中介。比如支付宝,作为较具实力的第三方支付平台之一,充当电子支付中的信用中介和支付中介。自成立以来,其从事支付业务的合法性受到各方面的质疑,支付企业与客户间的法律关系亦没有明确定位。直到2010年中国人民银行《非金融机构支付服务管理办法》及其实施细则的颁布,才将第三方支付机构正式纳入监管。2011年5月26日,中国人民银行发放了酝酿已久的"第三方支付牌照"。此举让包括支付宝、财付通在内的几十家第三方支付企业拥有了自己的合法"身份证"。

我国关于电子支付方面的立法主要有:

(1)《非银行支付机构客户备付金存管办法》(由中国人民银行于2021年1月19日发布)。

(2)《关于规范商业银行通过互联网开展个人存款业务有关事项的通知》(由中国银保监会、中国人民银行于2021年1月13日发布)。

(3)《电子商务法》(2018年8月31日发布)。

(4)《移动终端支付可信环境技术规范》(由中国人民银行于2017年12月11日发布)。

(5)《条码支付业务规范(试行)》(由中国人民银行于2017年12月25日发布)。

(6)《非银行支付机构网络支付业务管理办法》(由中国人民银行于2015年12月28日发布)。

(7)《国务院关于实施银行卡清算机构准入管理的决定》(国务院于2015年4月22日发布)。

(8)《关于加强商业银行与第三方支付机构合作业务管理的通知》(由原中国银监会、中国人民银行于2014年4月9日联合发布)。

(9)《中国人民银行关于建立支付机构客户备付金信息核对校验机制的通知》(由中国人民银行于2013年10月28日发布)。

(10)《非金融机构支付服务管理办法》(由中国人民银行于2010年6月14日发布)。

(11)《电子银行业务管理办法》(由原中国银行业监督管理委员会于2006年1月26日发布)。

(12)《电子支付指引(第一号)》(由中国人民银行于2005年10月26日发布)。

(二)第三方支付的法律责任问题

目前许多国家并无专门法律调整电子支付法律关系,一般而言,是通过一组合同群来调整各方当事人之间的法律关系,如《民法典》等。但是,如果将电子支付各当事人的法律关系完全交由《民法典》等调整,消费者的合法权益往往得不到充分保障。例如,支付宝与用户的服务合同包括规则和协议两部分,内容涉及服务方式、支付宝的使用方法、用户的权利和义务、免责条款等。用户要想使用支付宝必须先注册,接受所有的格式条款。一旦发生纠纷,消费者因处于弱势地位,其权益往往难以得到有效保护。

现有的法律能否保护网上支付的一系列环节和各方的利益?如果出现问题,损失由谁来承担?如果发生客户在交易后财产被盗取,或者由于系统故障使客户遭受损失的情况,这时候应该由谁来承担责任?在实践中也出现了客户在第三方支付平台交易,资金丢失的案例。这些问题如果不在立法中予以规范,最终将制约第三方支付的发展。

(三)第三方支付的安全问题

金融监管机构应该密切注意第三方支付可能存在的风险。目前支付宝等提供的服务很容易成为仿冒和攻击的对象。犯罪者会通过钓鱼网站窃取大量资料。支付宝提供多家银行的支付端口,一旦被仿冒和攻击,会给客户带来巨大的损失。

(四)第三方支付的电子货币管理问题

在第三方支付平台上,买卖双方可能会把一些钱先存入自己的账户,对支付服务提供商来说,这相当于发行一种电子货币,表现形式上可能会有所不同,但基本上都属于电子货币发行行为。此外,还可能涉及一些软件发行电子货币,电子商务的发展规模和范围到一定程度后,会对现有货币体系产生冲击。

中国人民银行目前正在积极开展立法工作,加强对第三方支付的监督和管理。在具体支付结算规则方面,在《电子支付指引(第一号)》中,针对第三方支付平台信用风险、资金交易安全、网络交易权利和义务平衡、打击网上洗钱等方面制定了相应的规则。

四、电子商务对知识产权保护的法律问题

从知识产权保护程序的角度,电子商务中行为主体的难确定性、行为地点的难确定性及行为的跨时空、跨国界性给确定知识产权纠纷的司法管辖出了难题;电子商务中在网络上流动的信息,是否要求服务商进行数据保存,如何对这些数据进行证据保存,也给解决知识产权纠纷的现实操作带来了一系列问题。电子商务环境下的知识产权保护主要包括:电子商务环境下的著作权保护、电子商务环境下的专利权保护、电子商务环境下的商标权保护、电子商务环境下的域名保护、电子商务环境下的商业秘密保护等方面。

(一)电子商务环境下知识产权面临的挑战

从知识产权实体的角度分析,在电子商务范畴内,对知识产权提出的挑战主要体现在以下几个方面:

1. 著作权及传播权问题

著作权问题是电子商务中涉及较多的知识产权问题。著作权保护的核心内容是保护著作权人拥有控制作品传播和使用的权利。在传统的著作权保护下,著作权人对作品的复制权、发行权、传播权基本得到了保证。但是在网络环境中,著作权人面临着作品"失控"的严重威胁。网络中传输的数字信息,包括各种文字、影像、声音、图形和软件等都属智力成果,侵权行为人完全可以通过互联网不经著作权人许可而以任何方式对这些数字信息进行复制、出版、发行、传播,从而构成互联网著作权侵权的主要形式。2020 年 11 月 11 日修订的《中华人民共和国著作权法》第十条第十二款规定:"信息网络传播权,即以有线或者无线方式向公众提供,使公众可以在其选定的时间和地点获得作品的权利。"第三十九条第六款规定,表演者对其表演享有许可他人通过信息网络向公众传播其表演,并获得报酬的权利。第四十四条规定:"录音录像制作者对其制作的录音录像制品,享有许可他人复制、发行、出租、通过信息网络向公众传播并获得报酬的权利;权利的保护期为五十年,截止于该制品首次制作完成后的第五十年的 12 月 31 日。被许可人复制、发行、通过信息网络向公众传播录音录像制品,应当同时取得著作权人、表演者许可,并支付报酬;被许可人出租录音录像制品,还应当取得表演者许可,并支付报酬。"

2. 商标和域名问题

自从网络出现和网络商业化以来,网上商标和域名保护问题就随之而来。域名就是连

接到互联网上的计算机的地址,由于域名易记、易使用,具有指示消费者上网购物或寻求服务的功能,已经被广泛地用作一种商业标志符号。近几年国内外有关恶意抢注他人知名商标、域名与商标权、商号的冲突纠纷不断,已成为电子商务商标和域名保护需要解决的问题。

另外,网站上以及网页上各种商标的授予和保护,域名的注册原则和授予标准以及域名本身的知识产权性质等一系列问题都需要加以解决。

3. 专利权问题

计算机程序和商业方法的可专利性问题,界面设计、网上资料压缩技术、密码技术、信息处理、检索技术以及网上使用的软件可专利性问题,是电子商务对传统的专利制度提出的挑战。

(二) 电子商务模式下的知识 "侵权" 表现形式

1. 电子商务中侵犯著作权的行为

电子商务中侵犯著作权的行为主要包括:

(1) 侵犯复制权的行为

复制权是著作权人基本的权利,也是著作权保护的基础。在电子商务中,通常要将享有著作权的作品进行数字化,如将文字、图像、音乐等通过计算机转换成计算机可读的数字信息,以进行网络信息传输。由于这种数字化的转换一般由计算机直接完成,并没有进行创造性的劳动,数字化的作品与原作品相比,并没有作品根本属性的变化,因此这种行为可以视为一种复制行为,即侵犯了著作权人的复制权。

(2) 侵犯网络传播权的行为

将数字化的作品上传到网络后,由于网络的无国界性,任何人都可以在任何地点、任何时间通过网络下载得到该作品。除了自己下载以外,侵权行为人还可以通过电子公告板、电子邮件等传播、交换、转载有著作权的作品,并利用享有著作权的作品在网上营利,这显然侵犯了著作权人的网络传播权,使著作权人的利益受到损失。

(3) 侵犯数据库作品著作权的行为

数据库是由文学艺术作品或其他信息材料有序集合而形成的汇编物。电子商务的本质是各种信息的流动,而这些信息大多以数据库的形式组织和表现。数据库信息容量大、容易被复制和传播,侵权行为人往往利用网上的FTP文件传输功能,从数据库中取走作品文件,侵犯组成数据库的作品的著作权。

2. 商标和域名侵权行为

(1) 商标的域名抢注

所谓域名抢注,又称恶意注册和使用域名,是指注册人将他人的注册商标、企业名称、商号等抢先注册为自己域名的行为。

(2) 网络搜索引擎引起的 "隐形商标侵权" 行为

网络搜索引擎引起的商标侵权行为主要表现为某网站将他人的商标文字埋置于自己的网页源代码中,网络用户在通过搜索引擎查找他人的商标时,就会不知不觉地访问该网页。

目前许多搜索引擎,如百度等国内几大搜索引擎都具备关键词检索功能,在网络用户键入某个想要查找的主题词后,搜索引擎就会按照网页源代码中的关键词罗列查询结果,而且该网页还会位列搜索结果的前列。这种不经商标权人的许可而使用商标作为关键词的行为明显构成了对商标合法权益的侵犯,而且这种侵权行为具有非常隐蔽的特点。

(三)电子商务背景下的知识产权保护策略

1. 通过法律手段保护网络知识产权

尽管我国知识产权保护方面已经达到了较高水平,但是,相对于世界公约的要求以及从建立良好的尊重知识产权、建立完善的激励机制、维护社会竞争秩序方面来看,我国在知识产权保护方面的工作仍有待结合电子商务的发展趋势进一步完善。

2. 通过技术手段保护网络知识产权

对于有意进军电子商务的国内企业而言,必须先了解所可能面临的国内外各种繁杂的知识产权保护问题,通过一系列技术手段,保护自身的网络知识产权。

五、电子商务与消费者权益保护的法律问题

(一)消费者权益的保护

消费者是指为生活消费需要而购买、使用商品或接受服务的个人。消费者的权利主要有安全保障权、知悉真情权、自主选择权、公平交易权、索赔权等。在商业经营中,为了保护消费者的合法权益,我国颁布了《民法典》《消费者权益保护法》《反不正当竞争法》《电子商务法》《广告法》《网络安全法》等法律。

(二)电子商务对消费者权益的侵害

随着电子商务的快速发展,网上购物逐渐增多,消费者的合法权益也面临着巨大威胁,主要有以下几个方面:

1. 商品质量或者广告信息的真实性难保障

电子商务具有虚拟性和开放性,这使得网上产品或广告信息的真实性、有效性难以得到保障,滋生了网上欺诈行为,同时消费者的信赖不实或无效信息也容易产生交易纠纷。网上商品的品质良莠不齐,难以让消费者信赖,加之一旦出现了质量问题,修理、退货、索赔或其他方式的救济很困难,这些都成为阻碍电子商务发展的问题。

2. 消费者个人信息容易泄露

互联网具有强大的信息整理与分析能力,这就为人们获取、传递、复制信息提供了方便,在线消费者的个人信息随时都存在被非法收集或扩散的危险,从而对传统的隐私价值产生了潜在的威胁。

3. 跨国的消费者权益保护更难

由于电子商务的跨国界性,一些在传统交易活动中并不常见的问题,在电子商务条件下变得越来越突出。这里主要包括两个问题:一是经营者在开展电子商务活动时,可能受到多个国家法律的管辖,而世界各国对经营活动的法律规定差别很大,当出现了这种情况时应如何解决?二是消费者进行在线消费时,可能丧失本国消费者权益保护法的保护,由于缺乏有效的国际性执行措施,若销售者所在地政府不能有效地执行本国的消费者权益保护法,消费者所在国几乎没有任何有效的救济措施。

电子商务中消费者权益的保护还面临着诸多问题,这就需要多方面的共同努力。在所有保护消费者合法权益的相关措施中,建立完备的消费者权益保护的法律体系属重中之重。保护交易安全和维护消费者权益不仅涉及立法,而且包括司法、行政管理、民间监督等多个方面,不仅需要民法,更需要行政法、刑法等各部门法相互配合。只有将电子商务中出现的新的法律

问题和法律关系及时纳入我国消费者保护法律体系之中,并有效地规范电子商务活动,才能使广大网络消费者的合法权益得到法律保障,从而保证我国电子商务的长远发展。

六、网络不正当竞争的法律问题

(一)网络不正当竞争行为的概念

我国《反不正当竞争法》第二条规定:"经营者在生产经营活动中,应当遵循自愿、平等、公平、诚信的原则,遵守法律和商业道德。本法所称的不正当竞争行为,是指经营者在生产经营活动中,违反本法规定,扰乱市场竞争秩序,损害其他经营者或者消费者的合法权益的行为。"

可见,凡是在网络上侵犯他人的正当合法权益、破坏公共经营秩序的行为都可视为网络环境下的不正当竞争行为。网络环境下的不正当竞争虽具有独特性,但又有与传统不正当竞争相统一的一面。因此,对网络环境下不正当竞争的认定不能脱离《反不正当竞争法》所确定的基本框架。网络只是作为一种技术手段,它不能改变不正当竞争行为的实质。

(二)网络不正当竞争行为的特点

与传统不正当竞争行为相比,网络环境下的不正当竞争行为呈现出以下一些主要特点:

1. 普遍性

当前在互联网中,各种不正当竞争行为层出不穷。有关各网站间不正当竞争行为的诉讼呈逐年上升势头。网络上的不正当竞争行为是实体社会不正当竞争行为普遍存在的缩影。

2. 跨国性

网络不正当竞争行为常常是跨越国界的,这使得有些被侵权网站难以及时有效地保护自己的权利,因为这涉及各国的管辖权、国内法、申请执行等种种问题。

3. 隐蔽性

网络不正当竞争行为都是在虚拟的环境中进行的,与现实世界中的不正当竞争行为相比,具有很强的隐蔽性,不易被发现和察觉。

4. 影响大

网络是一个开放的平台,它的普及为信息的迅速传播提供了技术条件。随着经济的全球化,厂商之间的竞争也在世界范围内展开,不正当竞争行为的影响也日趋深远,更多的企业在遭到传统不正当竞争的同时还受到网络不正当竞争的困扰。

5. 复杂性

网络不正当竞争的泛滥,让众多商家从中看到了"无限商机",因此也诞生了不少专业从事"网络不正当竞争"的企业。这些专业从事"网络不正当竞争"的企业既专业又隐蔽,使得网络不正当竞争行为较现实社会中的不正当竞争行为更具复杂性。

6. 法律适用的特殊性

网络环境下的不正当竞争行为在本质上仍然是不正当竞争行为,对其进行监管和约束基本上应依据相应的法律,如《反不正当竞争法》等。但它又具有特殊性,因为它涉及知识产权、广告竞争、商业秘密、个人隐私等方面。

(三)网络不正当竞争行为的表现形式

按主体不同,网络不正当竞争行为可分为三类:传统企业之间利用网络进行经营活动过程中发生的不正当竞争行为、网络服务商与传统企业之间的不正当竞争行为以及网络服务商之间的不正当竞争行为。具体来讲，主要有以下几种：

- 垄断经营。
- 侵犯商标权及商业混同行为。
- 域名纠纷。
- 侵犯他人商业秘密。
- 利用网络广告等手段进行虚假宣传。
- 利用互联网侵害竞争对手的商誉。
- 利用网络技术措施实施不正当竞争行为。
- 网站评比中的不正当竞争行为。
- 不正当销售行为。

实践任务

请分析本任务情景导入中的案例的纠纷焦点是什么，并分析王某利用手机短信辞职是否具有法律效力及原因。

素质拓展

电子合同有效吗？

买方甲与卖方乙协商《向日葵杂交 A 购买合同》，该合同初步约定乙方向甲方提供进口向日葵杂交 A 29 000 公斤，单价为每公斤 180 元，总价款为 522 万元；双方以银行汇兑形式进行结算；交货地点由甲方指定。合同起草完毕后乙方以电子邮件形式传送给甲方，甲方于同年 6 月 11 日以同样形式告知乙方该合同已经审批完毕，要求其签字盖章后邮寄给甲方。乙方于两日后对合同进行修改并征求甲方意见后将盖章的合同文本邮寄给甲方，但甲方却未向乙方提交加盖双方公章的合同书。合同签订后，甲方向乙方支付定金 201 600 元，乙方依约向甲方交付向日葵杂交 A 27 562.20 公斤，货款总计 4 961 196 元，扣除甲方已付定金，尚欠乙方货款 4 759 596 元，经乙方多次催要未果。现乙方请求法院依法判令甲方支付所欠货款；本案诉讼费用由甲方承担。甲方在一审中答辩称双方并未签订购买向日葵杂交 A 合同，乙方亦未向自己交付货物。综上，甲方请求法院依法驳回乙方的诉讼请求。

任务三　感受电子商务信用体系建设

学习目标

【知识目标】了解我国电子商务诚信缺失的现状并掌握相关解决对策。
【技能目标】能够理解电子商务诚信体系构建的原则和要素。
【思政目标】电子商务环境下，更需要诚信做支撑，同学们要诚实做人，诚信做事。

> **情景导入**
>
> 某年5月13日,范先生在A网上商城购买了四款A网上商城自营的真力时手表,总价14.7万余元。购买时网页说明该款手表的表镜材质为蓝宝石水晶,但范先生在收到商品后,发现商品说明书保修卡上写明手表材质为蓝宝石水晶玻璃。范先生将手表送至专业机构检测,检测结果为人工合成蓝宝石。范先生认为,A网上商城宣传构成欺诈,故将A网上商城诉至法院,要求退还货款、赔偿检测费并索三倍赔偿。
>
> 但对于此事,A网上商城称告错人了。理由为:A网上商城与购表者范先生并不存在合同买卖关系,尽管该涉案产品隶属A网上商城自营,但A网上商城只是提供网络交易的平台,未参与买卖行为。经法院审理查明,范先生购买的A网上商城自营商品,发票显示销售主体为天津甲贸易有限公司。因此,范先生的索赔对象应该是天津甲贸易有限公司,由于起诉的被告主体不适格,该法院一审裁定驳回范先生的起诉。

知识平台

一、我国电商诚信体系的现状

我国电子商务的发展,完全可以用日新月异来形容,方便、快捷、高效的网购,从一个时髦的新生事物成功转型为我们日常生活中不可或缺的一个元素。然而,由于电商服务平台处在一个竞争激烈的经营格局中,电商经营者处在一个抢占市场份额的营销局面里,都在大力实施支付平台、产品种类等硬件措施的拓展与扩张,忽视了隐藏其中的重要的诚信体系构建,以至于一段时间以来,电商欺诈行为呈愈演愈烈的态势,电商诚信体系成为制约电商健康、稳健发展的一个瓶颈问题。

二、电商交易过程中存在的诚信缺失问题

电商交易的过程虽然也是以"一买一卖"的形式出现,但是区别于传统营销的特点是,购销双方都是依托于计算机互联网技术、利用即时通信软件交流、利用电子银行系统或者是第三方支付平台完成结算、利用物流渠道进行运输的一个过程。在此过程中,购销双方基本上是不曾谋面的,这其中就存在了许多诚信安全隐患。

1. 虚假网络商务信息

产品宣传信息与实际不符。例如,在网络宣传时,对产品的性能指标等描述模糊或夸大其词,致使消费者不能得到与预期一致的产品;消费者注册时提交不真实信息,给企业的业务处理带来难度。

2. 购买与交付不一致

这是指由于种种原因,卖方交付的产品与买方购买的产品不一致,使买方受到损失。

3. 拿货不付款、拿款不发货

某些B2C网站在收到消费者的货款后不发货,或不及时发货,使消费者的利益受到侵

害;某些消费者采用货到付款的支付方式,却在收到货物后拒绝付款,或不及时付款,以及消费者收到货物之后的无故退货,都增加了企业的营销成本。

4. 售后服务得不到保证

企业所承诺的售后服务在消费者购买商品后得不到保障,致使消费者享受不到应有的服务,影响产品的整体价值。

5. 信息安全得不到保障

由于种种原因,消费者的注册信息、购物记录等个人隐私信息被泄密;购物过程中,传输的信息被窃听或截获;支付时,安全性受到威胁。

6. 物流质量得不到保证

在物流过程中,货物不能及时送达,运输中货物受损、服务态度恶劣等,都会使物流质量受到影响。

三、构建电子商务诚信体系的具体措施

电子商务交易是组成社会主义市场经济的一个很重要的环节,促进电商有序、稳健、健康发展需要符合现有的群众需要和商业发展规律,这其中最关键的就是构建电子商务诚信体系。

(一)加强企业自律

1. 加强电商平台企业的自律

电商平台企业是为所有电商经营者提供平台服务的,必须遵从"打铁还需自身硬"的原则,加强企业自身队伍建设,加强对商户进行甄选的能力,制定电商纠纷处理预案、细化电商纠纷处理方案,通过加强自身软硬件措施,提升电商企业平台的行业形象。

2. 加强电商经营者的自律

电商经营者是完成整个电子商务交易中的关键性人物,其自身的业务素质和能力水平直接影响到电商交易能否顺利完成。为了树立良好的电商经营者形象,其自身必须加强对所售商品或者所提供服务的质量保障,在杜绝经营假冒伪劣产品的同时,也要加强对售后服务等环节的关注,进而让消费者清楚、明白、放心消费,同时,也为创立自身的品牌打下坚实的基础。对所有经营产品或服务项目,其都走可持续经营的路子,采取品牌化管理,在消费者中赢得良好的口碑,获得可持续的经济效益。

3. 加强物流企业的自律

物流行业带来的非经营性纠纷也让电商诚信体系受到了一定的影响,物流环节作为电商交易过程中唯一一个既接触电商经营者,又接触终端消费者的双向载体,其作用是不能小觑的。企业要加强从业人员的业务素质培训工作,避免暴力分拣、丢失货物等情况的出现。

(二)政府职能部门加强市场监督

电商行业既和传统营销行业有相似之处,又有许多不同点。这就需要政府职能部门加强对电商行业的市场监督,这其中既包含对电商经营平台的监督,又包含对电商经营者的监督。由于涉及的部门较多,所以希望由政府部门牵头,整合市场监督管理、税务、公安(网监)等部门的资源,形成一个有效的联动机制,对于出现的违法、违规行为呈高压态势,以净化电商交易环境,使电商经营逐步正规化、商业化、市场化。

（三）提高第三方支付平台的安全性

电商平台企业在电商交易环节为了保护经营者和消费者的利益，创造性地开辟了第三方交易平台，这个环节的确对构建电商诚信体系做出了积极的贡献。但是，由于对市场交易量的估计不足，曾经出现过由于交易信息量过大导致第三方支付平台瘫痪的情况，也曾经出现过不良电商经营者私自泄漏消费者个人信息的情况。这就需要电商平台企业加强对第三方支付平台安全性的提升，对存在的安全隐患及时加以整改，确保第三方支付平台起到应有的作用。

（四）对即时通信软件实行实名制

即时通信软件作为一种相互沟通的工具，大多都是任意注册的，但是在电商交易体系中，由于其承担的作用不仅仅是通信，而更多的是产品信息的交流和购销双方的互动，所以就要求无论是经营者还是消费者，必须实名制登记，这样才能有效地保护双方的合法权益，同时这既是对一些违规经营业主的一种约束，也是对一些存在恶意消费行为的消费者的一种警示。

实践任务

调查你周边的同学或者朋友，在网购时是否遇到过不诚信的情况，分析判断这些不诚信是属于哪种不诚信行为，并做好记录。

素质拓展

网购买到假货，电商平台担责吗？

接续本任务开始的案例。范先生在A网上商城购买了四款A网上商城自营的真力时手表，遇到欺诈的情形。A网上商城辩称自己与购表者范先生并不存在合同买卖关系，尽管该涉案产品属于A网上商城自营，但A网上商城只是提供网络交易的平台，未参与买卖行为，故不应承担法律责任。那么，A网上商城在此事件中，是否应当承担一部分法律责任呢？我们来分析一下。

事实上，A网上商城的行为涉嫌欺诈。在购物页面中，很多商品备注为A网上商城自营，从表面理解自营就是自己营业，最起码大多数消费者的理解是这样的。对此，A网上商城并未做出说明，比如在网页上备注A网上商城自营并非是自己营业，导致了误会的继续存在，不排除就是想利用这种模糊的方式去吸引或者误导消费者。事实也证明，很少有人去质疑自营的真实性。销售主体的模糊会侵害消费者的知情权，在目前的销售模式下，消费者只能通过申请开具发票才能得知自营商品销售者的真实情况，这一披露方式存在明显瑕疵，在发生纠纷时也容易导致起诉主体的错误，造成司法资源的浪费，并且增加了消费者后期的维权难度。

在这里，需要提醒的是，对于经常网购的人来说，由于网购主体的虚拟性，不少消费者权益受损因诉讼无门或维权成本过高导致放弃自身的权利，这是错误的。该案例中，因网购产生的纠纷，该纠纷当事人应为商品的买方和卖方，网络服务商不是纠纷的当事人。但如果网络服务商对卖方通过其提供的网络服务实施侵权行为知情且未采取制止措施的,则属共同侵权行为,须与其共同对消费者承担连带赔偿责任。而经营者明知商品或者服务存在缺陷,仍然向消费者提供,造成消费者或者其他受害人死亡或者健康严重损害的,受害人有权要求经营者赔偿损失,并有权要求所受损失两倍以下的惩罚性赔偿。

思政园地

电子商务诚信体系的建立需要每一个电子商务参与者的努力。试想每个电子商务企业都能做到诚实守信,每一位电子商务消费者都能做到诚实守信,那么电子商务环境中因诚信缺失导致的纠纷会降低到极致,电子商务将会秩序井然。

项目综述

本项目主要介绍了电子商务法律的内涵、立法现状、调整对象与法律特征,电子商务领域所涉及的法律问题,电子商务领域中的诚信缺失和信用体系构建的相关内容。

一、理解电子商务法律的调整对象、适用范围、法律性质和作用。

二、电子商务活动中涉及的主要法律问题包括:电子证据法律问题、电子合同订立中的法律问题、第三方支付法律问题、电子商务对知识产权保护的法律问题、电子商务与消费者权益保护的法律问题、网络不正当竞争的法律问题、电子商务安全的法律问题等。

三、感受电子商务信用体系建设:了解电子商务领域中的信用缺失现象,并能简要分析解决电子商务信用缺失的对策。

项目知识训练

一、单选题

1.下列对电子商务法的理解正确的是(   )。

A.电子商务法就是《电子签名法》

B.电子商务法是指《电子商务法》

C.电子商务法是指一套与电子商务相关的法律

2.手机短信能否作为书面证据?(   )

A.能　　　　　　　　B.不能　　　　　　　　C.不一定

3.平台商为卖家提供销售平台,买家如果买到了在该平台上卖家销售的假冒商品,则(   )。

A. 平台商无责 　　　　　　　　B. 平台商需承担连带责任
C. 卖家无责 　　　　　　　　　D. 卖家应承担连带责任

4. 狭义的电子商务法,是调整(　　)的商事关系的法律规范。

A. 网络环境下的人与人之间

B. 以数据电文为交易手段而形成的因交易形式所引起

C. 网络环境下的物与物之间

D. 以商品交易为手段而形成的贸易形式所引起

5. 你从专业的音乐网站上下载某歌手的MP3歌曲,你的行为是否侵权?(　　)

A. 侵权　　　　　B. 不侵权　　　　　C. 不一定

6. 商品销售类网站的页面中,广告上关于商品的材质描述信息与销售商品的实际不符,但在广告页面写明了以实物为准,是否违法?(　　)

A. 是　　　　　　B. 否　　　　　　　C. 无法判断

二、多选题

1. 电子商务法适用的范围包括(　　)。

A. 电子商务网站建设及其相关法律问题

B. 在线交易主体及市场准入问题

C. 数据电文引起的电子签名和电子认证法律问题

D. 电子商务中产品交付的特殊问题

E. 网络拍卖、网上证券、网上保险、网络广告等特殊形态的电子商务规范问题

2. 电子商务法的特征主要有(　　)。

A. 技术性　　　B. 安全性　　　C. 复合性　　　D. 程序性　　　E. 开放性

3. 下列关于电子证据的说法中正确的有(　　)。

A. 电子证据可以作为诉讼证据

B. 电子证据不同于传统的书证

C. 电子证据不宜归入视听材料的范畴

D. 电子证据的收集、审查与保全有其特殊性

E. 电子证据实际上就是将传统证据电子化、数据化

三、问答题

1. 简述电子证据保全的方法。

2. 简述电子合同有效的原则。

3. 简述电子商务模式下的知识"侵权"表现形式。

项目拓展训练

当你学完本项目后,一定对我国电子商务领域的立法现状及法律环境有了充分的了解了。请课下收集2个以上电子商务纠纷案例,并进行简要分析,形成报告。

项目九

关注电子商务的热点应用

项目描述

网络购物、在线旅游、本地生活服务等应用成为推动电子商务市场发展的重要力量。随着互联网的普及,目前电子商务的各类应用是互联网用户的常见行为,电子商务的各项应用得到了广大网民的充分认可,并得以广泛应用。我们学习电子商务,首先就是要应用电子商务,要充分利用电子商务的新应用、新技术来满足我们日常生活与学习的各项需求。目前较为热门的、典型的电子商务应用主要包括旅游业电子商务、新零售与电子商务、跨境电子商务、服务业电子商务、社区型电子商务和物联网与未来商务等。

项目目标

本项目介绍各项热门和典型的电子商务应用,配以相应的实践任务,使学生能够作为普通消费者,掌握各项电子商务典型应用的操作流程,同时使学生站在企业或商家的角度,了解各项电子商务典型应用的运营过程与运作技巧,为后续电子商务相关课程内容的学习奠定基础。

具有遵规守纪的意识,能够遵守信息和电子商务方面的法律法规,遵守道德规范,懂得合法使用信息资源和开展商务活动。深入社会实践、关注现实问题,具备经世济民、诚信服务、德法兼修的职业素养。

任务一　旅游业电子商务的应用

学习目标

【知识目标】了解旅游电子商务发展的现状，熟悉旅游电子商务的交易模式。

【技能目标】能够利用 PC 端和移动端等多种形式，完成查询旅游线路和景点，在线预订火车票、机票、景点门票等旅游电子商务各项功能的操作。

【思政目标】自觉抵制不良信息，注意保护自己、他人的信息隐私。

情景导入

佳佳是北京市的一名学生，计划利用 5 天时间和家人一同到黑龙江省哈尔滨市游玩，领略冰城哈尔滨的冰雪项目。为了玩得开心和尽兴，一家人决定选择自助旅游，于是预订交通工具、酒店，确定旅游景点及购买景点门票等重任就交给了佳佳来完成。佳佳决定先选择一个功能强大、信誉优良的第三方旅游电子商务平台来帮她完成相应旅游服务的预订与购买等功能。

知识平台

一、旅游电子商务的定义

旅游电子商务是以网络为平台运作旅游业的商务体系，即利用先进的计算机网络及通信技术和电子商务的基础环境，整合旅游企业内部和外部的资源，扩大旅游信息的传播和推广，实现旅游产品在线发布和销售，为游客与旅游企业之间提供信息共享、增进交流与交互的网络化运营模式。

目前提到旅游电子商务主要是指"在线旅游"，主要是通过互联网、移动互联网的方式为消费者提供旅游相关信息、产品和服务，包括在线机票预订、在线酒店预订、在线度假预订和其他旅游产品和服务。

二、旅游电子商务的特点

1. 整合性

旅游电子商务把旅游环节中各级别的旅行社、景点、交通运输企业、饭店、保险公司以及与旅游相关的众多行业整合在一起，在线吸引顾客。旅游市场的规模将会因电子商务的推动得到进一步发展。

2. 交互性

随着信息技术的发展，网络多媒体给旅游产品提供了视觉、听觉甚至 3D 效果的全新体验,同时各类点评、论坛、分享等使用户在开始旅游前已经通过网络对目的地有了一定的了解,因此,旅游电子商务的展现与交互功能使旅游产品变得更加可视化。

3. 快捷性

旅游业属于服务性行业,在线旅游企业正是依托自身的技术优势,实现了传统旅游企业无法完成的 24 小时服务。旅游企业利用网络进行推广、电子媒介传递信息、实时订单确认与支付等,快捷便利。

三、旅游电子商务的类型

(一)按交易主体划分

1. B2B 交易模式

在旅游电子商务中,B2B 交易模式主要包括以下几种情况:

(1)旅游企业之间的产品代理,如旅行社代订机票与酒店客房,旅游代理商代售旅游批发商组织的旅游线路产品。

(2)组团社之间相互拼团,也就是当两家或多家组团旅行社经营同一条旅游线路时,旅行社在征得游客同意后将客源合并,交给其中一家旅行社操作,以实现规模运作的成本降低。

(3)客源地组团社与目的地地接社之间的委托、支付关系等。

旅游业是一个由众多子行业构成的需要各子行业协调配合的综合性产业,食、宿、行、游、购、娱各类旅游企业之间存在复杂的代理、交易、合作关系,旅游 B2B 电子商务有很大的发展空间。

2. B2C 交易模式

B2C 旅游电子商务交易模式,也就是在线旅游零售。旅游散客通过网络自主预订酒店客房以及车、船、机票等,或报名参加旅行团。对旅游业这样一个旅客高度地域分散的行业来说,旅游 B2C 电子商务方便旅游者远程搜寻、预订旅游产品,解决了距离带来的信息不对称等问题。目前通过旅游电子商务网站订房、订票,已成为当今世界较为广泛的电子商务应用形式之一。

3. C2B 交易模式

C2B 旅游电子商务交易模式是由旅游者通过网络提出旅游需求,然后由企业通过竞争满足旅游者的需求,或者是由旅游者通过网络与旅游企业讨价还价。旅游 C2B 电子商务主要通过专业旅游网站、门户网站旅游频道等电子中间商进行。

(二)按运作与营利模式划分

1. 传统旅游企业自建的网站

这类网站主要指由实力比较强大的传统旅游服务企业,如旅行社、酒店、景区以及交通服务公司等自主建设的在线旅游服务网站,如七天连锁酒店、南方航空公司等所建的网站就属于此类。这些企业绕过了旅游中间商,减少了交易中间环节,从而在向客户传递价值的同时使销售额和利润最大化。

2. 平台型旅游电子商务网站

平台型旅游电子商务即平台预订模式,是指通过为顾客和旅游产品供应商提供网络预订交易平台,然后从中收取一定费用的商业模式。平台型旅游电子商务网站由旅游中介服务提供商建设,此类平台的产生,可以使企业不必自行建设网站,而通过成为电子商务平台的会员就能开展电子商务,与上下游企业进行合作,为游客提供服务等。代表网站有去哪儿网、携程旅行网等。

3. 地方性的网站

这类网站主要为地方旅游服务,是地方政府参与的侧重电子政务的网站,并非营利性网站,其运营模式与旅游中介服务提供商相似,但以本地风光或本地旅游商务为主要内容。代表网站有运城旅游网、重庆市旅游政务网等。

(三)按服务功能划分

旅游网站的服务功能可以概括为以下两类:

1. 旅游信息的汇集、传播、检索和导航

这些信息内容一般都涉及景点、饭店、交通旅游线路等。此外,还有旅游常识、旅游注意事项、旅游新闻、货币兑换,旅游目的地天气、环境、人文等信息以及旅游观后感等。

2. 旅游产品(服务)的在线销售

网站提供旅游及其相关产品(服务)的各种优惠、折扣、航班、饭店、游船、汽车租赁服务的检索和预订等。

四、旅游电子商务的主要功能

在现实生活中,旅游电子商务已经运用在很多方面,以携程旅行网"全旅游业"生态圈业务板块为例,旅游电子商务的功能一般包括以下几个方面:

(1)住宿酒店,包括国内酒店、海外酒店、海外民宿＋短租、途家公寓、客栈民宿等。

(2)票务,包括国内外机票、特价机票、汽车票、火车票、国内外门票、船票等。

(3)用车,包括国际租车、国内租车、日租包车、接送机等。

(4)购物,包括团购(酒店门票、旅游、美食)、全球购(名店购、退税、银联特惠、外币兑换)等。

(5)旅游,包括周末游、跟团游、自由行、当地玩乐、主题游、定制旅行、游学、签证等。

(6)商旅管理,包括企业差旅、会议旅游等。

(7)旅游资讯。

五、旅游电子商务的典型应用——携程旅行网

携程旅行网创立于1999年,总部设在中国上海,员工30 000余人,目前公司已在北京、广州、深圳、成都、杭州、南京、厦门、重庆、青岛、沈阳、武汉、三亚、丽江、南通等多个城市设立分支机构。2019年12月,携程旅行网入选2019年中国品牌强国盛典榜样100品牌。2019年12月18日,《人民日报》公布了"中国品牌(企业)发展指数100榜单",携程旅行网排名第89位。2020年2月19日,携程旅行网宣布发起"景区云旅游"活动,联合8家供应商,免费开放超过3 000家景区的近7 000条语音导览产品。携程旅行网首页如图9-1所示。

作为中国领先的综合性旅行服务公司,携程旅行网成功整合了互联网与传统旅行业,向超过2.5亿会员提供集无线应用、酒店预订、机票预订、旅游度假、商旅管理及旅游资讯在内

项目九 关注电子商务的热点应用

图9-1 携程旅行网首页

的全方位旅行服务,被誉为线上线下无缝结合的典范。

实践任务

假如你想利用5 000元旅游中国的一座城市,请选择一个地点,通过互联网详细设计此次出行的路线及费用。

素质拓展

在线定制旅游

一、定制旅游与在线定制旅游的定义

1. 定制旅游

广义的定制旅游是指市场中所有非标准的旅游产品,即需求导向型产品。用户先提出需求,服务商根据用户需求购买资源形成产品。狭义的定制旅游是指定制旅游企业或私人旅游顾问针对消费者的个性化需求和体验感受制订旅游方案并提供相关服务的一种旅游形式。

2. 在线定制旅游

在线定制旅游是指通过互联网或移动互联网提供定制服务,即在沟通策划环节以及费用支付环节采用互联网或移动互联网。在线定制旅游包括与旅游消费者的在线沟通和旅游方案确定、相关费用的支付以及行程中的在线服务等环节。

二、在线定制旅游的动态

目前整个定制旅游行业的主流模式为B2C的自营模式,绝大部分定制旅游平台采用该模式,即上接资源供应商,下接旅游消费者,产品端是由平台自有的定制规划师或行程规划系统给出定制路线并完成相关服务的提供,用户端是由百度竞价排名或其他方式来获取客户及订单。多数创业型定制旅游企业选择该模式,也是为了更好地进入定制旅游市场,完成前期的概念和商业模式的定型,而且在产品和服务质量上也可以尽可能地进行把控。这种模式目前存在的问题是,在OTA(在线旅行社)巨头占据大多客源的现实情况下,创业公司很难实现获客成本和运营成本的降低;初期没有足够资金用于完善营销方式,品牌知名度难以扩大,客户吸引力不够,从而无法迅速成长。

在C2C模式部分,市场主要是以指南猫、脆饼旅行和最会游为首,主打达人定制,实现自由定制师与客户通过平台相互沟通的形式,旅游达人运用自己的经验为需求者服务,需求者需要为该服务付出一定的费用。例如,指南猫以按比例抽取定制费为营利模式,而不干涉定制的过程。

(资料来源:艾瑞咨询)

任务二　理解新零售与电子商务

学习目标

【知识目标】了解新零售的概念、意义、发展历程与趋势;掌握新零售的主要运营模式。

【技能目标】能够灵活应用"线上+线下"多种方式解决日常生活中个人的各项需求;能够分析各项新零售模式的发展前景,思考未来在新零售方面创业与就业的领域与机会。

【思政目标】了解电子商务行业领域的国家战略、法律法规和相关政策。

情景导入

2020年的"双十一",苏宁易购依旧是全场景的狂欢。在线上,直播电商总金额达1.6亿元。苏宁易购在多端搭建用户流量入口,开展主题直播、店播、村播、厂播、品牌播等,带来订单总量增长7倍。在线下,苏宁易购展开百亿补贴,达成社区、县镇、商圈等场景的全面覆盖。其中,苏宁家乐福到家服务订单量同比增长420%,一小时达的及时履约率为99%,最快配送时间仅为9分钟;下沉市场中,7 000家苏宁的县镇店"双十一"当天销售额增长150%;"双十一"当天,在各大城市商圈,苏宁广场、苏宁易购广场客流量突破1 150万人。线下消费在这个"双十一"迎来了全面复苏。苏宁易购通过线上线下的同步发力,给消费者带来"升级的购物体验"。苏宁易购的成功,使得我们更加关注新零售。

知识平台

一、新零售的概念和意义

(一)新零售的概念

2016年10月的阿里云栖大会上,第一次提出了"新零售",即"未来的十年、二十年,没有电子商务这一说,只有新零售"。2016年11月11日,国务院办公厅印发《关于推动实体零售创新转型的意见》(国办发〔2016〕78号),明确了推动我国实体零售创新转型的指导思想和基本原则,同时,在调整商业结构、创新发展方式、促进跨界融合、优化发展环境、强化政策支持等方面做出具体部署,从而使新零售有了强有力的政策支持。

新零售,即企业以互联网为依托,通过运用大数据、人工智能等先进技术手段,对商品的生产、流通与销售过程进行升级改造,进而重塑业态结构与生态圈,并对线上服务、线下体验以及现代物流进行深度融合的零售新模式,如图9-2所示。

图9-2 中文互联网数据资讯中心图解新零售

(二)新零售的意义

新零售的核心意义在于推动线上与线下的一体化进程,其关键在于使线上的互联网力量和线下的实体店终端形成合力,从而完成电商平台和实体零售店面在商业模式上的优化升级。新零售可总结为"线上+线下+物流",其核心是以消费者为中心的会员、支付、库存、服务等方面数据的全面打通"。

电商渠道和实体零售渠道各有自己的优、劣势,如电商在价格优惠、比价、不限时间和空间等方面具有优势,但线上无法提供满意的用户体验,快递时间相对较长;实体零售业则具有商品体验、品牌服务、及时取货、立即消费等优势,但线下受销售时间和空间的限制,存在商品展示不全、经营成本高等问题。新零售则正是将二者融合发展、取长补短,使线上线下无缝结合。例如,线上订单自动分配就近门店发货,可以降低快递成本、极速到达,大大提升消费者体验,是消费者需求日益多样化、个性化背景下的必然选择。

二、新零售的模式

线下零售企业为了摆脱困境、转型升级尝试线上发展,而电子商务公司则在努力寻求线下发展策略,电商渠道与实体零售渠道加强了融合,模式多种多样。目前新零售的主流模式包括:

（一）以电商为主导的线上线下融合

这是电商企业结合自身实力，与线下零售企业融合发展的模式，主要有三种：

1. "平台电商＋实体零售"模式

"平台电商＋实体零售"模式主要适用于实力雄厚的电商企业和资源丰富的实体店的强强联合，线上线下实现互相关联、互相促进。这种模式以阿里巴巴与银泰的"平台电商＋百货店"和阿里巴巴与三江购物的"平台电商＋超市"为代表。

2. "自营电商＋平台＋物流"模式

这种模式以京东与快客等的"网上商城＋便利店"和京东与沃尔玛的"网上商城＋超市"为代表。这种模式中的商家主要是做同城或区域电商的，每家合作门店都相对独立或者门店经营多品类的商品，根据用户所在的位置，按距离向用户展示最近的门店。

3. "自营＋线下体验店"模式

这种模式以聚美优品和当当网的"网上商城＋平台＋线下体验店"为代表。聚美优品原本是一家垂直行业的B2C网站，为了提升用户体验，增强线上美妆网购的信任度及提升线上人气，在北京前门开设了首家体验店。从长远来看，这有助于品牌厂商借助大数据分析、流量、移动支付等优势。当当网与步步高合作开设线下体验式书店，实现双方商流、客流等资源的共享。

（二）以实体零售为主导的线上线下融合

实体零售企业因消费市场低迷、电子商务冲击、市场竞争激烈，经营成本持续增长，利润持续下滑，于是实体零售企业开始担心市场被电商加快占有，纷纷尝试网上经营，转型升级。

1. "百货店＋线上"模式

"百货店＋线上"模式具体包括百货店自建网上商城、推出APP、与电商联手、与社交网络联手打造微店和开发应用平台等，如百盛、山东银座等。但是由于网上商城和APP的可操作性和实用性有待加强，加上百货商场的宣传力度不够，导致其功能虽强大，但使用率却不高。

2. "超市＋线上"模式

"超市＋线上"模式具体包括自建网上商城、与电商合作等。例如，步步高超市打造"网上下单＋仓库发货＋超市自提点提货""网上下单＋实体店打包＋实体店送货""实体店购物＋手机支付"等线上线下模式。该模式的同类项目还有千惠超市、芙蓉兴盛等便利超市。

这种模式的商家主要是拥有多家合作加盟店的连锁超市，可以根据用户的位置将用户匹配到最合适的门店，由该门店为用户提供相应的服务。

3. "购物中心＋线上"模式

"购物中心＋线上"模式具体包括开通APP，与电商、社交平台合作等。如天津大悦城启用APP营销，发放20万元现金红包，当天APP下载量超过10 000次，注册会员量突破5 000人，全馆销售同比增长200%。

4. "专业店＋线上"模式

"专业店＋线上"模式具体包括专业店自建网上商城、与电商战略合作、在电商平台开旗舰店、与腾讯微信合作等。如苏宁为了争夺线上市场，推出了"一体、两翼、三云、四端"的O2O模式：一体即商品经营顾客服务，两翼即场景O2O运营和线上开放运营，三云即物流云、数据云、金融云，四端即POS端、PC端、移动端、电视端。

5. 连锁直营店模式

连锁直营店模式主要是指由品牌直营的企业，其自身的电商平台是一个相对中心化的流量入口，商家总部和平台都有发货能力，线上作为一个引流入口，由平台将流量分发到各个门店中。

三、新零售的典型应用

（一）盒马鲜生

自新零售的概念被提出之后，阿里巴巴集团首先尝试，盒马鲜生就是一个很好的诠释。盒马鲜生是阿里巴巴对线下超市完全重构的"新零售业态"。盒马鲜生既是超市，又是餐饮店，也是菜市场，消费者可到店购买，也可以在盒马鲜生 APP 下单。盒马鲜生最大的特点之一就是快速配送：门店附近 3 公里范围内，30 分钟送货上门。盒马鲜生 APP 首页和分类页如图 9-3 和图 9-4 所示。

图 9-3　盒马鲜生 APP 首页　　　　图 9-4　盒马鲜生 APP 分类页

盒马鲜生多开在居民聚集区，下单购物需要下载盒马鲜生 APP。阿里巴巴为盒马鲜生的消费者提供会员服务，用户可以使用淘宝或支付宝账户注册，以便消费者从最近的商店查看和购买商品。盒马鲜生未来可以跟踪消费者购买行为，借助大数据做出个性化的建议。

（二）京东到家

京东到家是京东集团基于传统 B2C 业务模式向更高频次商品服务领域延伸发展出的全新商业模式，是京东重点打造的 O2O 生活服务平台，是基于传统 B2C 模式向高频领域的重要提升。京东到家 APP 首页和会员账户页面如图 9-5 和图 9-6 所示。

京东到家基于京东物流体系和物流管理优势，同时在共享经济风行的推动下依托"互联网＋"技术大力发展众包物流，整合各类 O2O 生活类目，向消费者提供生鲜及超市产品的配送，并基于 LBS 定位实现 2 小时内快速送达，打造生活服务一体化应用平台。京东到家提供几类到家服务，分别是超市到家、外卖到家、品质生活、上门服务和健康到家等，已覆盖包括北京、上海、广州、深圳、南京、天津、武汉、宁波、成都、西安、重庆等一、二线城市。

图 9-5　京东到家 APP 首页　　　　　图 9-6　京东到家 APP 会员账户页面

实践任务

"双十一""双十二"等电商购物节时,请关注各大电商平台与各大品牌是如何利用"线上＋线下"实施自身的新零售战略的,并寻找自己喜欢的商品,以最优惠的价格进行购买。

素质拓展

生鲜新零售

生鲜电商在 2018 年市场规模已经增至 2 000 亿元,而线上服务、线下体验以及现代物流深度融合的生鲜新零售市场规模则被称为"万亿市场"。在这样的发展速度下,生鲜新零售早已经成为新零售中当之无愧的潜力股,也因此,生鲜新零售成了各大巨头的"必争之地"。

目前生鲜新零售的企业形态多样,主要包括:

一、O2O＋生鲜超市模式

以门店运营为主,提供三公里配送。

优点:客单价较高,购物体验好。

劣势:开店不灵活,无法满足社区需求。

代表企业:盒马鲜生、超级物种、7fresh、苏鲜生等。

这种模式打破了传统零售渠道模式,成为物流、数据、生鲜和流量的线下综合体。

二、社区团购模式

以社区为入口,服务家庭日常消费,提供果蔬生鲜团购。

优点：省去租金成本，获客成本低。
劣势：依赖团长引流，组织结构松散，团长掌握终端用户，稳定性较差。
代表企业：十荟团、食享会、你我您、邻邻壹等。
社区团购模式本质上是让社区达人承担了服务成本，而仓储方面则利用了小区物业的空间。

三、前置仓+到家模式
通过小型仓储靠近消费者，覆盖最后一公里。
优点：配送时间短。
劣势：订单增长较难，客单价较低。
代表企业：每日优鲜、叮咚买菜、朴朴超市等。
越来越极致的便利需求，让生鲜到家成为比拼速度、品质、成本效率的竞赛。一线城市，随着美团买菜、叮咚买菜布局的揭晓，前置仓这一并不新鲜的模式再次引起关注。而二、三线城市，买菜开始成为一件趣事。万亿生鲜市场的最终竞争格局，将会是多种不同模式平台共存、区域性平台和全国性平台共存。

任务三　熟悉跨境电子商务及其运作

学习目标

【知识目标】理解跨境电子商务的概念，掌握跨境电子商务的分类与模式。
【技能目标】能够对比不同跨境电商平台运营模式的异同，利用跨境进口电子商务平台购买自己所需的商品。
【思政目标】了解党和国家发展"一带一路"的战略思想，增强对中国特色社会主义的信心。关注新型经济体的成长和世界经济形势的变化，用发展的视角深入社会实践、关注现实问题。

情景导入

作为一名"网购达人"，足不出户，轻点鼠标，就能买到来自世界各地的商品，从包到化妆品，乃至异国他乡的各种美食，应该是件非常惬意的事；而作为一名商家，通过网络，可以把自己的"宝贝"、中国特色产品、各地特产等，卖到世界各地，在收获利润之余，应该也是件令人欣慰的事。互联网时代的跨境电商，让我们真正感受到世界的"无界化"。我们无论作为买方还是卖方，都要更好地去了解和应用跨境电商，让我们的生活变得更加多姿多彩。

知识平台

一、跨境电子商务概述

跨境电子商务是指分属不同关境的交易主体,通过电子商务平台达成交易、进行支付结算,并通过跨境物流送达商品、完成交易的一种国际商业活动。

为做好跨境电子商务零售进出口商品监管工作,促进跨境电子商务健康有序发展,海关总署于2018年12月发布了《关于跨境电子商务零售进出口商品有关监管事宜的公告》(2018年第194号),分别从适用范围、企业管理、通关管理、税收征管、场所管理、检疫、查检和物流管理、退货管理、其他事项等方面对跨境电子商务的零售进出口商品业务进行了规范。现对海关监管事宜部分说明如下:

(一)企业管理

(1)跨境电子商务平台企业、物流企业、支付企业等参与跨境电子商务零售进口业务的企业,应当依据海关报关单位注册登记管理相关规定,向所在地海关办理注册登记;境外跨境电子商务企业应委托境内代理人(以下称跨境电子商务企业境内代理人)向该代理人所在地海关办理注册登记。

(2)跨境电子商务企业、物流企业等参与跨境电子商务零售出口业务的企业,应当向所在地海关办理信息登记;如需办理报关业务,向所在地海关办理注册登记。

(3)物流企业应获得国家邮政管理部门颁发的《快递业务经营许可证》。直购进口模式下,物流企业应为邮政企业或者已向海关办理代理报关登记手续的进出境快件运营人。

(4)支付企业为银行机构的,应具备银保监会或者原银监会颁发的《金融许可证》;支付企业为非银行支付机构的,应具备中国人民银行颁发的《支付业务许可证》,支付业务范围应当包括"互联网支付"。

(二)通关管理

(1)对跨境电子商务直购进口商品及适用"网购保税进口"(监管方式代码1210)进口政策的商品,按照个人自用进境物品监管,不执行有关商品首次进口许可批件、注册或备案要求。但对相关部门明令暂停进口的疫区商品和对出现重大质量安全风险的商品启动风险应急处置时除外。

(2)跨境电子商务零售进口商品申报前,跨境电子商务平台企业或跨境电子商务企业境内代理人、支付企业、物流企业应当分别通过国际贸易"单一窗口"或跨境电子商务通关服务平台向海关传输交易、支付、物流等电子信息,并对数据真实性承担相应责任。

直购进口模式下,邮政企业、进出境快件运营人可以接受跨境电子商务平台企业或跨境电子商务企业境内代理人、支付企业的委托,在承诺承担相应法律责任的前提下,向海关传输交易、支付等电子信息。

(三)税收征管

(1)跨境电子商务零售进口商品,海关按照国家关于跨境电子商务零售进口税收政策征收关税和进口环节增值税、消费税,完税价格为实际交易价格,包括商品零售价格、运费和保险费。

(2)跨境电子商务零售进口商品消费者(订购人)为纳税义务人。在海关注册登记的跨境电子商务平台企业、物流企业或申报企业作为税款的代收代缴义务人,代为履行纳税义务,并承担相应的补税义务及相关法律责任。

(3)代收代缴义务人应当如实、准确向海关申报跨境电子商务零售进口商品的商品名称、规格型号、税则号列、实际交易价格及相关费用等税收征管要素。跨境电子商务零售进口商品的申报币制为人民币。

二、跨境电子商务的分类

跨境电子商务根据进出口方向可分为出口跨境电子商务和进口跨境电子商务。

(一)出口跨境电子商务

出口跨境电子商务按运营方式可分为平台模式与新型自营模式。

跨境电子商务出口交易平台(外贸小额批发、零售平台),主要以购物网站的形式为交易双方提供一个第三方的交易场所,这类平台通常会整合物流、支付服务商,平台本身不参与物流、支付等交易环节,营利模式是在成交金额外提取一定比例的佣金作为收益。

跨境电子商务自建出口交易平台(也称外贸B2B2C),即新型自营模式,主要是企业将国内生产企业的优质产品纳入自己的供应链体系,通过买断货源或代销的方式把产品直接销售给境外消费者。

出口跨境电子商务按交易主体可分为B2B和B2C两种类型。出口跨境电子商务B2B是指出口企业与进口企业之间,通过第三方进行信息发布或信息搜索完成交易的服务。主要代表企业有阿里巴巴、网盛生意宝等。企业运用电子商务主要以广告和信息发布为主,成交和通关流程基本在线下完成,本质上仍属传统贸易,已纳入海关一般贸易统计。出口跨境电子商务B2C是指出口企业与海外最终消费者之间,通过第三方进行信息发布或信息搜索完成交易的服务。就平台模式而言,其主要代表企业包括eBay、亚马逊、速卖通、Wish等。

中国出口跨境电商行业主要模式见表9-1。

表9-1 中国出口跨境电商行业主要模式

商业模式	平台分类	模式关键词	典型企业
B2B模式	信息服务平台	交易撮合服务、会员服务、增值服务、竞价排名、点击付费、展位推广	阿里巴巴、网盛生意宝、中国制造网、环球资源
	交易服务平台	佣金制、展示费用、按效果付费、交易数据、线上支付、佣金比例	大龙网、易唐网、敦煌网
B2C模式	开放平台	生态系统、数据共享、平台对接、仓储物流、营销推广	eBay、亚马逊、阿里巴巴、Wish
	自营平台	统一采购、在线交易、品牌化、物流配送、全流程、售后保障	兰亭集势、环球易购、米兰网

(二)进口跨境电子商务

进口跨境电子商务是指分属不同关境的交易主体,通过电子商务的手段对商品进行陈列、沟通洽谈及交易环节网络化,并最终经过跨境物流方式递送商品、完成交易。它包括商品电子贸易、线上数据传递、跨境电子资金支付及电子货运单证和跨境物流等内容。按交易模式划分,进口跨境电子商务可分为:跨境进口零售电商、海淘、代购。

(1)跨境进口零售电商:国内电子商务企业通过电子商务平台将国外商品销售给国内个人消费者,即通过电子商务平台达成交易、支付结算,并通过跨境物流送达商品,完成交易的一种商业活动。

此类平台根据运作模式不同,又可分为独立型跨境电商平台和综合型跨境电商平台,其中,独立型跨境电商平台就是自建平台,专做跨境电商的平台,如洋码头、小红书、蜜芽等;综合型跨境电商平台是指开设跨境电商业务的综合型电商平台,如考拉海购、天猫国际、京东全球购等。

此类平台根据发货模式不同,主要分为三类:直运型(天猫国际、京东全球购、洋码头、亚马逊海外购);自营保税仓型(考拉海购、丰趣海淘、聚美优品、唯品国际);导购返利型(返利网、55海淘)。

(2)海淘:买家通过互联网检索国外商品信息,并通过电子订单发出购物请求,由国外购物网站通过国际快递发货,或是由转运公司代收货物再转寄回国。

(3)代购:找人帮忙在国外购买所需的商品,然后通过快递、邮政等递送回国,或者直接携带回来。代购中,在国内电商网站上完成的交易属于跨境进口零售电商,其他在微信等非电商平台上交易的不属于跨境进口零售电商。

三、跨境电子商务的应用

目前,电商平台国际布局逐步升级。2019年,中国主要跨境电商平台加速国际化步伐,实施升级战略,吸引海外卖家入驻。阿里巴巴实施"本土到全球"战略,速卖通已向欧洲多国的中小企业开放平台注册。京东国际2019年依托跨境物流优势打通1 000条以上国际运输线路,新引入进口品牌超过3 000个,其全球供应链体系已经成为海外品牌和优质商品进入中国市场的"快车道"。面向欧洲、中东、南亚等地区的跨境电子商务平台,推出多语种平台服务,将发展当地卖家作为业务重点。一些跨境电子商务物流企业向供应链服务转型,支付类企业向跨境金融整合服务商转变。跨境电子商务海外仓快速发展,综试区企业已建设运营海外仓超过1 200个,包括公共仓、专用仓、自建仓三种类型海外仓,服务范围覆盖全球。

这里以考拉海购为例进行介绍。

(一)考拉海购简介

考拉海购是以跨境业务为主的会员电商平台,2019年9月6日,阿里巴巴集团宣布以20亿美元全资收购考拉海购。平台销售品类涵盖美容彩妆、母婴儿童、家居生活、环球美食、服饰鞋靴、数码家电等,其首页如图9-7所示。考拉海购以100%正品,天天低价,7天无忧退货,快捷配送服务,提供消费者海量海外商品购买渠道,希望帮助用户"用更少的钱过更好的生活",助推消费和生活的双重升级。

考拉海购主打自营直采的理念,在美国、德国、意大利、日本、韩国、澳大利亚等设有分公司或办事处,深入产品原产地直采高品质、适合中国市场的商品,从源头杜绝假货,保障商品品质的同时省去诸多中间环节,直接从原产地运抵国内,在海关等的监控下,储存在保税区仓库。除此之外,考拉海购还与海关联合开发二维码溯源系统,严格把控产品质量。

图 9-7 考拉海购首页

(二)考拉海购的经营策略

1. 自营模式

考拉海购主打自营直采,成立专业采购团队深入产品原产地,对所有供应商的资质进行严格审核,并设置了严密的复核机制,从源头上杜绝假货,进一步保证了商品的安全性。

2. 定价优势

考拉海购主打的自营模式拥有自主定价权,可以通过整体协调供应链及仓储、物流、运营等各个环节,根据市场环境和竞争节点调整定价策略。

3. 全球布点

考拉海购坚持自营直采和精品化运作的理念,在旧金山、东京、首尔、悉尼等成立了分公司和办事处,直接对接品牌商和工厂,省去中间环节及费用,实现更低的进价,甚至做到"海外批发价"。

4. 仓储优势

考拉海购在杭州、郑州、宁波、重庆四个保税区拥有超过 15 万平方米的保税仓储面积。考拉海购将开通韩国、日本、澳大利亚、欧洲等国家和地区的国际物流仓储中心。

5. 海外物流优势

考拉海购没有自建物流,而是把物流配送交给了中外运、顺丰等合作伙伴,采用了更好的定制包装箱,让用户享受"相对"标准化的物流服务。考拉海购已建立一套完善的标准,通过与中外运合作整合海外货源、国际运输、海关国检、保税园区、国内派送等多个环节,打通整条产业链。

6. 充沛现金

考拉海购借助阿里巴巴集团雄厚的资本,在供应链、物流链等基础条件上投入建设,同时也能持续采用低价策略。

7. 完整服务

对于海外厂商,考拉海购能够提供跨国物流仓储、跨境支付、供应链金融、线上运营、品牌推广等一整套完整的服务,扫除海外商家进入中国的障碍,省去了它们独自开拓中国市场面临的语言、文化差异、运输等问题。考拉海购的目标就是让海外商家节约成本,让中国消费者享受低价。

实践任务

请根据自身喜好,在国内跨境电商平台和国外电商平台上选购自己心仪的商品,体验跨境电子商务购物的交易流程,重点关注与在国内电商平台购物不同的报关手续等方面的流程。

素质拓展

小红书的营销模式

一、小红书简介

小红书是领先的生活方式分享平台,创立于2013年,其首页如图9-8所示。它通过跨境电子商务B2C模式让海外的优质商品直达用户手中,完成信息和商品的流通闭环。小红书是一个网络社区,也是一个跨境电商平台,还是一个共享平台,更是一个口碑库。小红书的用户既是消费者,又是分享者,更是同行的好伙伴。打开小红书,没有商家的宣传和推销,只有依托用户口碑写成的"消费笔记",不仅将产品介绍得更加真实可信,而且传递了美好的生活方式。截至2019年10月,小红书月活跃用户数已经过亿,其中70%的用户是"90后",并持续快速增长,成长为全球最大的社区电商平台之一。

图9-8 小红书首页

二、小红书的经营策略

和其他电商平台不同,小红书是从社区起家。一开始,用户注重在社区里分享海外购物经验,到后来,这种分享的边界被不断拓展,触及了消费经验和生活方式的方方面面。如今,社区已经成为小红书的壁垒,也是其他平台无法复制的地方。

第一,口碑营销。没有任何方法比真实用户口碑更能提高转化率,就如用户在淘宝上买东西前几乎都会去看用户评论。小红书有一个真实用户口碑分享的社区,整个社区就是一个巨大的用户口碑库。

第二,结构化数据下的选品。小红书的社区中积累了大量的消费类口碑,就好像亿级用户在这个平台上发现、分享全世界的好东西。此外,用户的浏览、点赞和收藏等行为,会产生大量底层数据。通过这些数据,小红书可以精准地分析出用户的需求,保证采购的商品是深受用户推崇的。

第三,个性化推荐。从2016年初开始,小红书将人工运营内容改成了机器分发的形式。基于机器学习的方式,社区中的内容会匹配给对它感兴趣的用户,实现了数据的高效分发,也使小红书变得越来越"好逛"。

任务四 理解服务业电子商务

学习目标

【知识目标】 了解服务业的概念,熟悉服务业电子商务的主要领域,理解服务业的O2O模式。

【技能目标】 能够应用服务业电子商务的各项功能满足生活中的各项需求,能够分析不同行业的服务业电子商务运作模式的异同。

【思政目标】 合法使用信息资源和开展商务活动。

情景导入

随着"互联网+"行动计划的深入实施,互联网对各行各业特别是服务业的全面渗透开始加速,并逐渐成为服务业发展的新引擎。"互联网+传统服务业"不仅改变着人们的生活,也改变着传统服务业,促进了经济转型升级。目前我国正在从"制造大国"走向"服务大国",大力发展服务业电子商务,让服务业线上与线下相融合,可以使我们的生活品质得到全面提升。从发展前景看,"互联网+服务业"未来发展潜力和空间巨大,我们应更好地利用服务业电子商务为消费者"服务"。

知识平台

一、服务业电子商务概述

（一）现代服务业简介

1. 现代服务业的概念

根据2012年2月22日国家科学技术部发布的第70号文件，现代服务业是指以现代科学技术特别是信息网络技术为主要支撑，建立在新的商业模式、服务方式和管理方法基础上的服务产业。它既包括随着技术发展而产生的新兴服务业态，又包括运用现代技术对传统服务业的改造和提升。

2. 现代服务业的分类

现代服务业是相对于传统服务业而言的，适应现代人和现代城市发展的需求而产生和发展起来的具有高技术含量和高文化含量的服务业。它主要包括以下四大类：

（1）基础服务（包括通信服务和信息服务）。

（2）生产和市场服务（包括金融、物流、批发、电子商务、农业支撑服务以及中介和咨询等专业服务）。

（3）个人消费服务（包括教育、住宿、餐饮、文化娱乐、旅游、房地产、商品零售等）。

（4）公共服务（包括政府的公共管理服务、基础教育、公共卫生、医疗以及公益性信息服务等）。

（二）服务业电子商务

1. 服务业电子商务的内涵

服务业电子商务是服务业"互联网＋"模式发展的一种体现，其本质是互联网对传统服务业的重塑。服务业电子商务，从字面上可以理解为服务业开展电子商务，也可以理解为"互联网＋服务业"。

2. 服务业电子商务的发展状况与意义

随着人们生活水平的不断提高、生活节奏加快，与居民生活息息相关的居民服务业稳步发展，效益提升。其中，随着对家政服务和托儿所服务的需求不断上升，家庭服务和托儿所服务企业营业收入增长较快；婚庆服务经过多年的市场化发展与培育，逐渐形成专业化、标准化的产业链；洗染服务、理发及美容服务、洗浴服务以及其他居民服务等行业营业收入也实现不同程度增长。

近几年，随着"互联网＋"行动计划深入实施，互联网对各行各业尤其是服务业的全面渗透开始加速，并逐渐成为服务业发展的新引擎。"互联网＋服务业"不仅改变着人们的生活，而且改变着服务业，促进了经济转型升级。与此同时，在移动互联网、互联网金融等方面又催生了一批优质企业。这些依托互联网生存的企业在自身快速成长的同时，也为中小企业提供了广阔的成长空间。

二、服务业电子商务的典型应用——阿姨帮

（一）阿姨帮简介

阿姨帮是一家移动互联网公司，2013年8月，阿姨帮官方网站、手机APP正式发布，阿姨帮北京站开通。其初创团队来自各大互联网上市公司。公司在成立之前就获得了顺为资本的天使投资，是一个提供优质家庭服务和企业后勤服务的平台，用户可以在线预约保洁服务、家电清洗、家居保养、保姆、月嫂、育儿嫂、空气治理、搬家、维修、居家换新等服务，并覆盖北京、上海、广州、深圳、杭州、成都、南京等40多个城市。

阿姨帮APP是一款预约日常保洁、大扫除、新居开荒、衣物干洗、鞋具洗护服务的手机软件，由北京智诚永拓信息技术有限公司开发并运营，其首页和保洁业务如图9-9和图9-10所示。用户可以通过阿姨帮APP或者直接登录阿姨帮官网进行阿姨预约，预约后，客服将为客户安排阿姨上门服务，服务完毕后客户还可以对服务进行打分和评价，帮助公司不断改进阿姨的服务质量。阿姨帮APP是一款基于LBS的家政服务O2O应用，是垂直平台，力图作为制定服务标准的渠道连接起海量的阿姨和消费者，定位做全品类家政服务。

图 9-9　阿姨帮 APP 首页

图 9-10　阿姨帮 APP 保洁业务

（二）阿姨帮的特色

与国内其他家政服务O2O公司的普遍做法不同，阿姨帮对小时工采取统一聘任和管理的制度，区别于"中介"的角色，对阿姨进行培训、服务评价的系统管理。这一模式在保障服务质量之余，无疑增添其运作成本和难度，为实现营利增加更多不稳定因素。

电子商务概论

家政O2O行业看似市场纷争才起,实则在资本强势进驻下,正酝酿着新型家政消费习惯、市场及资本格局的全面形成。对于家政O2O业务,很多大平台也不甘落后,但阿姨帮有的是更加接地气的服务和更加精细的业务。

实践任务

根据个人利用业余时间所要参加在线学习的内容与方向,选择适合自己的网上教育平台,查找相关在线培训的内容、时间、资费等,制作自己在线学习的计划。

素质拓展

人工智能在医疗产业的五大应用场景及典型案例

从全球创业公司实践的情况来看,智能医疗的具体应用包括洞察与风险管理、医学研究、医学影像与诊断、生活方式管理与监督、精神健康、护理、急救室与医院管理、药物挖掘、虚拟助理、可穿戴设备等。总体来看,目前人工智能技术在医疗领域的应用主要集中在以下五个领域:

1. 医疗机器人

机器人技术在医疗领域的应用并不少见,比如利用智能假肢、外骨骼和辅助设备等技术修复人类受损身体,医疗保健机器人辅助医护人员工作等。目前实践中的医疗机器人主要有两种:一是能够读取人体神经信号的可穿戴型机器人,也称为"智能外骨骼";二是能够承担手术或医疗保健功能的机器人,以IBM开发的达·芬奇手术系统为典型代表。

2. 智能药物研发

智能药物研发是指将人工智能中的深度学习技术应用于药物研究,通过大数据分析等技术手段快速、准确地挖掘和筛选出合适的化合物或生物,达到缩短新药研发周期、降低新药研发成本、提高新药研发成功率的目的。

人工智能通过计算机模拟,可以对药物活性、安全性和副作用进行预测。借助深度学习,人工智能已在心血管药、抗肿瘤药和常见传染病治疗药等多领域取得了新突破。在抗击埃博拉病毒中,智能药物研发也发挥了重要的作用。

3. 智能诊疗

智能诊疗就是将人工智能技术用于辅助诊疗中,让计算机"学习"专家医生的医疗知识,模拟医生的思维和诊断推理,从而给出可靠诊断和治疗方案。智能诊疗场景是人工智能在医疗领域重要也是核心的应用场景。

4. 智能影像识别

智能医学影像是将人工智能技术应用在医学影像的诊断上。人工智能在医学影像上的应用主要分为两部分:一是图像识别,应用于感知环节,其主要目的是对影像进行分析,获取一些有意义的信息;二是深度学习,应用于学习和分析环节,通过大量的影像数据和诊断数据,不断对神经元网络进行深度学习训练,促使其掌握诊断能力。

5.智能健康管理

智能健康管理是将人工智能技术应用到健康管理的具体场景中。目前其主要集中在风险识别、虚拟护士、精神健康、移动医疗、健康干预等方面。

- 风险识别:通过获取信息并运用人工智能技术进行分析,识别疾病发生的风险及提供降低风险的措施。
- 虚拟护士:收集病人的饮食习惯、锻炼周期、服药习惯等个人生活习惯信息,运用人工智能技术进行数据分析并评估病人整体状态,协助规划日常生活。
- 精神健康:运用人工智能技术通过语言、表情、声音等数据进行情感识别。
- 移动医疗:结合人工智能技术提供远程医疗服务。
- 健康干预:运用人工智能对用户体征数据进行分析,制订健康管理计划。

任务五 理解社区型电子商务

学习目标

【知识目标】 了解社区电商的含义及发展现状,掌握社区电商的主要应用领域。
【技能目标】 能够利用相应社区电商平台满足日常物业资费缴纳等方面的需求,能够利用相应社区电商平台满足上门家政、洗护等方面的需求;能够利用相应社区电商平台购买食物与用品。
【思政目标】 提高个人的爱国、敬业、诚信、友善修养,自觉把小我融入大我,将社会主义核心价值观内化为精神追求,外化为自觉行动。

情景导入

小李家所在的小区里有一对老夫妻,儿女在国外工作,平时家里只有两位老人。老人随着年龄的增长,生活自理能力逐渐下降,日常家中的洗衣、做饭、收拾卫生、交物业费等事情做起来均有点吃力。老人的孩子求助小李,让他帮忙联系社区和物业的工作人员适当帮助一下两位老人,但小李为其推荐了能够解决上述需求的各项社区电商平台,让老人的孩子身在国外,就可以利用这些平台,直接亲自为父母满足衣、食、住、行的各项需求。老人的孩子非常感激与兴奋,同时更加赞叹国内电子商务发展的先进与高效。

知识平台

一、社区型电子商务的概念与意义

（一）社区型电子商务的概念

社区型电子商务（ESN）是在社区的基础上开展电子商务，即"互联网＋社区"，是针对具有社区属性的用户、在社区网站进行的交易行为，是本地生活服务的互联网化。它利用互联网的方式，更加快捷、方便地满足社区住户的生活需求。

社区型电子商务包含了两层含义，即社区电子商务和社区化的电子商务。社区电子商务是在社区的基础上开展电子商务，而社区化的电子商务是围绕电子商务平台研究如何把电子商务做得社区化。

从主流方向来看，互联网商务将来的两个发展方向为：一是社区化，二是规模化。社区化是纵向的，规模化是横向的，而社区型电子商务这两种特性兼而有之。

（二）社区型电子商务的意义

随着中国社区化发展的进程加快，消费将回归社区，未来居民的工作、生活、学习、休闲娱乐等各方面的需求将在社区得到满足。基于O2O模式的"社区型电子商务"，以社区为服务单位，针对社区内居民，依托移动互联网技术，以"本地化集成服务为经营理念"，满足社区居民消费需求。这种离消费者的距离只有"一公里"、服务响应时间为"半小时"的社区O2O成了各大商家拼力抢夺的"最后一公里"。

社区型电子商务是互联网"由虚落实"的又一次重大进步，再一次让互联网改变了人们的生活，促进了零售业的变革，衍生出的O2O又在引领服务业的变革，而社区型电子商务则是在传统B2C电商、O2O基础上的升级，进一步拓展了互联网在人们生活中发挥的作用。

二、社区型电子商务的模式

（一）综合运营平台

综合运营平台模式的社区型电子商务是指大型综合类电子商务平台所运营的社区化电子商务业务，目前主要包括京东的京东到家、淘宝的闲鱼等。

（二）垂直运营平台

垂直运营平台模式的社区型电子商务主要是指那些独立开设社区电子商务的平台，包括以下几种类型：

（1）综合类：如叮咚小区、小区无忧。

（2）生鲜类：如天天果园、本来生活、易果生鲜。

（3）家政类：如阿姨帮、E家洁、云家政、e袋洗。

（4）物业类：如彩生活、实惠。

（5）便利店类：如爱鲜蜂、社区001。

三、社区型电子商务的典型应用——天鹅到家

天鹅到家,原名58到家,是58同城投资打造的互联网生活服务品牌,是以提供上门服务为核心业务的到家服务平台,为用户提供专业、便捷、安心的标准化到家服务,其网站首页如图9-11所示。

图9-11 天鹅到家网站首页

天鹅到家在"流程再造、服务升级"的战略之下,实现服务交易流程在线化,蓝领劳动力的资源整合,在线平台运营能力提升,用户服务体验改善,打造"服务专业化、管理精细化、培训职业化"三合一的互联网家庭服务平台,致力于实现全面布局、专业领先、成为综合性家庭服务解决方案的领导者与家庭服务数字平台基础设施供应商的目标。它为用户提供专业、便捷、安心的标准化到家服务,涵盖家政服务、平台业务、蓝领职业培训三大业务体系。

(1)家政服务:天鹅到家目前的家政服务主要包含保洁、保姆、月嫂、育儿嫂服务。

(2)平台业务:涵盖了保洁清洗、家电清洗、家电维修、鲜花绿植、管道疏通、开锁换锁等近50个品类、1 000种以上的多元化家庭生活上门服务。

(3)蓝领职业培训:为不同基础的蓝领劳动者提供各阶段、各类型的培训课程,涵盖岗前及入门培训、月嫂培训、育儿嫂培训等多方面。

结合大数据分析及智能匹配等科技应用,天鹅到家不断提高平台运营效率,加速家庭生活服务线上化进程。同时,基于"互联网+产业垂直融合应用"模式,天鹅到家不断提升在家庭生活服务领域的品牌知名度,持续推进本地生活服务领域的服务升级。

实践任务

利用天鹅到家APP预订家政服务中的保洁服务、搬家服务以及其他社区服务。

电子商务概论

> **素质拓展**
>
> ### 送洗服务——e袋洗
>
> **1. e袋洗简介**
>
> e袋洗是一个移动互联网产品,为用户提供全新概念的洗衣模式。用户通过移动终端(微信、APP)下单,由专业人员提供上门取送服务,极大程度地节省了用户的时间和金钱。目前其业务已经拓展到洗衣、洗鞋、窗帘清洗、奢侈品养护、高端成衣、家纺等领域,其洗衣项目如图9-12所示。
>
> **2. e袋洗的运营模式与品质服务**
>
> e袋洗作为移动互联网时代的居家服务品牌,以洗衣为入口,构建家庭服务生态圈,探索开拓家庭服务新模式。
>
> 用户需要洗衣时,仅需APP/微信下单、预约时间和地点,就会有专业的上门服务人员按时上门收取衣服。经过15道专业清洗工序后,每件衣物都会经过精心的熨烫,并且会在72小时内以挂件送回。目前e袋洗服务开通地区为北京、上海、深圳、杭州、天津、武汉、西安、南京、苏州、宁波、成都、广州等。
>
> e袋洗的首创模式为"按袋计费",相比传统计件方式,用户只需将袋子完全塞满即可,与件数无关。对于洗衣服数量少的用户可以选择按件进行清洗,满足了用户多样性的洗衣需求。
>
> 图9-12 e袋洗的洗衣项目

任务六 了解物联网与未来商务

学习目标

【知识目标】了解物联网的概念及发展现状与趋势,熟悉物联网的架构与主要技术。

【技能目标】能够使用物联网的主要商业应用满足学习和生活的需求,能够针对物联网的主要应用分析其所使用的技术。

【思政目标】注重学思结合、知行统一,在实践中"敢闯会创",增强勇于探索的创新精神,善于解决问题的实践能力,增强创新精神、创造意识和创业能力。

> **情景导入**
>
> 近年来,信息技术领域出现了"物联网""智慧地球"等一系列新概念,这些新概念受到一些业内人士的推崇,认为世界会因此而改变。那么,什么是物联网?其在日常商务活动中有哪些应用?涉及哪些具体的核心技术?这些一般人都不太了解,你作为一名电子商务专业的大学生,是否对这些有所了解呢?请你为身边的人介绍一下。

知识平台

一、物联网概述

(一)物联网的概念

物联网(Internet of Things,IoT)最早于 1999 年由美国麻省理工学院提出,其定义是"通过射频识别、全球定位系统等信息传感设备,按约定的协议,把任何物品通过物联网域名相连接,进行信息交换和通信,以实现智能化识别、定位、跟踪、监控和管理的一种网络概念"。物联网概念的正式提出是 2005 年 11 月 17 日在突尼斯举行的信息社会峰会上,国际电信联盟发布了《ITU 互联网报告 2005:物联网》。该报告指出:无所不在的物联网通信时代即将来临,世界上所有的物体都可以通过互联网进行数据交换。

(二)物联网应用的发展现状

近年来,物联网越来越被大众熟知及应用,物联网通过智能感知、识别技术与普适计算等通信感知技术,广泛应用于网络的融合中,也因此被称为继计算机、互联网之后世界信息产业发展的第三次浪潮,可以说未来是物联网的时代。物联网利用局部网络或互联网等通信技术把传感器、控制器、机器、人员和物等通过新的方式联在一起,形成人与物、物与物相联,实现信息化、远程管理控制和智能化的网络。

物联网有着极其广泛的应用,例如,把感应器嵌入和装备到电网、铁路、桥梁、隧道、公路、建筑、供水系统、大坝、油气管道等各种物体中,然后将物联网与现有的互联网整合起来。同时,物联网的应用遍及智能交通、政府工作、公共安全、平安家居、智能消防、工业监测、老人护理、个人健康、食品溯源和情报收集等众多领域。

目前,物联网技术在硬件领域的应用已经越来越精细、越来越多元化。从无人机到生活必备的电视、冰箱,从大型工业机器人到微型、植入式的医疗设备,物联网时代下的智能硬件已经从可穿戴设备扩展至更多的行业领域。

物联网倡导的物物互联,其带来的市场前景远远大于现阶段的人与人或人与物的通信业务,比起计算机、互联网和移动通信等,物联网对人类生活的改变具有更深远的意义。

二、物联网技术

物联网得以实现,离不开先进的各项技术。物联网从架构而言,可划分为四个层级,即感知层、网络层、平台层和应用层,如图 9-13 所示。

电子商务概论

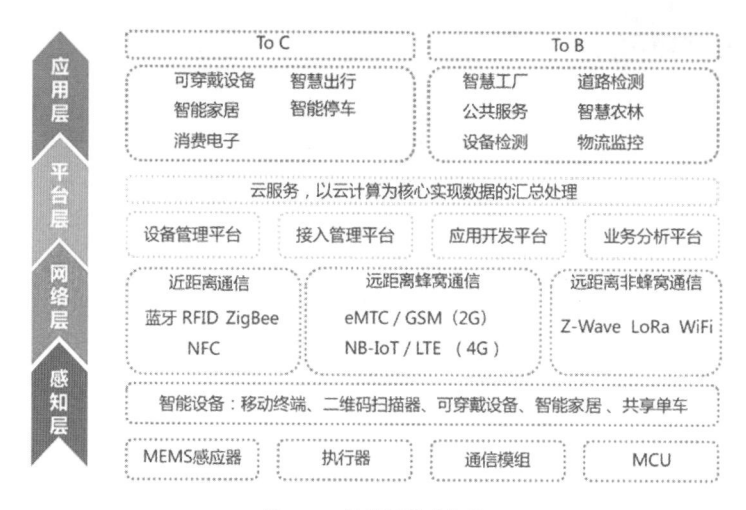

```
应用层
    To C                          To B
    可穿戴设备   智慧出行      智慧工厂   道路检测
    智能家居    智能停车      公共服务   智慧农林
    消费电子                  设备检测   物流监控

平台层
    云服务，以云计算为核心实现数据的汇总处理
    设备管理平台  接入管理平台  应用开发平台  业务分析平台

网络层
    近距离通信         远距离蜂窝通信       远距离非蜂窝通信
    蓝牙 RFID ZigBee   eMTC / GSM（2G）     Z-Wave LoRa WiFi
    NFC                NB-IoT / LTE（4G）

感知层
    智能设备：移动终端、二维码扫描器、可穿戴设备、智能家居、共享单车
    MEMS感应器   执行器   通信模组   MCU
```

图 9-13　物联网技术架构

1. 感知层

感知层是物联网的底层，其功能主要是通过传感器采集物体上的各类信息，即感知层的主要功能是识别物体，采集信息，相当于人的眼、耳、鼻、喉和皮肤等神经末梢，由各种传感器以及传感器网关构成。

2. 网络层

网络层的主要功能是负责传递和处理感知层获取的信息，需要通过各类通信协议，将感知层中采集的信息传输至平台层，相当于人的神经中枢和大脑。

3. 平台层

平台层则是以云计算为核心，将传感器在物体上采集到的数据进行汇总和处理。在物联网产业链中，平台层与感知层被视为物联网的核心环节。

4. 应用层

应用层是物联网产业链的最顶层，是物联网和用户（包括人、组织和其他系统）的接口，是面向客户的各类应用，例如智能家居、共享出行以及智能电表、水表、气表等各个实际使用场景，它与行业需求结合，实现物联网的智能应用。

三、物联网在未来商务中的主要应用领域

1. 物联网智能商业

物联网在商业领域的应用，是一种将技术转化为交易与管理模式的过程。技术角度主要从移动销售、物品感知、过程数据采集、信息分析、自动控制和客户体验等应用上考虑，系统上则需建立成套的数据感知、接收和分析链，覆盖生产过程溯源、安全与合格证据、同类商品选择、购物提醒、虚拟效果模拟、电子钱包、自动结算、会员打折、结算时间缩短等方面。

2. 智能物流

智能物流就是利用条形码、射频识别技术、传感器、全球定位系统等先进的物联网技术，通过信息处理和网络通信技术平台广泛应用于物流业运输、仓储、配送、包装、装卸等基本活动环节，实现货物运输过程的自动化运作和高效率优化管理，提高物流行业的服务水平，降低成本，减少自然资源和社会资源消耗。

3. 智能交通

智能交通系统依靠预先部署的基础设施,例如,嵌入路面的电磁感应器,部署在主要道路交叉口的交通摄像头,高速公路收费口安装的射频标签读取器等,大幅度提高未来交通系统的安全性和效率,并将车辆连接到计算机网络,实现"不堵车、不撞车"的愿望。

4. 精准农业

精准农业是现代农业与信息化融合的产物,它将传统作物学、农艺、土壤、植保、测量和优化控制技术等集成在农机装备上,与田间信息采集技术、优化与决策支持技术融为一体,在 3S(GPS、GIS、RS)技术的支持下,实现小范围农田定位,按照作物需要进行灌溉、施肥、病虫害管理等方面的作业,使农业进入高科技时代。

5. 智能家居

借助物联网技术,智能家居监控管理系统能为用户提供全新生活方式,家庭安防、家庭医疗、老人和幼儿监护、购物、资讯、娱乐等功能均可实现。例如,可以随时随地通过网络、打电话、发短信与智能家电对话,了解家庭各种电器的运行状态,获得家电维修服务网络的主动关照,从而始终保持家用电器的最佳状态。将物联网技术、智能家居系统等科技元素融入现代住宅,已经成为未来住宅发展的方向之一。

6. 智能穿戴产品

智能穿戴产品是物联网技术应用初期的热门产品。智能手表、智能手环等可穿戴式产品一经问世便引起众多消费者的关注,其功能体现在语音关怀、健康监测等方面。用户不仅可以记录自己的健康实时数据,同时可以上传数据同步指导健康。而目前,随着物联网技术的更新迭代,智能穿戴产品的设计思路也趋向成熟,将更符合用户的实际需要。

7. 智能医疗

智能医疗是最近才兴起的专有医疗名词,也是物联网技术应用的新领域。通过利用物联网技术,联通各种诊疗仪器、硬件设备,可以实现患者与医务人员、医疗机构、医疗设备之间的互动,逐步达到信息化,构建一个有效的医疗信息平台。在医院里,医务人员可以通过 PAD 随时掌握病人的病案信息和最新诊疗报告,快速制订诊疗方案;医护人员也可以随时随地查询医学影像资料和医嘱;同时,医疗信息平台可以帮助多家医院有效共享患者的转诊信息及病历。虽然目前物联网技术在智能医疗硬件上的应用还处于起步阶段,但相信在不久的将来,智能医疗将逐步走进人们的生活。

8. 智能家庭安防产品

家庭安防是社会安防的一个重要部分,现代家庭越来越关注家庭安全问题,安防产品不再是"高高在上"的高端技术,物联网技术将赋予它更为"亲民、低调"的形象,不断入驻普通百姓家庭。我们较为熟知的有家庭智能摄像头、窗户传感器、烟雾监测器等,通过智能监控可以在手机上实时查看家里的情况。同时,多种智能警报设备的接入,大大提升了家庭安防性能。

9. 智能 VR 产品

虚拟现实(VR)技术的出现掀起了一股新热潮,物联网技术进步飞速,使得虚拟现实更趋大众化、实体化,消费者也将有更多的应用消费场景,智能 VR 产品更具市场竞争力。

物联网技术在智能硬件上的应用还不止于此,通过网络,物与物之间彼此交换信息、协同运作、相互操控,实现了信息的共享和融合,从而可以在各行各业中创造出更多自动化程度高、功能强、环境适应性好的应用系统。

四、物联网商务的典型应用——小米智能家居

智能家居的精髓，在于通过极其简单的几步预设，达到在今后的使用中，在不需要做任何动作或简单的一次按键之后，规律性地执行预期动作的效果，就像一个贴心而又可靠的智能管家。

智能家居是利用综合布线、网络通信、自动控制、音视频、自动检测等多种技术，通过家庭内部的传感器网络，把家居环境中的传感器和各种家电等设备接入网络，实现对物理设备进行远程监控和管理，为用户提供具有安全性、舒适性、高效性、节能性和智能化的居住环境。传统的智能家居普遍具有价格高、安装难和使用难的特点，而小米智能家居以性价比高、安装容易、使用简单以及平台开放创新的特点，吸引了大量合作伙伴和消费者的青睐。

小米生态系统的智能家居产品类型丰富，包括智能门锁、智能音响、智能摄像头、扫地机器人、传感器套装、智能插座、空气净化器、无线开关等，通过简单的组合和巧妙的应用，能够给生活带来很多方便与乐趣。小米智能家居价格较低、使用简单，搭配不同的产品能组合出不同的效果，解决各种生活需求。

小米打造的智能家庭APP，统一了设备连接入口，可实现多种设备互联互通，并可实现家庭组多人分享管理。同时它集成设备商店，打通了与用户连接的购买通路。这个APP的特点主要有：

(1)跨平台,支持多种品牌路由器,多种WiFi类型,不限定手机和操作系统。
(2)连接流程简单,可快速连接各种设备。
(3)多设备互动,可穿戴设备、传感器类型设备均可控制,不依赖路由器,通过云端实现。
(4)随时分享,支持分享给家人或朋友,比如摄像头。

实践操作

到本城市的小米智能家居体验店，了解智能家居的发展与应用的情况。下载小米智能家居APP——米家，利用手机终端完成注册、登录、试用等功能，体验智能家居的方便与效率。

素质拓展

阿里无人超市——"淘咖啡"

1. 无人超市的发展历程与现状

无人超市是自自动咖啡售卖机、自助收银台之后，得益于物联网技术、人脸识别及移动支付技术发展的一项具有重大突破的应用。在美国先后有Amazon Go、Nraffr、罗森无人便利店、7-11 Signature等落地，随后国内多家无人超市(便利店)纷纷开业。

• 2014年10月,F5未来商店开始创业,至今共计开设6家门店,其中佛山5家试验性门店,广州1家旗舰店。2016年底完成试验阶段,佛山区域停止运营,全力发展广州、深圳区域。

- 2016年2月，可自主购物新型便利店"便利蜂"在中关村连开5家。
- 2016年8月，缤果盒子在广州设立第一个网点，是全球第一款可规模化复制的24小时全自助智能便利店。2017年6月，缤果盒子落地上海。
- 2017年6月，北京居然之家开出无人便利店EAT BOX。
- 2017年7月，传统消费企业娃哈哈投入3亿元推出无人零售店Take Go。
- 2017年7月，阿里"淘咖啡"淘宝会员店首发。

面对越来越多元化的消费模式，尽管技术上未能达到完美，但不可否认的是，无人零售正在改变人们的生活方式。

2．无人超市使用的技术

在传统的线下零售业中，消费者进入实体店购物的整个流程都需要零售商投入人力，如导购、监督、收费等，以往人们常常会想运用机器人来接管这些工作，此时，物联网显然是一个比机器人更优的选项。无人超市的核心在于无人运营，其发展的关键基础在于物联网技术的发达，以F5未来商店、缤果盒子、"淘咖啡"等已有的无人超市为例，这些超市的"无人运营"均涉及了扫码开门、人脸识别、防盗监控、远程客服、智能收银等物联网前沿技术。

3．"淘咖啡"淘宝会员店

（1）"淘咖啡"简介

2017年7月8日，阿里的无人超市"淘咖啡"在"2017淘宝造物节"上高调亮相。这个200平方米左右的超市，可同时容纳约50人购物，是一家"自动识别、即走即付"购物与餐饮相结合的无人零售店。无人超市在杭州开业上线后，引起了社会的广泛关注，这个神奇的科技背后，是蚂蚁金服的物联网支付技术。

（2）"淘咖啡"的"过人之处"

亚马逊的Amazon Go使用的是纯计算机视觉技术，"淘咖啡"混合使用了计算机视觉和传感器感应并叠加了非配合生物识别技术（非配合的意思是在用户无感知的状况下就能完成身份核实），来识别人和商品，降低误判率。

传感器主要是感应商品的信息以及定位商品的位置，生物识别技术主要用于根据用户的身体特征完成身份核实，它们能够辅助视觉技术做商品和用户的识别。在同样200平方米的超市里，利用纯计算机视觉技术的Amazon Go能支持20人同时进店购物，而"淘咖啡"能支持50人。

思政园地

网络安全观是国家安全的重要组成

习近平主席强调"没有网络安全就没有国家安全"。近年来，在中央网信委坚强领导下，以总体国家安全观为指导，国家网络安全工作顶层设计和总体布局不断完善，出台了一系列网络安全法律法规、战略规划，包括《中华人民共和国网络安全法》《中华人民共和国数据安全法》《中华人民共和国个人信息保护法》《国家网络空间安全战略》《关键信息基础设施安全保护条例》等，网络空间法治进程迈入新时代。

随着数字化进程的加速推进，广大人民群众对网络安全、数据安全、个人信息安全的关注度与日俱增。我国不断健全网络安全审查制度和云计算服务安全评估制度，开展多种专项治理行动，全力维护人民群众在网络空间的合法权益。

项目综述

本项目主要通过相应的任务实施和知识平台帮助大家熟悉各类电子商务典型应用的概念、意义，熟练掌握各类应用的具体操作流程，满足生活中的实际需求。

一、旅游电子商务是利用先进的计算机网络及通信技术和电子商务的基础环境，整合旅游企业的内部和外部的资源，扩大旅游信息的传播和推广，实现旅游产品的在线发布和销售，为旅游者与旅游企业之间提供一个知识共享、增进交流与交互的网络化运营模式。

二、新零售即企业以互联网为依托，通过运用大数据、人工智能等先进技术手段，对商品的生产、流通与销售过程进行升级改造，进而重塑业态结构与生态圈，并对线上服务、线下体验以及现代物流进行深度融合的零售新模式。

三、跨境电子商务是指分属不同关境的交易主体，通过电子商务平台达成交易、进行支付结算，并通过跨境物流送达商品、完成交易的一种国际商业活动。

四、服务业电子商务是服务业"互联网＋"模式发展的一种体现，其本质是互联网对传统服务业的重塑。服务业电子商务，从字面上可以理解为服务业开展电子商务，也可以理解为"互联网＋服务业"。

五、社区型电子商务是在社区的基础上开展电子商务。"互联网＋社区"实为本地生活服务的互联网化。它利用互联网的方式，更加快捷、方便地满足社区住户的生活需求。

六、物联网是通过射频识别（RFID）、全球定位系统等信息传感设备，按约定的协议，把任何物品通过物联网域名相连接，进行信息交换和通信，以实现智能化识别、定位、跟踪、监控和管理的一种网络概念。物联网从架构而言，可划分为四个层级：感知层、网络层、平台层和应用层。

项目知识训练

一、单选题

1. 去哪儿网属于（   ）。
A. 具有特色的单一主题旅游网站　　B. 垂直搜索网站
C. 旅游中介服务提供商　　D. 地方性的网站

2. 驴妈妈旅游网属于（   ）。

A. 具有特色的单一主题旅游网站　　　　B. 垂直搜索网站
C. 旅游中介服务提供商　　　　　　　　D. 地方性的网站
3. 携程旅行网属于(　　)。
A. 具有特色的单一主题旅游网站　　　　B. 垂直搜索网站
C. 旅游中介服务提供商　　　　　　　　D. 地方性的网站
4. 下面(　　)属于出口电商B2B平台。
A. eBay　　　　B. 亚马逊　　　　C. 速卖通　　　　D. 雨果网
5. 下面(　　)属于出口电商B2C平台。
A. 阿里巴巴　　B. 亚马逊　　　　C. 淘宝网　　　　D. 速卖通
6. (　　)是买家通过互联网检索国外商品信息,并通过电子订单发出购物请求,由国外购物网站通过国际快递发货,或是由转运公司代收货物再转寄回国。
A. 跨境进口零售　　B. 海淘　　　　C. 代购　　　　D. 网购
7. (　　)是找人帮忙在国外购买所需的商品,然后通过快递、邮政等递送回国,或者直接携带回来。
A. 跨境进口零售　　B. 海淘　　　　C. 代购　　　　D. 网购

二、多选题

1. 进口跨境电商按交易模式分为(　　)。
A. 跨境进口零售　　B. 海淘　　　　C. 代购　　　　D. 网购
2. 独立型跨境电商平台就是自建平台专做跨境电商的平台,包括(　　)。
A. 洋码头　　　B. 小红书　　　　C. 京东全球购　　D. 蜜芽
3. 综合型跨境电商平台是指综合型电商平台所开设的跨境电商业务,主要包括(　　)。
A. 京东全球购　　B. 天猫国际　　　C. 洋码头　　　　D. 小红书

三、问答题

1. 什么是社区型电子商务?介绍我国社区型电子商务的主要应用。
2. 谈谈你对新零售的理解。
3. 无人超市通常需要利用哪些物联网技术?

项目拓展训练

通过本项目的学习,电子商务专业的小李同学充分感受到了电子商务这些典型的热门应用为我们日常生活与学习带来的便利。下周五小李最要好的高中同学要利用周末时间从外地来看他,小李准备利用自己所学到的电子商务各项应用,为同学安排一场"说走就走的旅行",小李决定帮助同学利用网络解决与这次"旅行"有关的所有需求,为此他需要好好策划并亲自为同学预订机票、酒店以及景点门票,并利用京东到家、美团等O2O平台为同学准备零食与夜宵,同时准备与同学一起骑着共享单车,游览城市的风光与景点。结合小李的初步想法,请你为他设计一份历时三天的生活与出行计划。

参考文献

[1] [美]斯蒂芬·罗宾斯.管理学.13版.北京:中国人民大学出版社,2017

[2] [美]苏尼尔·乔普拉.供应链管理.6版.北京:中国人民大学出版社,2017

[3] 王忠元.移动电子商务.2版.北京:机械工业出版社,2018

[4] 韩全辉,崔红,刘喜敏.电子商务概论.6版.大连:大连理工大学出版社,2018

[5] 中国互联网络信息中心.第47次《中国互联网络发展状况统计报告》,2021

[6] 唐连生.电子商务运营管理实务.北京:中国财富出版社,2020

[7] 徐利敏.网络支付与安全.北京:清华大学出版社,2020

[8] [美]托马斯·H.达文波特,[美]珍妮·哈里斯.大数据竞争力.北京:人民邮电出版社,2021

[9] 杨坚争.电子商务基础与应用.10版.西安:西安电子科技大学出版社,2017

[10] 邵婷,黄飞飞,李煊.电子商务案例分析.北京:清华大学出版社,2019

[11] 韩全辉,郭会芳.互联网金融.大连:大连理工大学出版社,2018

[12] 刘喜敏,梁娟娟.网络营销.大连:大连理工大学出版社,2018

[13] 淘宝大学.网店运营(提高版).北京:电子工业出版社,2020